SUECO
VOCABULÁRIO

PALAVRAS MAIS ÚTEIS

PORTUGUÊS
SUECO

Para alargar o seu léxico e apurar
as suas competências linguísticas

7000 palavras

Vocabulário Português-Sueco - 7000 palavras

Por Andrey Taranov

Os vocabulários da T&P Books destinam-se a ajudar a aprender, a memorizar, e a rever palavras estrangeiras. O dicionário é dividido em temas, cobrindo todas as principais esferas de atividades quotidianas, negócios, ciência, cultura, etc.

O processo de aprendizagem, utilizando os dicionários baseados em temáticas da T&P Books dá-lhe as seguintes vantagens:

- Informação de origem corretamente agrupada predetermina o sucesso em fases subsequentes da memorização de palavras
- Disponibilização de palavras derivadas da mesma raiz, o que permite a memorização de unidades de texto (em vez de palavras separadas)
- Pequenas unidades de palavras facilitam o processo de estabelecimento de vínculos associativos necessários para a consolidação do vocabulário
- O nível de conhecimento da língua pode ser estimado pelo número de palavras aprendidas

T&P Books Publishing
www.tpbooks.com

ISBN: 978-1-78400-905-2

Este livro também está disponível em formato E-book.
Por favor visite www.tpbooks.com ou as principais livrarias on-line.

VOCABULÁRIO SUECO
palavras mais úteis

Os vocabulários da T&P Books destinam-se a ajudar a aprender, a memorizar, e a rever palavras estrangeiras. O vocabulário contém mais de 7000 palavras de uso comum organizadas tematicamente.

O vocabulário contém as palavras mais comummente usadas
Recomendado como adicional para qualquer curso de línguas
Satisfaz as necessidades dos iniciados e dos alunos avançados de línguas estrangeiras
Conveniente para o uso diário, sessões de revisão e atividades de auto-teste
Permite avaliar o seu vocabulário

Características especias do vocabulário

· As palavras estão organizadas de acordo com o seu significado, e não por ordem alfabética
· As palavras são apresentadas em três colunas para facilitar os processos de revisão e auto-teste
· As palavras compostas são divididas em pequenos blocos para facilitar o processo de aprendizagem
· O vocabulário oferece uma transcrição simples e adequada de cada palavra estrangeira

O vocabulário contém 198 tópicos incluindo:

Conceitos básicos, Números, Cores, Meses, Estações do ano, Unidades de medida, Roupas & Acessórios, Alimentos & Nutrição, Restaurante, Membros da Família, Parentes, Caráter, Sentimentos, Emoções, Doenças, Cidade, Passeios, Compras, Dinheiro, Casa, Lar, Escritório, Trabalho no Escritório, Importação & Exportação, Marketing, Pesquisa de Emprego, Desportos, Educação, Computador, Internet, Ferramentas, Natureza, Países, Nacionalidades e muito mais ...

TABELA DE CONTEÚDOS

GUIA DE PRONUNCIAÇÃO

Letra	Exemplo Sueco	Alfabeto fonético T&P	Exemplo Português
Aa	bada	[ɑ], [ɑ:]	amar
Bb	tabell	[b]	barril
Cc [1]	licens	[s]	sanita
Cc [2]	container	[k]	kiwi
Dd	andra	[d]	dentista
Ee	efter	[e]	metal
Ff	flera	[f]	safári
Gg [3]	gömma	[j]	géiser
Gg [4]	truga	[g]	gosto
Hh	handla	[h]	[h] aspirada
Ii	tillhöra	[i:], [ɪ]	cair
Jj	jaga	[j]	géiser
Kk [5]	keramisk	[ɕ]	shiatsu
Kk [6]	frisk	[k]	kiwi
Ll	tal	[l]	libra
Mm	medalj	[m]	magnólia
Nn	panik	[n]	natureza
Oo	tolv	[ɔ]	emboço
Pp	plommon	[p]	presente
Qq	squash	[k]	kiwi
Rr	spelregler	[r]	riscar
Ss	spara	[s]	sanita
Tt	tillhöra	[t]	tulipa
Uu	ungefär	[u], [ʉ:]	coelho
Vv	overall	[v]	fava
Ww [7]	kiwi	[w]	página web
Xx	sax	[ks]	perplexo
Yy	manikyr	[y], [y:]	trabalho
Zz	zoolog	[s]	sanita
Åå	sångare	[ə]	milagre
Ää	tandläkare	[æ]	semana
Öö	kompositör	[ø]	orgulhoso

Combinações de letras

Ss [8]	sjösjuka	[ʃ]	mês
sk [9]	skicka	[ʃ]	mês
s [10]	först	[ʃ]	mês
Jj [11]	djärv	[j]	géiser
Lj [12]	ljus	[j]	géiser

Letra	Exemplo Sueco	Alfabeto fonético T&P	Exemplo Português
kj, tj	kjol	[ɕ]	shiatsu
ng	omkring	[ŋ]	alcançar

Comentários

* kj pronuncia-se como
** ng transfere um som nasal
[1] antes de e, i, y
[2] noutras situações
[3] antes de e, i, ä, ö
[4] noutras situações
[5] antes de e, i, ä, ö
[6] noutras situações
[7] em estrangeirismos
[8] em sj, skj, stj
[9] antes de e, i, y, ä, ö acentuados
[10] na combinação rs
[11] em dj, hj, gj, kj
[12] no início de palavras

ABREVIATURAS
usadas no vocabulário

Abreviaturas do Português

adj	-	adjetivo
adv	-	advérbio
anim.	-	animado
conj.	-	conjunção
desp.	-	desporto
etc.	-	etecetra
ex.	-	por exemplo
f	-	nome feminino
f pl	-	feminino plural
fem.	-	feminino
inanim.	-	inanimado
m	-	nome masculino
m pl	-	masculino plural
m, f	-	masculino, feminino
masc.	-	masculino
mat.	-	matemática
mil.	-	militar
pl	-	plural
prep.	-	preposição
pron.	-	pronome
sb.	-	sobre
sing.	-	singular
v aux	-	verbo auxiliar
vi	-	verbo intransitivo
vi, vt	-	verbo intransitivo, transitivo
vr	-	verbo reflexivo
vt	-	verbo transitivo

Abreviaturas do Sueco

pl	-	plural

Artigos do Sueco

den	-	género comum
det	-	neutro

en	-	género comum
ett	-	neutro

CONCEITOS BÁSICOS

Conceitos básicos. Parte 1

1. Pronomes

eu	jag	['ja:]
tu	du	[dʉ:]
ele	han	['han]
ela	hon	['hʊn]
ele, ela (neutro)	det, den	[dɛ], [dɛn]
nós	vi	['vi]
vocês	ni	['ni]
eles, elas	de	[de:]

2. Cumprimentos. Saudações. Despedidas

Olá!	Hej!	['hɛj]
Bom dia! (formal)	Hej! Hallå!	['hɛj], [ha'lʲo:]
Bom dia! (de manhã)	God morgon!	[ˌgʊd 'mɔrgɔn]
Boa tarde!	God dag!	[ˌgʊd 'dag]
Boa noite!	God kväll!	[ˌgʊd 'kvɛlʲ]
cumprimentar (vt)	att hälsa	[at 'hɛlʲsa]
Olá!	Hej!	['hɛj]
saudação (f)	hälsning (en)	['hɛlʲsniŋ]
saudar (vt)	att hälsa	[at 'hɛlʲsa]
Como vai?	Hur står det till?	[hʉr sto: de 'tilʲ]
Como vais?	Hur är det?	[hʉr ɛr 'de:]
O que há de novo?	Vad är nytt?	[vad æ:r 'nʏt]
Adeus! (formal)	Adjö! Hej då!	[a'jø:], [hɛj'do:]
Até à vista! (informal)	Hej då!	[hɛj'do:]
Até breve!	Vi ses!	[vi ses]
Adeus!	Adjö! Farväl!	[a'jø:], [far'vɛ:lʲ]
despedir-se (vr)	att säga adjö	[at 'sɛːja a'jø:]
Até logo!	Hej då!	[hɛj'do:]
Obrigado! -a!	Tack!	['tak]
Muito obrigado! -a!	Tack så mycket!	['tak sɔ 'mʏkə]
De nada	Varsågod	['va:ʂo:gʊd]
Não tem de quê	Ingen orsak!	['iŋən 'ʊ:ʂak]
De nada	Ingen orsak!	['iŋən 'ʊ:ʂak]
Desculpa!	Ursäkta, …	['ʉːˌʂɛkta …]
Desculpe!	Ursäkta mig, …	['ʉːˌʂɛkta mɛj …]

desculpar (vt)	att ursäkta	[at 'ʉːˌʂɛkta]
desculpar-se (vr)	att ursäkta sig	[at 'ʉːˌʂɛkta sɛj]
As minhas desculpas	Jag ber om ursäkt	[ja ber ɔm 'ʉːˌʂɛkt]
Desculpe!	Förlåt!	[fœːˈlʲoːt]
perdoar (vt)	att förlåta	[at 'fœːˌlʲoːta]
Não faz mal	Det gör inget	[dɛ jør 'iŋet]
por favor	snälla	['snɛla]

Não se esqueça!	Glöm inte!	['glʲøːm 'intə]
Certamente! Claro!	Naturligtvis!	[na'tʉrligvis]
Claro que não!	Självklart inte!	['ɦɛlʲvklʲaț 'intə]
Está bem! De acordo!	OK! Jag håller med.	[ɔ'kej] , [ja 'hoːlʲer me]
Basta!	Det räcker!	[dɛ 'rɛkə]

3. Números cardinais. Parte 1

zero	noll	['nɔlʲ]
um	ett	[ɛt]
dois	två	['tvoː]
três	tre	['treː]
quatro	fyra	['fyra]

cinco	fem	['fem]
seis	sex	['sɛks]
sete	sju	['ɧʉː]
oito	åtta	['ota]
nove	nio	['niːʊ]

dez	tio	['tiːʊ]
onze	elva	['ɛlʲva]
doze	tolv	['tɔlʲv]
treze	tretton	['trɛttɔn]
catorze	fjorton	['fjʊːțɔn]

quinze	femton	['fɛmtɔn]
dezasseis	sexton	['sɛkstɔn]
dezassete	sjutton	['ɧʉːttɔn]
dezoito	arton	['aːțɔn]
dezanove	nitton	['niːttɔn]

vinte	tjugo	['ɕʉgʊ]
vinte e um	tjugoett	['ɕʉgʊˌɛt]
vinte e dois	tjugotvå	['ɕʉgʊˌtvoː]
vinte e três	tjugotre	['ɕʉgʊˌtreː]

trinta	trettio	['trɛttiʊ]
trinta e um	trettioett	['trɛttiʊˌɛt]
trinta e dois	trettiotvå	['trɛttiʊˌtvoː]
trinta e três	trettiotre	['trɛttiʊˌtreː]

quarenta	fyrtio	['fœːțiʊ]
quarenta e um	fyrtioett	['fœːțiʊˌɛt]
quarenta e dois	fyrtiotvå	['fœːțiʊˌtvoː]
quarenta e três	fyrtiotre	['fœːțiʊˌtreː]

cinquenta	femtio	['fɛmtiʊ]
cinquenta e um	femtioett	['fɛmtiʊˌɛt]
cinquenta e dois	femtiotvå	['fɛmtiʊˌtvo:]
cinquenta e três	femtiotre	['fɛmtiʊˌtre:]
sessenta	sextio	['sɛkstiʊ]
sessenta e um	sextioett	['sɛkstiʊˌɛt]
sessenta e dois	sextiotvå	['sɛkstiʊˌtvo:]
sessenta e três	sextiotre	['sɛkstiʊˌtre:]
setenta	sjuttio	['ɧuttiʊ]
setenta e um	sjuttioett	['ɧuttiʊˌɛt]
setenta e dois	sjuttiotvå	['ɧuttiʊˌtvo:]
setenta e três	sjuttiotre	['ɧuttiʊˌtre:]
oitenta	åttio	['ottiʊ]
oitenta e um	åttioett	['ottiʊ'ɛt]
oitenta e dois	åttiotvå	['ottiʊˌtvo:]
oitenta e três	åttiotre	['ottiʊˌtre:]
noventa	nittio	['nittiʊ]
noventa e um	nittioett	['nittiʊˌɛt]
noventa e dois	nittiotvå	['nittiʊˌtvo:]
noventa e três	nittiotre	['nittiʊˌtre:]

4. Números cardinais. Parte 2

cem	hundra (ett)	['hundra]
duzentos	tvåhundra	['tvo:ˌhundra]
trezentos	trehundra	['treˌhundra]
quatrocentos	fyrahundra	['fyraˌhundra]
quinhentos	femhundra	['femˌhundra]
seiscentos	sexhundra	['sɛksˌhundra]
setecentos	sjuhundra	['ɧʉ:ˌhundra]
oitocentos	åttahundra	['otaˌhundra]
novecentos	niohundra	['niʊˌhundra]
mil	tusen (ett)	['tʉ:sən]
dois mil	tvåtusen	['tvo:ˌtʉ:sən]
De quem são ...?	tretusen	['tre:ˌtʉ:sən]
dez mil	tiotusen	['ti:ʊˌtʉ:sən]
cem mil	hundratusen	['hundraˌtʉ:sən]
um milhão	miljon (en)	[mi'ljʊn]
mil milhões	miljard (en)	[mi'lja:ɖ]

5. Números. Frações

fração (f)	bråk (ett)	['bro:k]
um meio	en halv	[en 'halʲv]
um terço	en tredjedel	[en 'trɛdjəˌdelʲ]
um quarto	en fjärdedel	[en 'fjæ:ɖeˌdelʲ]

um oitavo	en åttondedel	[en 'otɔnde,delʲ]
um décimo	en tiondedel	[en 'tiːɔnde,delʲ]
dois terços	två tredjedelar	['tvo: 'trɛdjə,delʲar]
três quartos	tre fjärdedelar	[tre: 'fjæːɖe,delʲar]

6. Números. Operações básicas

subtração (f)	subtraktion (en)	[subtrak'ʃʊn]
subtrair (vi, vt)	att subtrahera	[at subtra'hera]
divisão (f)	division (en)	[divi'ʃʊn]
dividir (vt)	att dividera	[at divi'dera]

adição (f)	addition (en)	[adi'ʃʊn]
somar (vt)	att addera	[at a'deːra]
adicionar (vt)	att addera	[at a'deːra]
multiplicação (f)	multiplikation (en)	[mɵlʲtiplika'ʃʊn]
multiplicar (vt)	att multiplicera	[at mulʲtipli'sera]

7. Números. Diversos

algarismo, dígito (m)	siffra (en)	['sifra]
número (m)	tal (ett)	['talʲ]
numeral (m)	räkneord (ett)	['rɛkne,ʊːɖ]
menos (m)	minus (ett)	['minus]
mais (m)	plus (ett)	['plɵs]
fórmula (f)	formel (en)	['fɔrməlʲ]

| cálculo (m) | beräkning (en) | [be'rɛkniŋ] |
| contar (vt) | att räkna | [at 'rɛkna] |

| calcular (vt) | att beräkna | [at be'rɛkna] |
| comparar (vt) | att jämföra | [at 'jɛm,føra] |

| Quanto? | Hur mycket? | [hɵr 'mʏkə] |
| Quantos? -as? | Hur många? | [hɵr 'mɔŋa] |

soma (f)	summa (en)	['suma]
resultado (m)	resultat (ett)	[resulʲ'tat]
resto (m)	rest (en)	['rɛst]

alguns, algumas ...	flera	['flʲera]
poucos, -as (~ pessoas)	få, inte många	['foː], ['intə ,mɔŋa]
um pouco (~ de vinho)	lite	['litə]
resto (m)	det övriga	[dɛ øv'riga]

| um e meio | halvannan | [halʲ'vanan] |
| dúzia (f) | dussin (ett) | ['dusin] |

ao meio	i hälften	[i 'hɛlʲftən]
em partes iguais	jämnt	['jɛmnt]
metade (f)	halva (en)	['halʲ,va]
vez (f)	gång (en)	['gɔŋ]

8. Os verbos mais importantes. Parte 1

abrir (vt)	att öppna	[at 'øpna]
acabar, terminar (vt)	att sluta	[at 'slɵːta]
aconselhar (vt)	att råda	[at 'roːda]
adivinhar (vt)	att gissa	[at 'jisa]
advertir (vt)	att varna	[at 'vaːɳa]
ajudar (vt)	att hjälpa	[at 'jɛlʲpa]
almoçar (vi)	att äta lunch	[at 'ɛːta ˌlɵnɕ]
alugar (~ um apartamento)	att hyra	[at 'hyra]
amar (vt)	att älska	[at 'ɛlʲska]
ameaçar (vt)	att hota	[at 'hɵta]
anotar (escrever)	att skriva ner	[at 'skriva ner]
apanhar (vt)	att fånga	[at 'foŋa]
apressar-se (vr)	att skynda sig	[at 'ɧynda sɛj]
arrepender-se (vr)	att beklaga	[at be'klʲaga]
assinar (vt)	att underteckna	[at 'ɵndəˌtɛkna]
atirar, disparar (vi)	att skjuta	[at 'ɧɵːta]
brincar (vi)	att skämta, att skoja	[at 'ɧɛmta], [at 'skɔja]
brincar, jogar (crianças)	att leka	[at 'lʲeka]
buscar (vt)	att söka ...	[at 'søːka ...]
caçar (vi)	att jaga	[at 'jaga]
cair (vi)	att falla	[at 'falʲa]
cavar (vt)	att gräva	[at 'grɛːva]
cessar (vt)	att sluta	[at 'slɵːta]
chamar (~ por socorro)	att tillkalla	[at 'tilʲˌkalʲa]
chegar (vi)	att ankomma	[at 'anˌkɔma]
chorar (vi)	att gråta	[at 'groːta]
começar (vt)	att begynna	[at be'jina]
comparar (vt)	att jämföra	[at 'jɛmˌføra]
compreender (vt)	att förstå	[at fœː'ʂtoː]
concordar (vi)	att samtycka	[at 'samˌtʏka]
confiar (vt)	att lita på	[at 'lita pɔ]
confundir (equivocar-se)	att förväxla	[at før'vɛkslʲa]
conhecer (vt)	att känna	[at 'ɕɛna]
contar (fazer contas)	att räkna	[at 'rɛkna]
contar com (esperar)	att räkna med ...	[at 'rɛkna me ...]
continuar (vt)	att fortsätta	[at 'fʊtˌsæta]
controlar (vt)	att kontrollera	[at kɔntrɔ'lʲera]
convidar (vt)	att inbjuda, att invitera	[at in'bjɵːda], [at invi'tera]
correr (vi)	att löpa, att springa	[at 'lʲøːpa], [at 'spriŋa]
criar (vt)	att skapa	[at 'skapa]
custar (vt)	att kosta	[at 'kɔsta]

9. Os verbos mais importantes. Parte 2

dar (vt)	att ge	[at jeː]
dar uma dica	att ge en vink	[at jeː en 'viŋk]

decorar (enfeitar)	att pryda	[at 'pryda]
defender (vt)	att försvara	[at fœ:'ṣvara]
deixar cair (vt)	att tappa	[at 'tapa]

descer (para baixo)	att gå ned	[at 'go: ‚ned]
desculpar (vt)	att ursäkta	[at 'ʉ:‚sɛkta]
desculpar-se (vr)	att ursäkta sig	[at 'ʉ:‚sɛkta sɛj]
dirigir (~ uma empresa)	att styra, att leda	[at 'styra], [at 'lʲeda]
discutir (notícias, etc.)	att diskutera	[at diskʉ'tera]
dizer (vt)	att säga	[at 'sɛːja]

duvidar (vt)	att tvivla	[at 'tvivlʲa]
encontrar (achar)	att finna	[at 'fina]
enganar (vt)	att fuska	[at 'fʉska]
entrar (na sala, etc.)	att komma in	[at 'kɔma 'in]
enviar (uma carta)	att skicka	[at 'ɧika]
errar (equivocar-se)	att göra fel	[at 'jø:ra ‚felʲ]
escolher (vt)	att välja	[at 'vɛlja]
esconder (vt)	att gömma	[at 'jœma]
escrever (vt)	att skriva	[at 'skriva]
esperar (o autocarro, etc.)	att vänta	[at 'vɛnta]

esquecer (vt)	att glömma	[at 'glʲœma]
estudar (vt)	att studera	[at stu'dera]
exigir (vt)	att kräva	[at 'krɛ:va]
existir (vi)	att existera	[at ɛksi'stera]

explicar (vt)	att förklara	[at før'klʲara]
falar (vi)	att tala	[at 'talʲa]
faltar (clases, etc.)	att missa	[at 'misa]
fazer (vt)	att göra	[at 'jø:ra]
ficar em silêncio	att tiga	[at 'tiga]
gabar-se, jactar-se (vr)	att skryta	[at 'skryta]

gostar (apreciar)	att gilla	[at 'jilʲa]
gritar (vi)	att skrika	[at 'skrika]
guardar (cartas, etc.)	att behålla	[at be'hɔ:lʲa]
informar (vt)	att informera	[at infɔr'mera]
insistir (vi)	att insistera	[at insi'stera]

insultar (vt)	att förolämpa	[at 'førʊ‚lʲɛmpa]
interessar-se (vr)	att intressera sig	[at intrɛ'sera sɛj]
ir (a pé)	att gå	[at 'go:]
ir nadar	att bada	[at 'bada]
jantar (vi)	att äta kvällsmat	[at 'ɛ:ta 'kvɛlʲs‚mat]

10. Os verbos mais importantes. Parte 3

ler (vt)	att läsa	[at 'lʲɛ:sa]
libertar (cidade, etc.)	att befria	[at be'fria]
matar (vt)	att döda, att mörda	[at 'dø:da], [at 'mø:ḍa]
mencionar (vt)	att omnämna	[at 'ɔm‚nɛmna]
mostrar (vt)	att visa	[at 'visa]
mudar (modificar)	att ändra	[at 'ɛndra]

nadar (vi)	att simma	[at 'sima]
negar-se a …	att vägra	[at 'vɛgra]
objetar (vt)	att invända	[at 'in‚vɛnda]

observar (vt)	att observera	[at ɔbsɛr'vera]
ordenar (mil.)	att beordra	[at be'oːdra]
ouvir (vt)	att höra	[at 'høːra]
pagar (vt)	att betala	[at be'talʲa]
parar (vi)	att stanna	[at 'stana]

participar (vi)	att delta	[at 'dɛlʲta]
pedir (comida)	att beställa	[at be'stɛlʲa]
pedir (um favor, etc.)	att be	[at 'beː]
pegar (tomar)	att ta	[at ta]
pensar (vt)	att tänka	[at 'tɛŋka]

perceber (ver)	att märka	[at 'mæːrka]
perdoar (vt)	att förlåta	[at 'fœːˌlʲoːta]
perguntar (vt)	att fråga	[at 'froːga]
permitir (vt)	att tillåta	[at 'tilʲoːta]
pertencer a …	att tillhöra …	[at 'tilʲˌhøːra …]

planear (vt)	att planera	[at plʲa'nera]
poder (vi)	att kunna	[at 'kuna]
possuir (vt)	att besitta, att äga	[at be'sita], [at 'ɛːga]
preferir (vt)	att föredra	[at 'førədra]
preparar (vt)	att laga	[at 'lʲaga]

prever (vt)	att förutse	[at 'førʉtˌsə]
prometer (vt)	att lova	[at 'lʲova]
pronunciar (vt)	att uttala	[at 'ʉtˌtalʲa]
propor (vt)	att föreslå	[at 'førəˌslʲoː]
punir (castigar)	att straffa	[at 'strafa]

11. Os verbos mais importantes. Parte 4

quebrar (vt)	att bryta	[at 'bryta]
queixar-se (vr)	att klaga	[at 'klʲaga]
querer (desejar)	att vilja	[at 'vilja]
recomendar (vt)	att rekommendera	[at rekɔmən'dera]
repetir (dizer outra vez)	att upprepa	[at 'uprepa]

repreender (vt)	att skälla	[at 'ɧɛlʲa]
reservar (~ um quarto)	att reservera	[at resɛr'vera]
responder (vt)	att svara	[at 'svara]
rezar, orar (vi)	att be	[at 'beː]
rir (vi)	att skratta	[at 'skrata]

roubar (vt)	att stjäla	[at 'ɧɛːlʲa]
saber (vt)	att veta	[at 'veta]
sair (~ de casa)	att gå ut	[at 'goː ʉt]
salvar (vt)	att rädda	[at 'rɛda]
seguir …	att följa efter …	[at 'følja 'ɛftər …]
sentar-se (vr)	att sätta sig	[at 'sæta sɛj]

ser necessário	att vara behövd	[at 'vara be'hø:vd]
ser, estar	att vara	[at 'vara]
significar (vt)	att betyda	[at be'tyda]

sorrir (vi)	att småle	[at 'smo:lʲe]
subestimar (vt)	att underskatta	[at 'undəˌskata]
surpreender-se (vr)	att bli förvånad	[at bli før'vo:nad]
tentar (vt)	att pröva	[at 'prø:va]

ter (vt)	att ha	[at 'ha]
ter fome	att vara hungrig	[at 'vara 'huŋrig]
ter medo	att frukta	[at 'frʉkta]
ter sede	att vara törstig	[at 'vara 'tø:ʂtig]

tocar (com as mãos)	att röra	[at 'rø:ra]
tomar o pequeno-almoço	att äta frukost	[at 'ɛ:ta 'frʉ:kɔst]
trabalhar (vi)	att arbeta	[at 'arˌbeta]
traduzir (vt)	att översätta	[at 'ø:vəˌsæta]
unir (vt)	att förena	[at 'førena]

vender (vt)	att sälja	[at 'sɛlja]
ver (vt)	att se	[at 'se:]
virar (ex. ~ à direita)	att svänga	[at 'svɛŋa]
voar (vi)	att flyga	[at 'flʲyga]

12. Cores

cor (f)	färg (en)	['fæ:rj]
matiz (m)	nyans (en)	[ny'ans]
tom (m)	färgton (en)	['fæ:rjˌtʉn]
arco-íris (m)	regnbåge (en)	['rɛgnˌbo:gə]

branco	vit	['vit]
preto	svart	['sva:t]
cinzento	grå	['gro:]

verde	grön	['grø:n]
amarelo	gul	['gʉ:lʲ]
vermelho	röd	['rø:d]

azul	blå	['blʲo:]
azul claro	ljusblå	['jʉ:sˌblʲo:]
rosa	rosa	['rɔsa]
laranja	orange	[ɔ'ranʃ]
violeta	violett	[viʉ'lʲet]
castanho	brun	['brʉ:n]

| dourado | guld- | ['gulʲd-] |
| prateado | silver- | ['silʲvər-] |

bege	beige	['bɛʃ]
creme	cremefärgad	['krɛːmˌfæ:rjad]
turquesa	turkos	[tur'ko:s]
vermelho cereja	körsbärsröd	['çø:ʂbæ:ʂˌrø:d]

21

lilás	lila	['lilˈa]
carmesim	karmosinröd	[kar'mosin,rø:d]

claro	ljus	['jʉ:s]
escuro	mörk	['mœ:rk]
vivo	klar	['klˈar]

de cor	färg-	['fæ:rj-]
a cores	färg-	['fæ:rj-]
preto e branco	svartvit	['sva:t̪vit]
unicolor	enfärgad	['ɛn,fæ:rjad]
multicor	mångfärgad	['mɔŋ,fæ:rjad]

13. Questões

Quem?	Vem?	['vem]
Que?	Vad?	['vad]
Onde?	Var?	['var]
Para onde?	Vart?	['va:t]
De onde?	Varifrån?	['varifro:n]
Quando?	När?	['næ:r]
Para quê?	Varför?	['va:fø:r]
Porquê?	Varför?	['va:fø:r]

Para quê?	För vad?	['før vad]
Como?	Hur?	['hʉ:r]
Qual?	Vilken?	['vilˈkən]
Qual? (entre dois ou mais)	Vilken?	['vilˈkən]

A quem?	Till vem?	[tilˈ 'vem]
Sobre quem?	Om vem?	[ɔm 'vem]
Do quê?	Om vad?	[ɔm 'vad]
Com quem?	Med vem?	[me 'vem]

Quantos? -as?	Hur många?	[hʉr 'mɔŋa]
Quanto?	Hur mycket?	[hʉr 'mʏkə]
De quem? (masc.)	Vems?	['vɛms]

14. Palavras funcionais. Advérbios. Parte 1

Onde?	Var?	['var]
aqui	här	['hæ:r]
lá, ali	där	['dæ:r]

em algum lugar	någonstans	['no:gɔn,stans]
em lugar nenhum	ingenstans	['iŋən,stans]

ao pé de ...	vid	['vid]
ao pé da janela	vid fönstret	[vid 'fœnstrət]

Para onde?	Vart?	['va:t]
para cá	hit	['hit]

para lá	dit	['dit]
daqui	härifrån	['hæ:ri‚fro:n]
de lá, dali	därifrån	['dæ:ri‚fro:n]

| perto | nära | ['næ:ra] |
| longe | långt | ['lʲɔŋt] |

perto de ...	nära	['næ:ra]
ao lado de	i närheten	[i 'næ:r‚hetən]
perto, não fica longe	inte långt	['intə 'lʲɔŋt]

esquerdo	vänster	['vɛnstər]
à esquerda	till vänster	[tilʲ 'vɛnstər]
para esquerda	till vänster	[tilʲ 'vɛnstər]

direito	höger	['hø:gər]
à direita	till höger	[tilʲ 'hø:gər]
para direita	till höger	[tilʲ 'hø:gər]

à frente	framtill	['framtilʲ]
da frente	främre	['frɛmrə]
em frente (para a frente)	framåt	['framo:t]

atrás de ...	bakom, baktill	['bakɔm], ['bak'tilʲ]
por detrás (vir ~)	bakifrån	['baki‚fro:n]
para trás	tillbaka	[tilʲ'baka]

| meio (m), metade (f) | mitt (en) | ['mit] |
| no meio | i mitten | [i 'mitən] |

de lado	från sidan	[frɔn 'sidan]
em todo lugar	överallt	['ø:vər‚alʲt]
ao redor (olhar ~)	runt omkring	[runt ɔm'kriŋ]

de dentro	inifrån	['ini‚fro:n]
para algum lugar	någonstans	['no:gɔn‚stans]
diretamente	rakt, rakt fram	['rakt], ['rakt fram]
de volta	tillbaka	[tilʲ'baka]

| de algum lugar | från var som helst | [frɔn va sɔm 'hɛlʲst] |
| de um lugar | från någonstans | [frɔn 'no:gɔn‚stans] |

em primeiro lugar	för det första	['før de 'fœ:ṣta]
em segundo lugar	för det andra	['før de 'andra]
em terceiro lugar	för det tredje	['før de 'trɛdjə]

de repente	plötsligt	['plʲøtslit]
no início	i början	[i 'bœrjan]
pela primeira vez	för första gången	['før 'fœ:ṣta 'gɔŋən]
muito antes de ...	långt innan ...	['lʲɔŋt 'inan ...]
de novo, novamente	på nytt	[pɔ 'nʏt]
para sempre	för gott	[før 'gɔt]

nunca	aldrig	['alʲdrig]
de novo	igen	['ijɛn]
agora	nu	['nʉ:]

frequentemente	ofta	['ɔfta]
então	då	['do:]
urgentemente	brådskande	['brɔˌskandə]
usualmente	vanligtvis	['vanˌlitvis]

a propósito, ...	förresten ...	[fœ:'rɛstən ...]
é possível	möjligen	['mœjligən]
provavelmente	sannolikt	[sanʋ'likt]
talvez	kanske	['kanŋə]
além disso, ...	dessutom ...	[desʉ:tʋm ...]
por isso ...	därför ...	['dæ:før ...]
apesar de ...	i trots av ...	[i 'trɔts av ...]
graças a ...	tack vare ...	['tak ˌvarə ...]

que (pron.)	vad	['vad]
que (conj.)	att	[at]
algo	något	['no:gɔt]
alguma coisa	något	['no:gɔt]
nada	ingenting	['iŋəntiŋ]

quem	vem	['vem]
alguém (~ teve uma ideia ...)	någon	['no:gɔn]
alguém	någon	['no:gɔn]

ninguém	ingen	['iŋən]
para lugar nenhum	ingenstans	['iŋənˌstans]
de ninguém	ingens	['iŋəns]
de alguém	någons	['no:gɔns]

tão	så	['so:]
também (gostaria ~ de ...)	också	['ɔkso:]
também (~ eu)	också	['ɔkso:]

15. Palavras funcionais. Advérbios. Parte 2

Porquê?	Varför?	['va:fø:r]
por alguma razão	av någon anledning	[av 'no:gɔn 'anˌlʲedniŋ]
porque ...	därför att ...	['dæ:før at ...]
por qualquer razão	av någon anledning	[av 'no:gɔn 'anˌlʲedniŋ]

e (tu ~ eu)	och	['ɔ]
ou (ser ~ não ser)	eller	['ɛlʲer]
mas (porém)	men	['men]
para (~ a minha mãe)	för, till	['fø:r]

demasiado, muito	för, alltför	['fø:r], ['alʲtfø:r]
só, somente	bara, endast	['bara], ['ɛndast]
exatamente	precis, exakt	[prɛ'sis], [ɛk'sakt]
cerca de (~ 10 kg)	cirka	['sirka]

aproximadamente	ungefär	['uŋəˌfæ:r]
aproximado	ungefärlig	['uŋəˌfæ:lʲig]
quase	nästan	['nɛstan]
resto (m)	rest (en)	['rɛst]

o outro (segundo)	den andra	[dɛn 'andra]
outro	andre	['andrə]
cada	var	['var]
qualquer	vilken som helst	['vilˈkən sɔm 'hɛlˈst]
muito	mycken, mycket	['mʏkən], ['mʏkə]
muitas pessoas	många	['mɔŋa]
todos	alla	['alˈa]

em troca de ...	i gengäld för ...	[i 'jɛŋɛld ˌfør ...]
em troca	i utbyte	[i 'ʉtˌbytə]
à mão	för hand	[før 'hand]
pouco provável	knappast	['knapast]

provavelmente	sannolikt	[sanʉ'likt]
de propósito	med flit, avsiktligt	[me flit], ['avsiktlit]
por acidente	tillfälligtvis	['tilˈfɔlitvis]

muito	mycket	['mʏkə]
por exemplo	till exempel	[tilˈ ɛk'sɛmpəl]
entre	mellan	['mɛlˈan]
entre (no meio de)	bland	['blˈand]
tanto	så mycket	[sɔ 'mʏkə]
especialmente	särskilt	['sæːˌsilˈt]

Conceitos básicos. Parte 2

16. Opostos

rico	rik	['rik]
pobre	fattig	['fatig]
doente	sjuk	['ɧʉːk]
são	frisk	['frisk]
grande	stor	['stʊr]
pequeno	liten	['litən]
rapidamente	fort, snabbt	[fʊːt], ['snabt]
lentamente	långsamt	['lɔŋˌsamt]
rápido	snabb	['snab]
lento	långsam	['lɔŋˌsam]
alegre	glad	['glʲad]
triste	sorgmodig	['sɔrjˌmʊdig]
juntos	tillsammans	[tilʲ'samans]
separadamente	separat	[sepa'rat]
em voz alta (ler ~)	högt	['hœgt]
para si (em silêncio)	för sig själv	[før ˌsɛj 'ɧɛlʲv]
alto	hög	['høːg]
baixo	låg	['lʲoːg]
profundo	djup	['jʉːp]
pouco fundo	grund	['grʉnd]
sim	ja	['ja]
não	nej	['nɛj]
distante (no espaço)	fjärran	['fʲæːran]
próximo	nära	['næːra]
longe	långt	['lʲɔŋt]
perto	i närheten	[i 'næːrˌhetən]
longo	lång	['lʲɔŋ]
curto	kort	['kɔːt]
bom, bondoso	god	['gʊd]
mau	ond	['ʊnd]
casado	gift	['jift]

solteiro	ogift	[ʊ:'jift]

| proibir (vt) | att förbjuda | [at før'bjʉ:da] |
| permitir (vt) | att tillåta | [at 'tilˡo:ta] |

| fim (m) | slut (ett) | ['slʉ:t] |
| começo (m) | början (en) | ['bœrjan] |

| esquerdo | vänster | ['vɛnstər] |
| direito | höger | ['hø:gər] |

| primeiro | först | [fœ:ʂt] |
| último | sista | ['sista] |

| crime (m) | brott (ett) | ['brɔt] |
| castigo (m) | straff (ett) | ['straf] |

| ordenar (vt) | att beordra | [at be'o:dɽa] |
| obedecer (vt) | att underordna sig | [at 'undər‚ɔ:dɽna sɛj] |

| reto | rak, rakt | ['rak], ['rakt] |
| curvo | krokig | ['krʊkig] |

| paraíso (m) | paradis (ett) | ['para‚dis] |
| inferno (m) | helvete (ett) | ['hɛlˡvetə] |

| nascer (vi) | att födas | [at 'fø:das] |
| morrer (vi) | att dö | [at 'dø:] |

| forte | stark | ['stark] |
| fraco, débil | svag | ['svag] |

| idoso | gammal | ['gamalˡ] |
| jovem | ung | ['uŋ] |

| velho | gammal | ['gamalˡ] |
| novo | ny | ['ny] |

| duro | hård | ['ho:ɖ] |
| mole | mjuk | ['mjʉ:k] |

| tépido | varm | ['varm] |
| frio | kall | ['kalˡ] |

| gordo | tjock | ['ɕøk] |
| magro | mager | ['magər] |

| estreito | smal | ['smalˡ] |
| largo | bred | ['bred] |

| bom | bra | ['brɔ:] |
| mau | dålig | ['do:lig] |

| valente | tapper | ['tapər] |
| cobarde | feg | ['feg] |

17. Dias da semana

segunda-feira (f)	måndag (en)	['mɔn,dag]
terça-feira (f)	tisdag (en)	['tis,dag]
quarta-feira (f)	onsdag (en)	['ʊns,dag]
quinta-feira (f)	torsdag (en)	['tʊːʂ,dag]
sexta-feira (f)	fredag (en)	['fre,dag]
sábado (m)	lördag (en)	['lʲøː,dag]
domingo (m)	söndag (en)	['sœn,dag]

hoje	i dag	[i 'dag]
amanhã	i morgon	[i 'mɔrgɔn]
depois de amanhã	i övermorgon	[i 'øːvə,mɔrgɔn]
ontem	i går	[i 'gɔːr]
anteontem	i förrgår	[i 'fœːr,gɔːr]

dia (m)	dag (en)	['dag]
dia (m) de trabalho	arbetsdag (en)	['arbets,dag]
feriado (m)	helgdag (en)	['hɛljˌdag]
dia (m) de folga	ledig dag (en)	['lʲedig ,dag]
fim (m) de semana	helg, veckohelg (en)	[hɛlj], ['vɛkɔ,hɛlj]

o dia todo	hela dagen	['helʲa 'dagən]
no dia seguinte	nästa dag	['nɛsta ,dag]
há dois dias	för två dagar sedan	[før ,tvoː 'dagar 'sedan]
na véspera	dagen innan	['dagən 'inan]
diário	daglig	['daglig]
todos os dias	varje dag	['varjə dag]

semana (f)	vecka (en)	['vɛka]
na semana passada	förra veckan	['fœːra 'vɛkan]
na próxima semana	i nästa vecka	[i 'nɛsta 'vɛka]
semanal	vecko-	['vɛkɔ-]
cada semana	varje vecka	['varjə 'vɛka]
duas vezes por semana	två gångar i veckan	[tvoː 'gɔŋar i 'vɛkan]
cada terça-feira	varje tisdag	['varjə ,tisdag]

18. Horas. Dia e noite

manhã (f)	morgon (en)	['mɔrgɔn]
de manhã	på morgonen	[pɔ 'mɔrgɔnən]
meio-dia (m)	middag (en)	['mid,dag]
à tarde	på eftermiddagen	[pɔ 'ɛftə,midagən]

noite (f)	kväll (en)	[kvɛlʲ]
à noite (noitinha)	på kvällen	[pɔ 'kvɛlʲen]
noite (f)	natt (en)	['nat]
à noite	om natten	[ɔm 'natən]
meia-noite (f)	midnatt (en)	['mid,nat]

segundo (m)	sekund (en)	[se'kund]
minuto (m)	minut (en)	[mi'nʉːt]
hora (f)	timme (en)	['timə]

meia hora (f)	halvtimme (en)	['halˡvˌtimə]
quarto (m) de hora	kvart (en)	['kvaːt]
quinze minutos	femton minuter	['fɛmtɔn mi'nʉːtər]
vinte e quatro horas	dygn (ett)	['dɣgn]

nascer (m) do sol	soluppgång (en)	['sʉlˡˌup'gɔŋ]
amanhecer (m)	gryning (en)	['gryniŋ]
madrugada (f)	tidig morgon (en)	['tidig 'mɔrgɔn]
pôr do sol (m)	solnedgång (en)	['sʉlˡ 'nedˌgɔŋ]

de madrugada	tidigt på morgonen	['tidit pɔ 'mɔrgɔnən]
hoje de manhã	i morse	[i 'mɔːʂə]
amanhã de manhã	i morgon bitti	[i 'mɔrgɔn 'biti]

hoje à tarde	i eftermiddag	[i 'ɛftəˌmidag]
à tarde	på eftermiddagen	[pɔ 'ɛftəˌmidagən]
amanhã à tarde	i morgon eftermiddag	[i 'mɔrgɔn 'ɛftəˌmidag]

| hoje à noite | i kväll | [i 'kvɛlˡ] |
| amanhã à noite | i morgon kväll | [i 'mɔrgɔn 'kvɛlˡ] |

às três horas em ponto	precis klockan tre	[prɛ'sis 'klˡɔkan treː]
por volta das quatro	vid fyratiden	[vid 'fyraˌtidən]
às doze	vid klockan tolv	[vid 'klˡɔkan 'tɔlˡv]

dentro de vinte minutos	om tjugo minuter	[ɔm 'ɕugo mi'nʉːtər]
dentro duma hora	om en timme	[ɔm en 'timə]
a tempo	i tid	[i 'tid]

menos um quarto	kvart i ...	['kvaːt i ...]
durante uma hora	inom en timme	['inɔm en 'timə]
a cada quinze minutos	varje kvart	['varjə kvaːt]
as vinte e quatro horas	dygnet runt	['dɣgnet ˌrunt]

19. Meses. Estações

janeiro (m)	januari	['januˌari]
fevereiro (m)	februari	[fɛbrʉ'ari]
março (m)	mars	['maːʂ]
abril (m)	april	[a'prilˡ]
maio (m)	maj	['maj]
junho (m)	juni	['juːni]

julho (m)	juli	['juːli]
agosto (m)	augusti	[au'gusti]
setembro (m)	september	[sɛp'tɛmbər]
outubro (m)	oktober	[ɔk'tʉbər]
novembro (m)	november	[nɔ'vɛmbər]
dezembro (m)	december	[de'sɛmbər]

primavera (f)	vår (en)	['voːr]
na primavera	på våren	[pɔ 'voːrən]
primaveril	vår-	['voːr-]
verão (m)	sommar (en)	['sɔmar]

| no verão | på sommaren | [pɔ 'sɔmarən] |
| de verão | sommar- | ['sɔmar-] |

outono (m)	höst (en)	['høst]
no outono	på hösten	[pɔ 'høstən]
outonal	höst-	['høst-]

inverno (m)	vinter (en)	['vintər]
no inverno	på vintern	[pɔ 'vintərn]
de inverno	vinter-	['vintər-]
mês (m)	månad (en)	['moːnad]
este mês	den här månaden	[dɛn hæːr 'moːnadən]
no próximo mês	nästa månad	['nɛsta 'moːnad]
no mês passado	förra månaden	['fœːra 'moːnadən]

há um mês	för en månad sedan	['før en 'moːnad 'sedan]
dentro de um mês	om en månad	[ɔm en 'moːnad]
dentro de dois meses	om två månader	[ɔm tvoː 'moːnadər]
todo o mês	en hel månad	[en helʲ 'moːnad]
um mês inteiro	hela månaden	['helʲa 'moːnadən]

mensal	månatlig	[mo'natlig]
mensalmente	månatligen	[mo'natligən]
cada mês	varje månad	['varjə ˌmoːnad]
duas vezes por mês	två gånger i månaden	[tvoː 'gɔŋər i 'mɔːnadən]

ano (m)	år (ett)	['oːr]
este ano	i år	[i 'oːr]
no próximo ano	nästa år	['nɛsta ˌoːr]
no ano passado	i fjol, förra året	[i 'fjulʲ], ['fœːra 'oːret]
há um ano	för ett år sedan	['før et 'oːr 'sedan]
dentro dum ano	om ett år	[ɔm et 'oːr]
dentro de 2 anos	om två år	[ɔm tvoː 'oːr]
todo o ano	ett helt år	[ɛt helʲt 'oːr]
um ano inteiro	hela året	['helʲa 'oːret]

cada ano	varje år	['varjə 'oːr]
anual	årlig	['oːlʲig]
anualmente	årligen	['oːlʲigən]
quatro vezes por ano	fyra gånger om året	['fyra 'gɔŋər ɔm 'oːret]

data (~ de hoje)	datum (ett)	['datum]
data (ex. ~ de nascimento)	datum (ett)	['datum]
calendário (m)	almanacka (en)	['alʲmanaka]

meio ano	halvår (ett)	['halʲvˌoːr]
seis meses	halvår (ett)	['halʲvˌoːr]
estação (f)	årstid (en)	['oːʂˌtid]
século (m)	sekel (ett)	['sekəlʲ]

20. Tempo. Diversos

| tempo (m) | tid (en) | ['tid] |
| momento (m) | ögonblick (ett) | ['øːgɔnˌblik] |

instante (m)	ögonblick (ett)	['ø:gɔn‚blik]
instantâneo	ögonblicklig	['ø:gɔn‚bliklig]
lapso (m) de tempo	tidsavsnitt (ett)	['tids‚avsnit]
vida (f)	liv (ett)	['liv]
eternidade (f)	evighet (en)	['evig‚het]

época (f)	epok (en)	[ɛ'pɔ:k]
era (f)	era (en)	['era]
ciclo (m)	cykel (en)	['sykəlʲ]
período (m)	period (en)	[peri'ʊd]
prazo (m)	tid, period (en)	['tid], [peri'ʊd]

futuro (m)	framtid (en)	['fram‚tid]
futuro	framtida	['fram‚tida]
da próxima vez	nästa gång	['nɛsta ‚gɔŋ]
passado (m)	det förflutna	[dɛ 'før‚flʉ:tna]
passado	förra	['fœ:ra]
na vez passada	förra gången	['fœ:ra 'gɔŋən]
mais tarde	senare	['senarə]
depois	efter	['ɛftər]
atualmente	nuförtiden	['nʉ:‚før'tidən]
agora	nu	['nʉ:]
imediatamente	omedelbart	[ʊ:'medəlʲ‚ba:t]
em breve, brevemente	snart	['sna:t]
de antemão	i förväg	[i 'før‚vɛ:g]

há muito tempo	längesedan	['lʲɛŋə‚sedan]
há pouco tempo	nyligen	['nyligən]
destino (m)	öde (ett)	['ø:də]
recordações (f pl)	minnen (pl)	['minən]
arquivo (m)	arkiv (ett)	[ar'kiv]
durante ...	under ...	['undər ...]
durante muito tempo	länge	['lʲɛŋə]
pouco tempo	inte länge	['intə 'lʲɛŋə]
cedo (levantar-se ~)	tidigt	['tidit]
tarde (deitar-se ~)	sent	['sɛnt]

para sempre	för alltid	['før 'alʲtid]
começar (vt)	att börja	[at 'bœrja]
adiar (vt)	att skjuta upp	[at 'ɧʉ:ta up]

simultaneamente	samtidigt	['sam‚tidit]
permanentemente	alltid, ständigt	['alʲtid], ['stɛndit]
constante (ruído, etc.)	konstant	[kɔn'stant]
temporário	tillfällig, temporär	['tilʲ‚folig], [tempo'rɛr]

às vezes	ibland	['iblʲand]
raramente	sällan	['sɛlʲan]
frequentemente	ofta	['ɔfta]

21. Linhas e formas

| quadrado (m) | kvadrat (en) | [kva'drat] |
| quadrado | kvadratisk | [kva'dratisk] |

círculo (m)	cirkel (en)	['sirkəlʲ]
redondo	rund	['rund]
triângulo (m)	triangel (en)	['tri‚aŋəlʲ]
triangular	triangulär	[triaŋu'lʲæ:r]

oval (f)	oval (en)	[u'valʲ]
oval	oval	[u'valʲ]
retângulo (m)	rektangel (en)	['rɛk‚taŋəlʲ]
retangular	rätvinklig	['rɛt‚viŋklig]

pirâmide (f)	pyramid (en)	[pyra'mid]
rombo, losango (m)	romb (en)	['rɔmb]
trapézio (m)	trapets (en)	[tra'pets]
cubo (m)	kub (en)	['kʉ:b]
prisma (m)	prisma (en)	['prisma]

circunferência (f)	omkrets (en)	['ɔm‚krɛts]
esfera (f)	sfär (en)	['sfæ:r]
globo (m)	klot (ett)	['klʲɔt]
diâmetro (m)	diameter (en)	['dia‚metər]
raio (m)	radie (en)	['radiə]
perímetro (m)	perimeter (en)	[peri'metər]
centro (m)	medelpunkt (en)	['medəlʲ‚puŋkt]

horizontal	horisontal	[hʉrisɔn'talʲ]
vertical	lodrät, lod-	['lʲod‚rɛt], ['lʲod-]
paralela (f)	parallell (en)	[para'lʲɛlʲ]
paralelo	parallell	[para'lʲɛlʲ]

linha (f)	linje (en)	['linjə]
traço (m)	linje (en)	['linjə]
reta (f)	rät linje (en)	[rɛ:t 'linjə]
curva (f)	kurva (en)	['kurva]
fino (linha ~a)	tunn	['tun]
contorno (m)	kontur (en)	[kɔn'tʉ:r]

interseção (f)	skärningspunkt (en)	['ɧærniŋs‚punkt]
ângulo (m) reto	rät vinkel (en)	[rɛ:t 'viŋkəlʲ]
segmento (m)	segment (ett)	[seg'mɛnt]
setor (m)	sektor (en)	['sektʊr]
lado (de um triângulo, etc.)	sida (en)	['sida]
ângulo (m)	vinkel (en)	['viŋkəlʲ]

22. Unidades de medida

peso (m)	vikt (en)	['vikt]
comprimento (m)	längd (en)	[lʲɛŋd]
largura (f)	bredd (en)	['brɛd]
altura (f)	höjd (en)	['hœjd]
profundidade (f)	djup (ett)	['jʉ:p]
volume (m)	volym (en)	[vɔ'lʲym]
área (f)	yta, areal (en)	['yta], [are'alʲ]
grama (m)	gram (ett)	['gram]
miligrama (m)	milligram (ett)	['mili‚gram]

quilograma (m)	kilogram (ett)	[çilʲɔ'gram]
tonelada (f)	ton (en)	['tʊn]
libra (453,6 gramas)	skålpund (ett)	['sko:lʲˌpund]
onça (f)	uns (ett)	['uns]

metro (m)	meter (en)	['metər]
milímetro (m)	millimeter (en)	['miliˌmetər]
centímetro (m)	centimeter (en)	[sɛnti'metər]
quilómetro (m)	kilometer (en)	[çilʲɔ'metər]
milha (f)	mil (en)	['milʲ]

polegada (f)	tum (en)	['tum]
pé (304,74 mm)	fot (en)	['fʊt]
jarda (914,383 mm)	yard (en)	['ja:ɖ]

| metro (m) quadrado | kvadratmeter (en) | [kva'dratˌmetər] |
| hectare (m) | hektar (ett) | [hɛk'tar] |

litro (m)	liter (en)	['litər]
grau (m)	grad (en)	['grad]
volt (m)	volt (en)	['vɔlʲt]
ampere (m)	ampere (en)	[am'pɛr]
cavalo-vapor (m)	hästkraft (en)	['hɛstˌkraft]

quantidade (f)	mängd, kvantitet (en)	['mɛŋt], [kwanti'tet]
um pouco de ...	få ..., inte många ...	['fo: ...], ['intə 'mɔŋa ...]
metade (f)	hälft (en)	['hɛlʲft]
dúzia (f)	dussin (ett)	['dusin]
peça (f)	stycke (ett)	['stʏkə]

| dimensão (f) | storlek (en) | ['stʊ:lʲek] |
| escala (f) | skala (en) | ['skalʲa] |

mínimo	minimal	[mini'malʲ]
menor, mais pequeno	minst	['minst]
médio	medel	['medəlʲ]
máximo	maximal	[maksi'malʲ]
maior, mais grande	störst	['stø:ʂt]

23. Recipientes

boião (m) de vidro	glasburk (en)	['glʲasˌburk]
lata (~ de cerveja)	burk (en)	['burk]
balde (m)	hink (en)	['hiŋk]
barril (m)	tunna (en)	['tuna]

bacia (~ de plástico)	tvättfat (ett)	['tvætˌfat]
tanque (m)	tank (en)	['taŋk]
cantil (m) de bolso	plunta, fickflaska (en)	['plʉnta], ['fikˌflʲaska]
bidão (m) de gasolina	dunk (en)	['du:ŋk]
cisterna (f)	tank (en)	['taŋk]

| caneca (f) | mugg (en) | ['mug] |
| chávena (f) | kopp (en) | ['kop] |

pires (m)	tefat (ett)	['te͵fat]
copo (m)	glas (ett)	['glʲas]
taça (f) de vinho	vinglas (ett)	['vin͵glʲas]
panela, caçarola (f)	kastrull, gryta (en)	[ka'strulʲ], ['gryta]

| garrafa (f) | flaska (en) | ['flʲaska] |
| gargalo (m) | flaskhals (en) | ['flʲask͵halʲs] |

jarro, garrafa (f)	karaff (en)	[ka'raf]
jarro (m) de barro	kanna (en) med handtag	['kana me 'han͵tag]
recipiente (m)	behållare (en)	[be'ho:ǀʲarə]
pote (m)	kruka (en)	['krʉka]
vaso (m)	vas (en)	['vas]

frasco (~ de perfume)	flakong (en)	[flʲa'kɔŋ]
frasquinho (ex. ~ de iodo)	flaska (en)	['flʲaska]
tubo (~ de pasta dentífrica)	tub (en)	['tʉ:b]

saca (ex. ~ de açúcar)	säck (en)	['sɛk]
saco (~ de plástico)	påse (en)	['po:sə]
maço (m)	paket (ett)	[pa'ket]

caixa (~ de sapatos, etc.)	ask (en)	['ask]
caixa (~ de madeira)	låda (en)	['lʲo:da]
cesta (f)	korg (en)	['kɔrj]

24. Materiais

material (m)	material (ett)	[mate'rjalʲ]
madeira (f)	trä (ett)	['trɛ:]
de madeira	trä-	['trɛ:-]

| vidro (m) | glas (ett) | ['glʲas] |
| de vidro | av glas, glas- | [av glʲas], [glʲas-] |

| pedra (f) | sten (en) | ['sten] |
| de pedra | sten- | ['sten-] |

| plástico (m) | plast (en) | ['plʲast] |
| de plástico | plast- | [plʲast-] |

| borracha (f) | gummi (ett) | ['gumi] |
| de borracha | gummi- | ['gumi-] |

| tecido, pano (m) | tyg (ett) | ['tyg] |
| de tecido | tyg- | ['tyg-] |

| papel (m) | papper (ett) | ['papər] |
| de papel | papper- | ['papər-] |

cartão (m)	papp, kartong (en)	['pap], [ka:'tɔŋ]
de cartão	papp-, kartong-	['pap-], [ka:'tɔŋ-]
polietileno (m)	polyetylen (en)	['pɔlyɛty͵lʲen]
celofane (m)	cellofan (en)	[sɛlʲʉ'fan]

| linóleo (m) | linoleum (ett) | [li'noleum] |
| contraplacado (m) | kryssfaner (ett) | ['krys‚fa'nɛ:r] |

porcelana (f)	porslin (ett)	[pɔ:'ʂlin]
de porcelana	av porslin	[av pɔ:'ʂlin]
barro (f)	lera (en)	['lʲera]
de barro	ler-	['lʲer-]
cerâmica (f)	keramik (en)	[ɕera'mik]
de cerâmica	keramisk	[ɕe'ramisk]

25. Metais

metal (m)	metall (en)	[me'talʲ]
metálico	metall-	[me'talʲ-]
liga (f)	legering (en)	[lʲe'ge:riŋ]

ouro (m)	guld (ett)	['gulʲd]
de ouro	guld-	['gulʲd-]
prata (f)	silver (ett)	['silʲvər]
de prata	silver-	['silʲvər-]

ferro (m)	järn (ett)	['jæ:ɳ]
de ferro	järn-	['jæ:ɳ-]
aço (m)	stål (ett)	['sto:lʲ]
de aço	stål-	['sto:lʲ-]
cobre (m)	koppar (en)	['kopar]
de cobre	koppar-	['kopar-]

alumínio (m)	aluminium (ett)	[alʉ'mi:nium]
de alumínio	aluminium-	[alʉ'mi:nium-]
bronze (m)	brons (en)	['brɔns]
de bronze	brons-	['brɔns-]

latão (m)	mässing (en)	['mɛsiŋ]
níquel (m)	nickel (ett)	['nikəlʲ]
platina (f)	platina (en)	['plʲatina]
mercúrio (m)	kvicksilver (ett)	['kvik‚silʲvər]
estanho (m)	tenn (ett)	['tɛn]
chumbo (m)	bly (ett)	['blʲy]
zinco (m)	zink (en)	['siŋk]

O SER HUMANO

O ser humano. O corpo

26. Humanos. Conceitos básicos

ser (m) humano	människa (en)	['mɛniɲa]
homem (m)	man (en)	['man]
mulher (f)	kvinna (en)	['kvina]
criança (f)	barn (ett)	['baːŋ]
menina (f)	flicka (en)	['flika]
menino (m)	pojke (en)	['pɔjkə]
adolescente (m)	tonåring (en)	[tɔ'noːriŋ]
velho (m)	gammal man (en)	['gamalʲ ˌman]
velha, anciã (f)	gumma (en)	['guma]

27. Anatomia humana

organismo (m)	organism (en)	[ɔrga'nism]
coração (m)	hjärta (ett)	['jæːṭa]
sangue (m)	blod (ett)	['blʲʊd]
artéria (f)	artär (en)	[a'tæːr]
veia (f)	ven (en)	['veːn]
cérebro (m)	hjärna (en)	['jæːɳa]
nervo (m)	nerv (en)	['nɛrv]
nervos (m pl)	nerver (pl)	['nɛrvər]
vértebra (f)	ryggkota (en)	['rʏgˌkɔta]
coluna (f) vertebral	ryggrad (en)	['rʏgˌrad]
estômago (m)	magsäck (en)	['magˌsɛk]
intestinos (m pl)	tarmar, inälvor (pl)	['tarmar], [inɛlʲʲvʊr]
intestino (m)	tarm (en)	['tarm]
fígado (m)	lever (en)	['lʲevər]
rim (m)	njure (en)	['njʉːrə]
osso (m)	ben (ett)	['beːn]
esqueleto (m)	skelett (ett)	[ske'lʲet]
costela (f)	revben (ett)	['revˌbeːn]
crânio (m)	skalle (en)	['skalʲe]
músculo (m)	muskel (en)	['muskəlʲ]
bíceps (m)	biceps (en)	['bisɛps]
tríceps (m)	triceps (en)	['trisɛps]
tendão (m)	sena (en)	['seːna]
articulação (f)	led (en)	['lʲed]

pulmões (m pl)	lungor (pl)	['lʉŋʊr]
órgãos (m pl) genitais	könsorganen (pl)	['çœns ɔr'ganən]
pele (f)	hud (en)	['hʉ:d]

28. Cabeça

cabeça (f)	huvud (ett)	['hʉ:vʉd]
cara (f)	ansikte (ett)	['ansiktə]
nariz (m)	näsa (en)	['nɛ:sa]
boca (f)	mun (en)	['mu:n]

olho (m)	öga (ett)	['ø:ga]
olhos (m pl)	ögon (pl)	['ø:gɔn]
pupila (f)	pupill (en)	[pʉ'pilʲ]
sobrancelha (f)	ögonbryn (ett)	['ø:gɔn‚bryn]
pestana (f)	ögonfrans (en)	['ø:gɔn‚frans]
pálpebra (f)	ögonlock (ett)	['ø:gɔn‚lʲɔk]

língua (f)	tunga (en)	['tuŋa]
dente (m)	tand (en)	['tand]
lábios (m pl)	läppar (pl)	['lʲɛpar]
maçãs (f pl) do rosto	kindben (pl)	['çind‚be:n]
gengiva (f)	tandkött (ett)	['tand‚çœt]
palato (m)	gom (en)	['gʊm]

narinas (f pl)	näsborrar (pl)	['nɛ:s‚bɔrar]
queixo (m)	haka (en)	['haka]
mandíbula (f)	käke (en)	['çɛ:kə]
bochecha (f)	kind (en)	['çind]

testa (f)	panna (en)	['pana]
têmpora (f)	tinning (en)	['tiniŋ]
orelha (f)	öra (ett)	['ø:ra]
nuca (f)	nacke (en)	['nakə]
pescoço (m)	hals (en)	['halʲs]
garganta (f)	strupe, hals (en)	['strʉpə], ['halʲs]

cabelos (m pl)	hår (pl)	['ho:r]
penteado (m)	frisyr (en)	[fri'syr]
corte (m) de cabelo	klippning (en)	['klipniŋ]
peruca (f)	peruk (en)	[pe'rʉ:k]

bigode (m)	mustasch (en)	[mʉ'sta:ʃ]
barba (f)	skägg (ett)	['ɧɛg]
usar, ter (~ barba, etc.)	att ha	[at 'ha]
trança (f)	fläta (en)	['flʲɛ:ta]
suíças (f pl)	polisonger (pl)	[pɔli'sɔŋər]

ruivo	rödhårig	['rø:d‚ho:rig]
grisalho	grå	['gro:]
calvo	skallig	['skalig]
calva (f)	flint (en)	['flint]
rabo-de-cavalo (m)	hästsvans (en)	['hɛst‚svans]
franja (f)	lugg, pannlugg (en)	[lʉg], ['pan‚lʉg]

29. Corpo humano

| mão (f) | hand (en) | ['hand] |
| braço (m) | arm (en) | ['arm] |

dedo (m)	finger (ett)	['fiŋər]
dedo (m) do pé	tå (en)	['to:]
polegar (m)	tumme (en)	['tumə]
dedo (m) mindinho	lillfinger (ett)	['lilᶨˌfiŋər]
unha (f)	nagel (en)	['nagəlᶨ]

punho (m)	knytnäve (en)	['knʏtˌnɛ:və]
palma (f) da mão	handflata (en)	['handˌflᶨata]
pulso (m)	handled (en)	['handˌlᶨed]
antebraço (m)	underarm (en)	['undərˌarm]
cotovelo (m)	armbåge (en)	['armˌbo:gə]
ombro (m)	skuldra (en)	['skulᶨdra]

perna (f)	ben (ett)	['be:n]
pé (m)	fot (en)	['fut]
joelho (m)	knä (ett)	['knɛ:]
barriga (f) da perna	vad (ett)	['vad]
anca (f)	höft (en)	['hœft]
calcanhar (m)	häl (en)	['hɛ:lᶨ]

corpo (m)	kropp (en)	['krɔp]
barriga (f)	mage (en)	['magə]
peito (m)	bröst (ett)	['brœst]
seio (m)	bröst (ett)	['brœst]
lado (m)	sida (en)	['sida]
costas (f pl)	rygg (en)	['rʏg]
região (f) lombar	ländrygg (en)	['lᶨɛndˌrʏg]
cintura (f)	midja (en)	['midja]

umbigo (m)	navel (en)	['navəlᶨ]
nádegas (f pl)	stjärtar, skinkor (pl)	['ɧæ:ʈar], ['ɧiŋkʊr]
traseiro (m)	bak (en)	['bak]

sinal (m)	leverfläck (ett)	['lᶨevərˌflɛk]
sinal (m) de nascença	födelsemärke (ett)	['fø:dəlᶨsəˌmæ:rkə]
tatuagem (f)	tatuering (en)	[tatɵ'eriŋ]
cicatriz (f)	ärr (ett)	['ær]

Vestuário & Acessórios

30. Roupa exterior. Casacos

roupa (f)	kläder (pl)	['klʲɛːdər]
roupa (f) exterior	ytterkläder	['ytə,klʲɛːdər]
roupa (f) de inverno	vinterkläder (pl)	['vintə,klʲɛːdər]
sobretudo (m)	rock, kappa (en)	['rɔk], ['kapa]
casaco (m) de peles	päls (en)	['pɛlʲs]
casaco curto (m) de peles	pälsjacka (en)	['pɛlʲs,jaka]
casaco (m) acolchoado	dunjacka (en)	['dʉːn,jaka]
casaco, blusão (m)	jacka (en)	['jaka]
impermeável (m)	regnrock (en)	['rɛgn,rɔk]
impermeável	vattentät	['vatən,tɛt]

31. Vestuário de homem & mulher

camisa (f)	skjorta (en)	['ɧuːʈa]
calças (f pl)	byxor (pl)	['byksʊr]
calças (f pl) de ganga	jeans (en)	['jins]
casaco (m) de fato	kavaj (en)	[ka'vaj]
fato (m)	kostym (en)	[kɔs'tym]
vestido (ex. ~ vermelho)	klänning (en)	['klʲɛniŋ]
saia (f)	kjol (en)	['ɕøːlʲ]
blusa (f)	blus (en)	['blʉːs]
casaco (m) de malha	stickad tröja (en)	['stikad 'trøja]
casaco, blazer (m)	dräktjacka, kavaj (en)	['drɛkt 'jaka], ['kavaj]
T-shirt, camiseta (f)	T-shirt (en)	['tiː.ʃoːt]
calções (Bermudas, etc.)	shorts (en)	['ʃɔːʦ]
fato (m) de treino	träningsoverall (en)	['trɛːniŋs ɔve'rɔːlʲ]
roupão (m) de banho	morgonrock (en)	['mɔrgɔn,rɔk]
pijama (m)	pyjamas (en)	[py'jamas]
suéter (m)	sweater, tröja (en)	['svitər], ['trøja]
pulôver (m)	pullover (en)	[pu'lʲɔːvər]
colete (m)	väst (en)	['vɛst]
fraque (m)	frack (en)	['frak]
smoking (m)	smoking (en)	['smɔkiŋ]
uniforme (m)	uniform (en)	[uni'fɔrm]
roupa (f) de trabalho	arbetskläder (pl)	['arbets,klʲɛːdər]
fato-macaco (m)	overall (en)	['ɔve,rɔːlʲ]
bata (~ branca, etc.)	rock (en)	['rɔk]

32. Vestuário. Roupa interior

roupa (f) interior	underkläder (pl)	['undə̩klʲɛːdər]
cuecas boxer (f pl)	underbyxor (pl)	['undə̩byksʊr]
cuecas (f pl)	trosor (pl)	['trʊsʊr]
camisola (f) interior	undertröja (en)	['undə̩trøja]
peúgas (f pl)	sockor (pl)	['sɔkʊr]
camisa (f) de noite	nattlinne (ett)	['nat̩linə]
sutiã (m)	behå (en)	[be'hoː]
meias longas (f pl)	knästrumpor (pl)	['knɛː̩strumpʊr]
meia-calça (f)	strumpbyxor (pl)	['strump̩byksʊr]
meias (f pl)	strumpor (pl)	['strumpʊr]
fato (m) de banho	baddräkt (en)	['bad̩drɛkt]

33. Adereços de cabeça

chapéu (m)	hatt (en)	['hat]
chapéu (m) de feltro	hatt (en)	['hat]
boné (m) de beisebol	baseballkeps (en)	['bejsbɔlʲ keps]
boné (m)	keps (en)	['keps]
boina (f)	basker (en)	['baskər]
capuz (m)	luva, kapuschong (en)	['lʉːva], [kapʉ'ʃɔːŋ]
panamá (m)	panamahatt (en)	['panama̩hat]
gorro (m) de malha	luva (en)	['lʉːva]
lenço (m)	sjalett (en)	[ʃa'lʲet]
chapéu (m) de mulher	hatt (en)	['hat]
capacete (m) de proteção	hjälm (en)	['jɛlʲm]
bibico (m)	båtmössa (en)	['bɔt̩mœsa]
capacete (m)	hjälm (en)	['jɛlʲm]
chapéu-coco (m)	plommonstop (ett)	['plʲumɔn̩stʊp]
chapéu (m) alto	hög hatt, cylinder (en)	['høːg ̩hat], [sy'lindər]

34. Calçado

calçado (m)	skodon (pl)	['skʊdʊn]
botinas (f pl)	skor (pl)	['skʊr]
sapatos (de salto alto, etc.)	damskor (pl)	['dam̩skʊr]
botas (f pl)	stövlar (pl)	['støvlʲar]
pantufas (f pl)	tofflor (pl)	['tɔflʲʊr]
ténis (m pl)	tennisskor (pl)	['tɛnis̩skʊr]
sapatilhas (f pl)	canvas skor (pl)	['kanvas ̩skʊr]
sandálias (f pl)	sandaler (pl)	[san'dalʲer]
sapateiro (m)	skomakare (en)	['skʊ̩makarə]
salto (m)	klack (en)	['klʲak]

par (m)	par (ett)	['par]
atacador (m)	skosnöre (ett)	['skʊˌsnøːrə]
apertar os atacadores	att snöra	[at 'snøːra]
calçadeira (f)	skohorn (ett)	['skʊˌhuːn]
graxa (f) para calçado	skokräm (en)	['skʊˌkrɛm]

35. Têxtil. Tecidos

algodão (m)	bomull (en)	['bʊˌmulʲ]
de algodão	bomull-	['bʊˌmulʲ-]
linho (m)	lin (ett)	['lin]
de linho	lin	['lin]

seda (f)	siden (ett)	['sidən]
de seda	siden-	['sidən-]
lã (f)	ull (en)	['ulʲ]
de lã	ull-	['ulʲ-]

veludo (m)	sammet (en)	['samet]
camurça (f)	mocka (en)	['mɔka]
bombazina (f)	manchester (en)	['manˌɕestər]

náilon (m)	nylon (ett)	[ny'lʲɔn]
de náilon	nylon-	[ny'lʲɔn-]
poliéster (m)	polyester (en)	[pɔlʲy'ɛstər]
de poliéster	polyester-	[pɔlʲy'ɛstər-]

couro (m)	läder, skinn (ett)	['lʲɛːdər], ['ɧin]
de couro	läder-, av läder	['lʲɛːdər-], [av 'lʲɛːdər]
pele (f)	päls (en)	['pɛlʲs]
de peles, de pele	päls-	['pɛlʲs-]

36. Acessórios pessoais

luvas (f pl)	handskar (pl)	['hanskar]
mitenes (f pl)	vantar (pl)	['vantar]
cachecol (m)	halsduk (en)	['halʲsˌdʉːk]

óculos (m pl)	glasögon (pl)	['glʲasˌøːgɔn]
armação (f) de óculos	båge (en)	['boːgə]
guarda-chuva (m)	paraply (ett)	[paraˈplʲy]
bengala (f)	käpp (en)	['ɕɛp]
escova (f) para o cabelo	hårborste (en)	['hoːrˌboːʂtə]
leque (m)	solfjäder (en)	['sʊlʲˌfjɛːdər]

gravata (f)	slips (en)	['slips]
gravata-borboleta (f)	fluga (en)	['flʉːga]
suspensórios (m pl)	hängslen (pl)	['hɛŋslʲən]
lenço (m)	näsduk (en)	['nɛsˌdʉk]

| pente (m) | kam (en) | ['kam] |
| travessão (m) | hårklämma (ett) | ['hoːrˌklʲɛma] |

| gancho (m) de cabelo | hårnål (en) | ['ho:ˌŋo:lʲ] |
| fivela (f) | spänne (ett) | ['spɛnə] |

| cinto (m) | bälte (ett) | ['bɛlʲtə] |
| correia (f) | rem (en) | ['rem] |

mala (f)	väska (en)	['vɛska]
mala (f) de senhora	damväska (en)	['damˌvɛska]
mochila (f)	ryggsäck (en)	['rʏgˌsɛk]

37. Vestuário. Diversos

moda (f)	mode (ett)	['mʊdə]
na moda	modern	[mʊ'dɛ:ŋ]
estilista (m)	modedesigner (en)	['mʊdə de'sajnər]

colarinho (m), gola (f)	krage (en)	['kragə]
bolso (m)	ficka (en)	['fika]
de bolso	fick-	['fik-]
manga (f)	ärm (en)	['æ:rm]
alcinha (f)	hängband (ett)	['hɛŋ band]
braguilha (f)	gylf (en)	['gylʲf]

fecho (m) de correr	blixtlås (ett)	['blikstˌlʲo:s]
fecho (m), colchete (m)	knäppning (en)	['knɛpniŋ]
botão (m)	knapp (en)	['knap]
casa (f) de botão	knapphål (ett)	['knapˌho:lʲ]
soltar-se (vr)	att lossna	[at 'lʲosna]

coser, costurar (vi)	att sy	[at sy]
bordar (vt)	att brodera	[at brʊ'dera]
bordado (m)	broderi (ett)	[brʊde'ri:]
agulha (f)	synål (en)	['syˌno:lʲ]
fio (m)	tråd (en)	['tro:d]
costura (f)	söm (en)	['sø:m]

sujar-se (vr)	att smutsa ned sig	[at 'smutsa ned sɛj]
mancha (f)	fläck (en)	['flʲɛk]
engelhar-se (vr)	att bli skrynklig	[at bli 'skrʏŋklig]
rasgar (vt)	att riva	[at 'riva]
traça (f)	mal (en)	['malʲ]

38. Cuidados pessoais. Cosméticos

pasta (f) de dentes	tandkräm (en)	['tandˌkrɛm]
escova (f) de dentes	tandborste (en)	['tandˌbo:ʂtə]
escovar os dentes	att borsta tänderna	[at 'bo:ʂta 'tɛndɛ:ŋa]

máquina (f) de barbear	hyvel (en)	['hyvəlʲ]
creme (m) de barbear	rakkräm (en)	['rakˌkrɛm]
barbear-se (vr)	att raka sig	[at 'raka sɛj]
sabonete (m)	tvål (en)	['tvo:lʲ]

champô (m)	schampo (ett)	['ʃam‚pʉ]
tesoura (f)	sax (en)	['saks]
lima (f) de unhas	nagelfil (en)	['nagəlⁱ‚filʲ]
corta-unhas (m)	nageltång (en)	['nagəlⁱ‚tɔŋ]
pinça (f)	pincett (en)	[pin'sɛt]

cosméticos (m pl)	kosmetika (en)	[kɔs'mɛtika]
máscara (f) facial	ansiktsmask (en)	[an'sikts‚mask]
manicura (f)	manikyr (en)	[mani'kyr]
fazer a manicura	att få manikyr	[at fo: mani'kyr]
pedicure (f)	pedikyr (en)	[pedi'kyr]

mala (f) de maquilhagem	kosmetikväska (en)	[kɔsmɛ'tik‚vɛska]
pó (m)	puder (ett)	['pʉ:dər]
caixa (f) de pó	puderdosa (en)	['pʉ:dɛ‚do̞:sa]
blush (m)	rouge (ett)	['ru:ʃ]

perfume (m)	parfym (en)	[par'fym]
água (f) de toilette	eau de toilette (en)	['ɔ:detua‚lʲet]
loção (f)	rakvatten (ett)	['rak‚vatən]
água-de-colónia (f)	eau de cologne (en)	['ɔ:dekɔ‚lʲɔnʲ]

sombra (f) de olhos	ögonskugga (en)	['ø:gɔn‚skuga]
lápis (m) delineador	ögonpenna (en)	['ø:gɔn‚pɛna]
máscara (f), rímel (m)	mascara (en)	[ma'skara]

batom (m)	läppstift (ett)	['lʲɛp‚stift]
verniz (m) de unhas	nagellack (ett)	['nagəlⁱ‚lʲak]
laca (f) para cabelos	hårspray (en)	['ho:r‚sprɛj]
desodorizante (m)	deodorant (en)	[deʊdʉ'rant]

creme (m)	kräm (en)	['krɛm]
creme (m) de rosto	ansiktskräm (en)	[an'sikts‚krɛm]
creme (m) de mãos	handkräm (en)	['hand‚krɛm]
creme (m) antirrugas	anti-rynkor kräm (en)	['anti‚rʏnkur 'krɛm]
creme (m) de dia	dagkräm (en)	['dag‚krɛm]
creme (m) de noite	nattkräm (en)	['nat‚krɛm]
de dia	dag-	['dag-]
da noite	natt-	['nat-]

tampão (m)	tampong (en)	[tam'pɔŋ]
papel (m) higiénico	toalettpapper (ett)	[tʊa'lʲet‚papər]
secador (m) elétrico	hårtork (en)	['ho:‚tʊrk]

39. Joalheria

joias (f pl)	smycken (pl)	['smʏkən]
precioso	ädel-	['ɛ:dəl-]
marca (f) de contraste	stämpel (en)	['stɛmpəlʲ]

anel (m)	ring (en)	['riŋ]
aliança (f)	vigselring (en)	['vigsəlⁱ‚riŋ]
pulseira (f)	armband (ett)	['arm‚band]
brincos (m pl)	örhängen (pl)	['ø:r‚hɛŋən]

43

colar (m)	halsband (ett)	['halˑsˌband]
coroa (f)	krona (en)	['krʊna]
colar (m) de contas	halsband (ett)	['halˑsˌband]

diamante (m)	diamant (en)	[dia'mant]
esmeralda (f)	smaragd (en)	[sma'ragd]
rubi (m)	rubin (en)	[rʉ'biːn]
safira (f)	safir (en)	[sa'fir]
pérola (f)	pärlor (pl)	['pæːlʲʊːr]
âmbar (m)	rav, bärnsten (en)	['rav], ['bæːnʃtən]

40. Relógios de pulso. Relógios

relógio (m) de pulso	armbandsur (ett)	['armbandsˌʉːr]
mostrador (m)	urtavla (en)	['ʉːˌtavlʲa]
ponteiro (m)	visare (en)	['visarə]
bracelete (f) em aço	armband (ett)	['armˌband]
bracelete (f) em couro	armband (ett)	['armˌband]

pilha (f)	batteri (ett)	[batɛ'riː]
descarregar-se	att bli urladdad	[at bli 'ʉːˌlʲadad]
trocar a pilha	att byta batteri	[at 'byta batɛ'riː]
estar adiantado	att gå för fort	[at 'goː før 'foːt]
estar atrasado	att gå för långsamt	[at 'goː før 'lʲɔŋˌsamt]

relógio (m) de parede	väggklocka (en)	['vɛgˌklʲɔka]
ampulheta (f)	sandklocka (en)	['sandˌklʲɔka]
relógio (m) de sol	solklocka (en)	['sʊlʲˌklʲɔka]
despertador (m)	väckarklocka (en)	['vɛkarˌklʲɔka]
relojoeiro (m)	urmakare (en)	['ʉrˌmakarə]
reparar (vt)	att reparera	[at repa'rera]

Alimentação. Nutrição

41. Comida

carne (f)	kött (ett)	['ɕœt]
galinha (f)	höna (en)	['høːna]
frango (m)	kyckling (en)	['ɕykliŋ]
pato (m)	anka (en)	['aŋka]
ganso (m)	gås (en)	['goːs]
caça (f)	vilt (ett)	['vilʲt]
peru (m)	kalkon (en)	[kalʲˈkʊn]

carne (f) de porco	fläsk (ett)	['flʲɛsk]
carne (f) de vitela	kalvkött (en)	['kalʲv͵ɕœt]
carne (f) de carneiro	lammkött (ett)	['lʲam͵ɕœt]
carne (f) de vaca	oxkött, nötkött (ett)	['ʊks͵ɕœt], ['nøːt͵ɕœt]
carne (f) de coelho	kanin (en)	[kaˈnin]

chouriço, salsichão (m)	korv (en)	['kɔrv]
salsicha (f)	wienerkorv (en)	['viŋɛr͵kɔrv]
bacon (m)	bacon (ett)	['bɛjkɔn]
fiambre (f)	skinka (en)	['ʂiŋka]
presunto (m)	skinka (en)	['ʂiŋka]

patê (m)	paté (en)	[paˈte]
fígado (m)	lever (en)	['lʲevər]
carne (f) moída	köttfärs (en)	['ɕœt͵fæːʂ]
língua (f)	tunga (en)	['tuŋa]

ovo (m)	ägg (ett)	['ɛg]
ovos (m pl)	ägg (pl)	['ɛg]
clara (f) do ovo	äggvita (en)	['ɛg͵viːta]
gema (f) do ovo	äggula (en)	['ɛg͵ʉːlʲa]

peixe (m)	fisk (en)	['fisk]
mariscos (m pl)	fisk och skaldjur	['fisk ɔ 'skalʲjʉːr]
crustáceos (m pl)	kräftdjur (pl)	['krɛftjuːr]
caviar (m)	kaviar (en)	['kav͵jar]

caranguejo (m)	krabba (en)	['kraba]
camarão (m)	räka (en)	['rɛːka]
ostra (f)	ostron (ett)	['ʊstrʊn]
lagosta (f)	languster (en)	[lʲaŋˈgustər]
polvo (m)	bläckfisk (en)	['blʲɛk͵fisk]
lula (f)	bläckfisk (en)	['blʲɛk͵fisk]

esturjão (m)	stör (en)	['støːr]
salmão (m)	lax (en)	['lʲaks]
halibute (m)	hälleflundra (en)	['hɛlʲe͵flʊndra]
bacalhau (m)	torsk (en)	['tɔːʂk]

cavala, sarda (f)	makrill (en)	['makrilʲ]
atum (m)	tonfisk (en)	['tʊnˌfisk]
enguia (f)	ål (en)	['oːlʲ]
truta (f)	öring (en)	['øːriŋ]
sardinha (f)	sardin (en)	[sa:'dɟi:n]
lúcio (m)	gädda (en)	['jɛda]
arenque (m)	sill (en)	['silʲ]
pão (m)	bröd (ett)	['brøːd]
queijo (m)	ost (en)	['ʊst]
açúcar (m)	socker (ett)	['sɔkər]
sal (m)	salt (ett)	['salʲt]
arroz (m)	ris (ett)	['ris]
massas (f pl)	pasta (en), makaroner (pl)	['pasta], [maka'rʊnər]
talharim (m)	nudlar (pl)	['nʉ:dlʲar]
manteiga (f)	smör (ett)	['smœ:r]
óleo (m) vegetal	vegetabilisk olja (en)	[vegeta'bilisk 'ɔlja]
óleo (m) de girassol	solrosolja (en)	['sʊlʲrʊsˌɔlja]
margarina (f)	margarin (ett)	[marga'rin]
azeitonas (f pl)	oliver (pl)	[ʊ:'livər]
azeite (m)	olivolja (en)	[ʊ'livˌɔlja]
leite (m)	mjölk (en)	['mjœlʲk]
leite (m) condensado	kondenserad mjölk (en)	[kɔndɛn'serad ˌmjœlʲk]
iogurte (m)	yoghurt (en)	['jo:gʉ:t]
nata (f) azeda	gräddfil,	['grɛdfilʲ],
	syrad grädden (en)	[syrad 'gredən]
nata (f) do leite	grädde (en)	['grɛdə]
maionese (f)	majonnäs (en)	[majɔ'nɛs]
creme (m)	kräm (en)	['krɛm]
grãos (m pl) de cereais	gryn (en)	['gryn]
farinha (f)	mjöl (ett)	['mjø:lʲ]
enlatados (m pl)	konserv (en)	[kɔn'sɛrv]
flocos (m pl) de milho	cornflakes (pl)	['ko:n̩flɛjks]
mel (m)	honung (en)	['hɔnʊŋ]
doce (m)	sylt, marmelad (en)	['sylʲt], [marme'lʲad]
pastilha (f) elástica	tuggummi (ett)	['tugˌgumi]

42. Bebidas

água (f)	vatten (ett)	['vatən]
água (f) potável	dricksvatten (ett)	['driksˌvatən]
água (f) mineral	mineralvatten (ett)	[mine'ralʲˌvatən]
sem gás	icke kolsyrat	['ikə 'kɔlʲˌsyrat]
gaseificada	kolsyrat	['kɔlʲˌsyrat]
com gás	kolsyrat	['kɔlʲˌsyrat]

| gelo (m) | is (en) | ['is] |
| com gelo | med is | [me 'is] |

sem álcool	alkoholfri	[alʲkʊ'hɔlʲˌfri:]
bebida (f) sem álcool	alkoholfri dryck (en)	[alʲkʊ'hɔlʲfri 'drʏk]
refresco (m)	läskedryck (en)	['lɛskəˌdrik]
limonada (f)	lemonad (en)	[lʲemɔ'nad]

bebidas (f pl) alcoólicas	alkoholhaltiga drycker (pl)	[alʲkʊ'hɔlʲˌhalʲtiga 'drʏkər]
vinho (m)	vin (ett)	['vin]
vinho (m) branco	vitvin (ett)	['vitˌvin]
vinho (m) tinto	rödvin (ett)	['rø:dˌvin]

licor (m)	likör (en)	[li'kø:r]
champanhe (m)	champagne (en)	[ɧam'panʲ]
vermute (m)	vermouth (en)	['vɛrmut]

uísque (m)	whisky (en)	['viski]
vodka (f)	vodka (en)	['vodka]
gim (m)	gin (ett)	['dʒin]
conhaque (m)	konjak (en)	['kɔnʲak]
rum (m)	rom (en)	['rɔm]

café (m)	kaffe (ett)	['kafə]
café (m) puro	svart kaffe (ett)	['sva:ʈ 'kafə]
café (m) com leite	kaffe med mjölk (ett)	['kafə me mjœlʲk]
cappuccino (m)	cappuccino (en)	['kaputʃinʊ]
café (m) solúvel	snabbkaffe (ett)	['snabˌkafə]

leite (m)	mjölk (en)	['mjœlʲk]
coquetel (m)	cocktail (en)	['kɔktɛjlʲ]
batido (m) de leite	milkshake (en)	['milʲkʃɛjk]

sumo (m)	juice (en)	['ju:s]
sumo (m) de tomate	tomatjuice (en)	[tʊ'matˌju:s]
sumo (m) de laranja	apelsinjuice (en)	[apɛlʲ'sinˌju:s]
sumo (m) fresco	nypressad juice (en)	['nʏˌprɛsad 'ju:s]

cerveja (f)	öl (ett)	['ø:lʲ]
cerveja (f) clara	ljust öl (ett)	['jʉ:stˌø:lʲ]
cerveja (f) preta	mörkt öl (ett)	['mœ:rkt ˌø:lʲ]

chá (m)	te (ett)	['te:]
chá (m) preto	svart te (ett)	['sva:ʈ ˌte:]
chá (m) verde	grönt te (ett)	['grœnt te:]

43. Vegetais

| legumes (m pl) | grönsaker (pl) | ['grø:nˌsakər] |
| verduras (f pl) | grönsaker (pl) | ['grø:nˌsakər] |

tomate (m)	tomat (en)	[tʊ'mat]
pepino (m)	gurka (en)	['gurka]
cenoura (f)	morot (en)	['mʊˌrʊt]

batata (f)	potatis (en)	[pʊˈtatis]
cebola (f)	lök (en)	[ˈljøːk]
alho (m)	vitlök (en)	[ˈvitˌljøːk]

couve (f)	kål (en)	[ˈkoːlj]
couve-flor (f)	blomkål (en)	[ˈbljʊmˌkoːlj]
couve-de-bruxelas (f)	brysselkål (en)	[ˈbrʏsɛljˌkoːlj]
brócolos (m pl)	broccoli (en)	[ˈbrɔkɔli]

beterraba (f)	rödbeta (en)	[ˈrøːdˌbeta]
beringela (f)	aubergine (en)	[ɔbɛrˈʒin]
curgete (f)	squash, zucchini (en)	[ˈskvɔːç], [suˈkini]
abóbora (f)	pumpa (en)	[ˈpumpa]
nabo (m)	rova (en)	[ˈrʊva]

salsa (f)	persilja (en)	[pɛˈʂilja]
funcho, endro (m)	dill (en)	[ˈdilj]
alface (f)	sallad (en)	[ˈsaljad]
aipo (m)	selleri (en)	[ˈsɛljeri]
espargo (m)	sparris (en)	[ˈsparis]
espinafre (m)	spenat (en)	[speˈnat]

ervilha (f)	ärter (pl)	[ˈæːʈər]
fava (f)	bönor (pl)	[ˈbønʊr]
milho (m)	majs (en)	[ˈmajs]
feijão (m)	böna (en)	[ˈbøna]

pimentão (m)	peppar (en)	[ˈpɛpar]
rabanete (m)	rädisa (en)	[ˈrɛːdisa]
alcachofra (f)	kronärtskocka (en)	[ˈkrʊnæːtˌskɔka]

44. Frutos. Nozes

fruta (f)	frukt (en)	[ˈfrʉkt]
maçã (f)	äpple (ett)	[ˈɛplje]
pera (f)	päron (ett)	[ˈpæːrɔn]
limão (m)	citron (en)	[siˈtrʊn]
laranja (f)	apelsin (en)	[apɛljˈsin]
morango (m)	jordgubbe (en)	[ˈjʊːdˌgubə]

tangerina (f)	mandarin (en)	[mandaˈrin]
ameixa (f)	plommon (ett)	[ˈpljʊmɔn]
pêssego (m)	persika (en)	[ˈpɛʂika]
damasco (m)	aprikos (en)	[apriˈkʊs]
framboesa (f)	hallon (ett)	[ˈhaljɔn]
ananás (m)	ananas (en)	[ˈananas]

banana (f)	banan (en)	[ˈbanan]
melancia (f)	vattenmelon (en)	[ˈvatənˌmeˈljʊn]
uva (f)	druva (en)	[ˈdrʉːva]
ginja (f)	körsbär (ett)	[ˈçøːʂˌbæːr]
cereja (f)	fågelbär (ett)	[ˈfoːgəljˌbæːr]
meloa (f)	melon (en)	[meˈljʊn]
toranja (f)	grapefrukt (en)	[ˈgrɛjpˌfrʉkt]

abacate (m)	avokado (en)	[avɔ'kadʊ]
papaia (f)	papaya (en)	[pa'paja]
manga (f)	mango (en)	['maŋgʊ]
romã (f)	granatäpple (en)	[gra'natˌɛplʲe]

groselha (f) vermelha	röda vinbär (ett)	['rø:da 'vinbæ:r]
groselha (f) preta	svarta vinbär (ett)	['sva:ʈa 'vinbæ:r]
groselha (f) espinhosa	krusbär (ett)	['krʉ:sˌbæ:r]
mirtilo (m)	blåbär (ett)	['blʲo:ˌbæ:r]
amora silvestre (f)	björnbär (ett)	['bjø:ɳˌbæ:r]

uvas (f pl) passas	russin (ett)	['rusin]
figo (m)	fikon (ett)	['fikɔn]
tâmara (f)	dadel (en)	['dadəlʲ]

amendoim (m)	jordnöt (en)	['jʊ:dˌnø:t]
amêndoa (f)	mandel (en)	['mandəlʲ]
noz (f)	valnöt (en)	['valʲˌnø:t]
avelã (f)	hasselnöt (en)	['hasəlʲˌnø:t]
coco (m)	kokosnöt (en)	['kʊkʊsˌnø:t]
pistáchios (m pl)	pistaschnötter (pl)	['pistaʃˌnœtər]

45. Pão. Bolaria

pastelaria (f)	konditorivaror (pl)	[kɔnditʊ'ri:ˌvarʊr]
pão (m)	bröd (ett)	['brø:d]
bolacha (f)	småkakor (pl)	['smo:kakʊr]

chocolate (m)	choklad (en)	[ʃɔk'lʲad]
de chocolate	choklad-	[ʃɔk'lʲad-]
rebuçado (m)	konfekt, karamell (en)	[kɔn'fɛkt], [kara'mɛlʲ]
bolo (cupcake, etc.)	kaka, bakelse (en)	['kaka], ['bakəlʲsə]
bolo (m) de aniversário	tårta (en)	['to:ʈa]

tarte (~ de maçã)	paj (en)	['paj]
recheio (m)	fyllning (en)	['fylʲnin]

doce (m)	sylt (en)	['sylʲt]
geleia (f) de frutas	marmelad (en)	[marme'lʲad]
waffle (m)	våffle (en)	['vɔflʲe]
gelado (m)	glass (en)	['glʲas]
pudim (m)	pudding (en)	['pudiŋ]

46. Pratos cozinhados

prato (m)	rätt (en)	['ræt]
cozinha (~ portuguesa)	kök (ett)	['ɕø:k]
receita (f)	recept (ett)	[re'sɛpt]
porção (f)	portion (en)	[pɔ:'t'ɧʊn]

salada (f)	sallad (en)	['salʲad]
sopa (f)	soppa (en)	['sɔpa]

caldo (m)	buljong (en)	[bu'ljɔŋ]
sandes (f)	smörgås (en)	['smœr‚go:s]
ovos (m pl) estrelados	stekt ägg (en)	['stɛkt ‚ɛg]

| hambúrguer (m) | hamburgare (en) | ['hamburgarə] |
| bife (m) | biffstek (en) | ['bif‚stɛk] |

conduto (m)	tillbehör (ett)	['tilˡbe‚hør]
espaguete (m)	spagetti	[spa'gɛti]
puré (m) de batata	potatismos (ett)	[pʊ'tatis‚mʊs]
pizza (f)	pizza (en)	['pitsa]
papa (f)	gröt (en)	['grø:t]
omelete (f)	omelett (en)	[ɔmə'lˡet]

cozido em água	kokt	['kʊkt]
fumado	rökt	['rœkt]
frito	stekt	['stɛkt]
seco	torkad	['tɔrkad]
congelado	fryst	['frʏst]
em conserva	sylt-	['sylˡt-]

doce (açucarado)	söt	['sø:t]
salgado	salt	['salˡt]
frio	kall	['kalˡ]
quente	het, varm	['het], ['varm]
amargo	bitter	['bitər]
gostoso	läcker	['lˡɛkər]

cozinhar (em água a ferver)	att koka	[at 'kʊka]
fazer, preparar (vt)	att laga	[at 'lˡaga]
fritar (vt)	att steka	[at 'steka]
aquecer (vt)	att värma upp	[at 'væ:rma up]

salgar (vt)	att salta	[at 'salˡta]
apimentar (vt)	att peppra	[at 'pepra]
ralar (vt)	att riva	[at 'riva]
casca (f)	skal (ett)	['skalˡ]
descascar (vt)	att skala	[at 'skalˡa]

47. Especiarias

sal (m)	salt (ett)	['salˡt]
salgado	salt	['salˡt]
salgar (vt)	att salta	[at 'salˡta]

pimenta (f) preta	svartpeppar (en)	['sva:t‚pɛpar]
pimenta (f) vermelha	rödpeppar (en)	['rø:d‚pɛpar]
mostarda (f)	senap (en)	['se:nap]
raiz-forte (f)	pepparrot (en)	['pɛpa‚rʊt]

condimento (m)	krydda (en)	['krʏda]
especiaria (f)	krydda (en)	['krʏda]
molho (m)	sås (en)	['so:s]
vinagre (m)	ättika (en)	['ætika]

anis (m)	anis (en)	['anis]
manjericão (m)	basilika (en)	[ba'silika]
cravo (m)	nejlika (en)	['nɛjlika]
gengibre (m)	ingefära (en)	['iŋəˌfæːra]
coentro (m)	koriander (en)	[kɔri'andər]
canela (f)	kanel (en)	[ka'nelʲ]

sésamo (m)	sesam (en)	['sesam]
folhas (f pl) de louro	lagerblad (ett)	['lʲagərˌblʲad]
páprica (f)	paprika (en)	['paprika]
cominho (m)	kummin (en)	['kumin]
açafrão (m)	saffran (en)	['safran]

48. Refeições

| comida (f) | mat (en) | ['mat] |
| comer (vt) | att äta | [at 'ɛːta] |

pequeno-almoço (m)	frukost (en)	['frʉːkɔst]
tomar o pequeno-almoço	att äta frukost	[at 'ɛːta 'frʉːkɔst]
almoço (m)	lunch (en)	['lʉnɕ]
almoçar (vi)	att äta lunch	[at 'ɛːta ˌlʉnɕ]
jantar (m)	kvällsmat (en)	['kvɛlʲsˌmat]
jantar (vi)	att äta kvällsmat	[at 'ɛːta 'kvɛlʲsˌmat]

| apetite (m) | aptit (en) | ['aptit] |
| Bom apetite! | Smaklig måltid! | ['smaklig 'moːlʲtid] |

abrir (~ uma lata, etc.)	att öppna	[at 'øpna]
derramar (vt)	att spilla	[at 'spilʲa]
derramar-se (vr)	att spillas ut	[at 'spilʲas ʉt]

ferver (vi)	att koka	[at 'kʊka]
ferver (vt)	att koka	[at 'kʊka]
fervido	kokt	['kʊkt]
arrefecer (vt)	att avkyla	[at 'avˌɕylʲa]
arrefecer-se (vr)	att avkylas	[at 'avˌɕylʲas]

| sabor, gosto (m) | smak (en) | ['smak] |
| gostinho (m) | bismak (en) | ['bismak] |

fazer dieta	att vara på diet	[at 'vara pɔ di'et]
dieta (f)	diet (en)	[di'et]
vitamina (f)	vitamin (ett)	[vita'min]
caloria (f)	kalori (en)	[kalʲɔ'riː]
vegetariano (m)	vegetarian (en)	[vegetiri'an]
vegetariano	vegetarisk	[vege'tarisk]

gorduras (f pl)	fett (ett)	['fɛt]
proteínas (f pl)	proteiner (pl)	[prɔte'iːnər]
carboidratos (m pl)	kolhydrater (pl)	['kɔlʲhyˌdratər]
fatia (~ de limão, etc.)	skiva (en)	['ɧiva]
pedaço (~ de bolo)	bit (en)	['bit]
migalha (f)	smula (en)	['smʉlʲa]

49. Por a mesa

colher (f)	sked (en)	['ʃed]
faca (f)	kniv (en)	['kniv]
garfo (m)	gaffel (en)	['gafəlʲ]

chávena (f)	kopp (en)	['kop]
prato (m)	tallrik (en)	['talʲrik]
pires (m)	tefat (ett)	['te‚fat]
guardanapo (m)	servett (en)	[sɛr'vɛt]
palito (m)	tandpetare (en)	['tand‚petarə]

50. Restaurante

restaurante (m)	restaurang (en)	[rɛstɔ'raŋ]
café (m)	kafé (ett)	[ka'fe:]
bar (m), cervejaria (f)	bar (en)	['bar]
salão (m) de chá	tehus (ett)	['te:‚hʉs]

empregado (m) de mesa	servitör (en)	[sɛrvi'tø:r]
empregada (f) de mesa	servitris (en)	[sɛrvi'tris]
barman (m)	bartender (en)	['ba:‚tɛndər]

ementa (f)	meny (en)	[me'ny]
lista (f) de vinhos	vinlista (en)	['vin‚lista]
reservar uma mesa	att reservera bord	[at resɛr'vera bʉ:d]

prato (m)	rätt (en)	['ræt]
pedir (vt)	att beställa	[at be'stɛlʲa]
fazer o pedido	att beställa	[at be'stɛlʲa]

aperitivo (m)	aperitif (en)	[aperi'tif]
entrada (f)	förrätt (en)	['fœ:ræt]
sobremesa (f)	dessert (en)	[dɛ'sɛ:r]

conta (f)	nota (en)	['nʉta]
pagar a conta	att betala notan	[at be'talʲa 'nʉtan]
dar o troco	att ge tillbaka växel	[at je: tilʲ'baka 'vɛksəlʲ]
gorjeta (f)	dricks (en)	['driks]

Família, parentes e amigos

51. Informação pessoal. Formulários

nome (m)	namn (ett)	['namn]
apelido (m)	efternamn (ett)	['ɛftə,ŋamn]
data (f) de nascimento	födelsedatum (ett)	['føːdəlˈsə,datum]
local (m) de nascimento	födelseort (en)	['føːdəlˈsə,ɔːt]
nacionalidade (f)	nationalitet (en)	[natฺɧunaliˈtet]
lugar (m) de residência	bostadsort (en)	['bostadsˌɔːt]
país (m)	land (ett)	['lʲand]
profissão (f)	yrke (ett), profession (en)	['yrkə], [prɔfeˈɧun]
sexo (m)	kön (ett)	['ɕøːn]
estatura (f)	höjd (en)	['hœjd]
peso (m)	vikt (en)	['vikt]

52. Membros da família. Parentes

mãe (f)	mor (en)	['mʊr]
pai (m)	far (en)	['far]
filho (m)	son (en)	['sɔn]
filha (f)	dotter (en)	['dɔtər]
filha (f) mais nova	yngsta dotter (en)	['yŋsta 'dɔtər]
filho (m) mais novo	yngste son (en)	['yŋstə sɔn]
filha (f) mais velha	äldsta dotter (en)	['ɛlʲsta 'dɔtər]
filho (m) mais velho	äldste son (en)	['ɛlʲstə 'sɔn]
irmão (m)	bror (en)	['brʊr]
irmão (m) mais velho	storebror (en)	['stʊrə,brʊr]
irmão (m) mais novo	lillebror (en)	['lilʲe,brʊr]
irmã (f)	syster (en)	['systər]
irmã (f) mais velha	storasyster (en)	['stʊra,systər]
irmã (f) mais nova	lillasyster (en)	['lilʲa,systər]
primo (m)	kusin (en)	[kʉˈsiːn]
prima (f)	kusin (en)	[kʉˈsiːn]
mamã (f)	mamma (en)	['mama]
papá (m)	pappa (en)	['papa]
pais (pl)	föräldrar (pl)	[førˈɛlʲdrar]
criança (f)	barn (ett)	['baːn̩]
crianças (f pl)	barn (pl)	['baːn̩]
avó (f)	mormor, farmor (en)	['mʊrmʊr], ['farmʊr]
avô (m)	morfar, farfar (en)	['mʊrfar], ['farfar]
neto (m)	barnbarn (ett)	['baːn̩,baːn̩]

| neta (f) | barnbarn (ett) | ['baːn̩baːn̩] |
| netos (pl) | barnbarn (pl) | ['baːn̩baːn̩] |

tio (m)	farbror, morbror (en)	['farˌbrʊr], ['mʊrˌbrʊr]
tia (f)	faster, moster (en)	['fastər], ['mʊstər]
sobrinho (m)	brorson, systerson (en)	['brʊrˌsɔn], ['sʏstəˌsɔn]
sobrinha (f)	brorsdotter, systerdotter (en)	['brʊːşˌdɔtər], ['sʏstəˌdɔtər]

sogra (f)	svärmor (en)	['svæːrˌmʊr]
sogro (m)	svärfar (en)	['svæːrˌfar]
genro (m)	svärson (en)	['svæːˌşɔn]
madrasta (f)	styvmor (en)	['styvˌmʊr]
padrasto (m)	styvfar (en)	['styvˌfar]

criança (f) de colo	spädbarn (ett)	['spɛːdˌbaːn̩]
bebé (m)	spädbarn (ett)	['spɛːdˌbaːn̩]
menino (m)	baby, bäbis (en)	['bɛːbi], ['bɛːbis]

mulher (f)	hustru (en)	['hʊstrʉ]
marido (m)	man (en)	['man]
esposo (m)	make, äkta make (en)	['makə], ['ɛkta ˌmakə]
esposa (f)	hustru (en)	['hʊstrʉ]

casado	gift	['jift]
casada	gift	['jift]
solteiro	ogift	[ʊ:'jift]
solteirão (m)	ungkarl (en)	['uŋˌkar]
divorciado	frånskild	['froːnˌɧilʲd]
viúva (f)	änka (en)	['ɛŋka]
viúvo (m)	änkling (en)	['ɛŋkliŋ]

parente (m)	släkting (en)	['slʲɛktiŋ]
parente (m) próximo	nära släkting (en)	['næːra 'slʲɛktiŋ]
parente (m) distante	fjärran släkting (en)	['fjæːran 'slʲɛktiŋ]
parentes (m pl)	släktingar (pl)	['slʲɛktiŋar]

órfão (m), órfã (f)	föräldralöst barn (ett)	[før'ɛlʲdralʲœst 'baːn̩]
tutor (m)	förmyndare (en)	['førˌmʏndarə]
adotar (um filho)	att adoptera	[at adɔp'tera]
adotar (uma filha)	att adoptera	[at adɔp'tera]

53. Amigos. Colegas de trabalho

amigo (m)	vän (en)	['vɛːn]
amiga (f)	väninna (en)	[vɛː'nina]
amizade (f)	vänskap (en)	['vɛnˌskap]
ser amigos	att vara vänner	[at 'vara 'vɛnər]

amigo (m)	vän (en)	['vɛːn]
amiga (f)	väninna (en)	[vɛː'nina]
parceiro (m)	partner (en)	['paːʈnər]
chefe (m)	chef (en)	['ɧef]
superior (m)	överordnad (en)	['øːvərˌɔːɖnat]

proprietário (m)	ägare (en)	['ɛ:garə]
subordinado (m)	underordnad (en)	['undər‚ɔ:dnat]
colega (m)	kollega (en)	[kɔ'lʲe:ga]

conhecido (m)	bekant (en)	[be'kant]
companheiro (m) de viagem	resekamrat (en)	['resə‚kam'rat]
colega (m) de classe	klasskamrat (en)	['klʲas‚kam'rat]

vizinho (m)	granne (en)	['granə]
vizinha (f)	granne (en)	['granə]
vizinhos (pl)	grannar (pl)	['granar]

54. Homem. Mulher

mulher (f)	kvinna (en)	['kvina]
rapariga (f)	tjej, flicka (en)	[ɕej], ['flika]
noiva (f)	brud (en)	['brʉ:d]

bonita	vacker	['vakər]
alta	lång	['lʲɔŋ]
esbelta	slank	['slʲaŋk]
de estatura média	kort	['kɔ:t]

| loura (f) | blondin (en) | [blʲɔn'din] |
| morena (f) | brunett (en) | [brʉ'nɛt] |

de senhora	dam-	['dam-]
virgem (f)	jungfru (en)	['jʉŋfrʉ:]
grávida	gravid	[gra'vid]

homem (m)	man (en)	['man]
louro (m)	blond man (en)	['blʲɔnd man]
moreno (m)	brunhårig (en)	['brʉn‚ho:rig]
alto	lång	['lʲɔŋ]
de estatura média	kort	['kɔ:t]

rude	ohövlig	[ʊ:'høvlig]
atarracado	undersätsig	['undə‚sœtsig]
robusto	robust	[rʉ'bust]
forte	stark	['stark]
força (f)	styrka (en)	['styrka]

gordo	tjock	['ɕøk]
moreno	mörkhyad	['mœ:rk‚hyad]
esbelto	slank	['slʲaŋk]
elegante	elegant	[ɛlʲe'gant]

55. Idade

idade (f)	ålder (en)	['ɔlʲdər]
juventude (f)	ungdom (en)	['uŋ‚dʊm]
jovem	ung	['uŋ]

| mais novo | yngre | ['yŋrə] |
| mais velho | äldre | ['ɛlᶦdrə] |

jovem (m)	yngling (en)	['yŋliŋ]
adolescente (m)	tonåring (en)	[tɔ'noːriŋ]
rapaz (m)	grabb (en)	['grab]

| velho (m) | gammal man (en) | ['gamalᶦ ˌman] |
| velhota (f) | gumma (en) | ['guma] |

adulto	vuxen	['vuksən]
de meia-idade	medelålders	['medəlᶦˌɔldɛʂ]
idoso, de idade	äldre	['ɛlᶦdrə]
velho	gammal	['gamalᶦ]

reforma (f)	pension (en)	[pan'ɧʊn]
reformar-se (vr)	att gå i pension	[at 'goː i pan'ɧʊn]
reformado (m)	pensionär (en)	[panɧʊ'næːr]

56. Crianças

criança (f)	barn (ett)	['baːɳ]
crianças (f pl)	barn (pl)	['baːɳ]
gémeos (m pl)	tvillingar (pl)	['tviliŋar]

berço (m)	vagga (en)	['vaga]
guizo (m)	skallra (en)	['skalᶦra]
fralda (f)	blöja (en)	['blᶦœja]

chupeta (f)	napp (en)	['nap]
carrinho (m) de bebé	barnvagn (en)	['baːɳˌvagn]
jardim (m) de infância	dagis (ett), förskola (en)	['dagis], ['fœːˌʂkʊlᶦa]
babysitter (f)	barnflicka (en)	['baːɳˌflika]

infância (f)	barndom (en)	['baːɳˌdʊm]
boneca (f)	docka (en)	['dɔka]
brinquedo (m)	leksak (en)	['lᶦekˌsak]
jogo (m) de armar	byggleksak (en)	['byglᶦekˌsak]

bem-educado	väluppfostrad	['vɛlᶦˌup'fʊstrad]
mal-educado	ouppfostrad	['oupˌfostrad]
mimado	bortskämd	['bɔːʈɧɛːmd]

ser travesso	att vara stygg	[at 'vara styg]
travesso, traquinas	okynnig	[ʊ'ɕʏnig]
travessura (f)	okynnighet (en)	[ʊ'ɕʏnigˌhet]
criança (f) travessa	okynnig barn (en)	[ʊ'ɕʏnig 'baːɳ]

| obediente | lydig | ['lᶦydig] |
| desobediente | olydig | [ʊ'lᶦydig] |

dócil	foglig	['foglᶦig]
inteligente	klok	['klᶦʊk]
menino (m) prodígio	underbarn (ett)	['undəˌbaːɳ]

57. Casais. Vida de família

beijar (vt)	att kyssa	[at 'çysa]
beijar-se (vr)	att kyssas	[at 'çysas]
família (f)	familj (en)	[fa'milj]
familiar	familje-	[fa'miljə-]
casal (m)	par (ett)	['par]
matrimónio (m)	äktenskap (ett)	['ɛktən,skap]
lar (m)	hemmets härd (en)	['hɛməts hæ:d]
dinastia (f)	dynasti (en)	[dynas'ti]
encontro (m)	date, träff (en)	['dɛjt], ['trɛf]
beijo (m)	kyss (en)	['çys]
amor (m)	kärlek (en)	['çæ:ˌlʲek]
amar (vt)	att älska	[at 'ɛlʲska]
amado, querido	älskling	['ɛlʲskliŋ]
ternura (f)	ömhet (en)	['øm,het]
terno, afetuoso	öm	['ø:m]
fidelidade (f)	trohet (en)	['trʊ,het]
fiel	trogen	['trʊgən]
cuidado (m)	omsorg (en)	['ɔm,sorj]
carinhoso	omtänksam	['ɔm,tɛŋksam]
recém-casados (m pl)	de nygifta	[de 'ny,jifta]
lua de mel (f)	smekmånad (en)	['smek,mɔ:nad]
casar-se (com um homem)	att gifta sig	[at 'jifta sɛj]
casar-se (com uma mulher)	att gifta sig	[at 'jifta sɛj]
boda (f)	bröllop (ett)	['brœlʲɔp]
bodas (f pl) de ouro	guldbröllop (ett)	['gulʲd,brœlʲɔp]
aniversário (m)	årsdag (en)	['o:ʂ,dag]
amante (f)	älskarinna (en)	[ɛlʲska'rina]
adultério (m)	otrohet (en)	[ʊ:'trʊhet]
cometer adultério	att vara otrogen	[at 'vara ʊ:'trʊgən]
ciumento	svartsjuk	['sva:ţ,ɧʉ:k]
ser ciumento	att vara svartsjuk	[at 'vara 'sva:ţ,ɧʉ:k]
divórcio (m)	skilsmässa (en)	['ɧilʲs,mɛsa]
divorciar-se (vr)	att skilja sig	[at 'ɧilja sɛj]
brigar (discutir)	att gräla	[at 'grɛ:lʲa]
fazer as pazes	att försona sig	[at fœ:'ʂona sɛj]
juntos	tillsammans	[tilʲ'samans]
sexo (m)	sex (ett)	['sɛks]
felicidade (f)	lycka (en)	['lʲyka]
feliz	lycklig	['lʲyklig]
infelicidade (f)	olycka (en)	[ʊ:'lʲyka]
infeliz	olycklig	[ʊ:'lʲyklig]

Caráter. Sentimentos. Emoções

58. Sentimentos. Emoções

sentimento (m)	känsla (en)	['ɕɛnslʲa]
sentimentos (m pl)	känslor (pl)	['ɕɛnslʲʊr]
sentir (vt)	att känna	[at 'ɕɛna]
fome (f)	hunger (en)	['huŋər]
ter fome	att vara hungrig	[at 'vara 'huŋrig]
sede (f)	törst (en)	['tø:ʂt]
ter sede	att vara törstig	[at 'vara 'tø:ʂtig]
sonolência (f)	sömnighet (en)	['sœmnig̦het]
estar sonolento	att vara sömnig	[at 'vara 'sœmnig]
cansaço (m)	trötthet (en)	['trœțhet]
cansado	trött	['trœt]
ficar cansado	att bli trött	[at bli 'trœt]
humor (m)	humör (ett)	[hʉ'mœ:r]
tédio (m)	leda (en)	['lʲeda]
aborrecer-se (vr)	att ha tråkigt	[at ha 'tro:kit]
isolamento (m)	avstängdhet (en)	['avstɛŋd̦het]
isolar-se	att isolera sig	[at isʊ'lʲera sɛj]
preocupar (vt)	att bekymra, att oroa	[at be'ɕymra], [at 'ʊ:rʊa]
preocupar-se (vr)	att bekymra sig	[at be'ɕymra sɛj]
preocupação (f)	bekymmer (pl)	[be'ɕymər]
ansiedade (f)	oro (en)	['ʊrʊ]
preocupado	bekymrad	[be'ɕymrad]
estar nervoso	att vara nervös	[at 'vara nɛr'vø:s]
entrar em pânico	att råka i panik	[at 'ro:ka i pa'nik]
esperança (f)	hopp (ett)	['hɔp]
esperar (vt)	att hoppas	[at 'hɔpas]
certeza (f)	säkerhet (en)	['sɛ:kər̦het]
certo	säker	['sɛ:kər]
indecisão (f)	osäkerhet (en)	[ʊ:'sɛ:kərhet]
indeciso	osäker	[ʊ:'sɛ:kər]
ébrio, bêbado	full	['fulʲ]
sóbrio	nykter	['nʏktər]
fraco	svag	['svag]
feliz	lyckad	['lʲykad]
assustar (vt)	att skrämma	[at 'skrɛma]
fúria (f)	raseri (ett)	[rase'ri:]
ira, raiva (f)	raseri (ett)	[rase'ri:]
depressão (f)	depression (en)	[deprɛ'ʃʊn]
desconforto (m)	obehag (ett)	['ʊbe̦hag]

conforto (m)	komfort (en)	[kɔm'fɔ:t]
arrepender-se (vr)	att beklaga	[at be'klʲaga]
arrependimento (m)	beklagande (ett)	[be'klʲagandə]
azar (m), má sorte (f)	otur (en)	[ʊ:'tʉr]
tristeza (f)	sorg (en)	['sɔrj]

vergonha (f)	skam (en)	['skam]
alegria (f)	glädje (en)	['glʲɛdjə]
entusiasmo (m)	entusiasm (en)	[æntusi'asm]
entusiasta (m)	entusiast (en)	[æntusi'ast]
mostrar entusiasmo	att visa entusiasm	[at 'visa æntusi'asm]

59. Caráter. Personalidade

caráter (m)	karaktär (en)	[karak'tæ:r]
falha (f) de caráter	karaktärsbrist (en)	[karak'tæ:ʂˌbrist]
mente (f)	sinne (ett)	['sinə]
razão (f)	förstånd (ett)	[fœ:'ʂtɔnd]

consciência (f)	samvete (ett)	['samvetə]
hábito (m)	vana (en)	['vana]
habilidade (f)	förmåga (en)	[før'mo:ga]
saber (~ nadar, etc.)	att kunna	[at 'kuna]

paciente	tålmodig	[tɔ:lʲ'mʊdig]
impaciente	otålig	[ʊ:'to:lig]
curioso	nyfiken	['nyˌfikən]
curiosidade (f)	nyfikenhet (en)	['nyˌfikənhet]

modéstia (f)	blygsamhet (en)	['blʲygsamˌhet]
modesto	blygsam	['blʲygsam]
imodesto	oblyg	[ʊ:'blʲyg]

preguiça (f)	lättja (en)	['lʲætja]
preguiçoso	lat	['lʲat]
preguiçoso (m)	latmask (en)	['lʲatˌmask]

astúcia (f)	list (en)	['list]
astuto	listig	['listig]
desconfiança (f)	misstro (en)	['misˌtrʊ]
desconfiado	misstrogen	['misˌtrʊgən]

generosidade (f)	generositet (en)	[ɧenerɔsi'tet]
generoso	generös	[ɧene'rø:s]
talentoso	talangfull	[ta'lʲaŋˌfulʲ]
talento (m)	talang (en)	[ta'lʲaŋ]

corajoso	modig	['mʊdig]
coragem (f)	mod (ett)	['mʊd]
honesto	ärlig	['æ:ɭig]
honestidade (f)	ärlighet (en)	['æ:ɭigˌhet]

prudente	försiktig	[fœ:'ʂiktig]
valente	modig	['mʊdig]

| sério | allvarlig | [alˡ'vaːlˌig] |
| severo | sträng | ['strɛŋ] |

decidido	beslutsam	[be'slʉːtsam]
indeciso	obeslutsam	['ʊbeˌslʉːtsam]
tímido	blyg	['blˡyg]
timidez (f)	blyghet (en)	['blˡygˌhet]

confiança (f)	tillit (en)	['tilˡit]
confiar (vt)	att tro	[at 'trʊ]
crédulo	tillitsfull	['tilitsˌfulˡ]

sinceramente	uppriktigt	['upˌriktit]
sincero	uppriktig	['upˌriktig]
sinceridade (f)	uppriktighet (en)	['upˌriktighet]
aberto	öppen	['øpən]

calmo	stilla	['stilˡa]
franco	uppriktig	['upˌriktig]
ingénuo	naiv	[na'iːv]
distraído	förströdd	[fœːˈʂtrœd]
engraçado	rolig	['rʊlig]

ganância (f)	girighet (en)	['jiriˌhet]
ganancioso	girig	['jirig]
avarento	snål	['snoːlˡ]
mau	ond	['ʊnd]
teimoso	hårdnackad	['hoːdˌnakad]
desagradável	obehaglig	['ʊbeˌhaglig]

egoísta (m)	egoist (en)	[ɛgʊ'ist]
egoísta	egoistisk	[ɛgʊ'istisk]
cobarde (m)	ynkrygg (en)	['yŋkrʏg]
cobarde	feg	['feg]

60. O sono. Sonhos

dormir (vi)	att sova	[at 'sɔva]
sono (m)	sömn (en)	['sœmn]
sonho (m)	dröm (en)	['drøːm]
sonhar (vi)	att drömma	[at 'drœma]
sonolento	sömnig	['sœmnig]

cama (f)	säng (en)	['sɛŋ]
colchão (m)	madrass (en)	[mad'ras]
cobertor (m)	täcke (ett)	['tɛkə]
almofada (f)	kudde (en)	['kudə]
lençol (m)	lakan (ett)	['lˡakan]

insónia (f)	sömnlöshet (en)	['sœmnlˡøsˌhet]
insone	sömnlös	['sœmnˌlˡøːs]
sonífero (m)	sömnpille (ett)	['sœmnˌpilˡe]
tomar um sonífero	att ta ett sömnpille	[at ta ɛt 'sœmnˌpilˡe]
estar sonolento	att vara sömnig	[at 'vara 'sœmnig]

bocejar (vi)	att gäspa	[at 'jɛspa]
ir para a cama	att gå till sängs	[at 'go: til' 'sɛŋs]
fazer a cama	att bädda	[at 'bɛda]
adormecer (vi)	att falla i sömn	[at 'fal'a i 'sœmn]

pesadelo (m)	mardröm (en)	['ma:drøm]
ronco (m)	snarkning (en)	['snarkniŋ]
roncar (vi)	att snarka	[at 'snarka]

despertador (m)	väckarklocka (en)	['vɛkar,kl'ɔka]
acordar, despertar (vt)	att väcka	[at 'vɛka]
acordar (vi)	att vakna	[at 'vakna]
levantar-se (vr)	att gå upp	[at 'go: 'up]
lavar-se (vr)	att tvätta sig	[at 'tvæta sɛj]

61. Humor. Riso. Alegria

humor (m)	humor (en)	['hʉ:mʊr]
sentido (m) de humor	sinne (ett) för humor	['sinə før 'hʉ:mʊr]
divertir-se (vr)	att ha roligt	[at ha 'rʊlit]
alegre	glad, munter	['gl'ad], ['muntər]
alegria (f)	uppsluppenhet (en)	['up,slupənhet]

sorriso (m)	leende (ett)	['l'eəndə]
sorrir (vi)	att småle	[at 'smo:l'e]
começar a rir	att börja skratta	[at 'bœrja 'skrata]
rir (vi)	att skratta	[at 'skrata]
riso (m)	skratt (ett)	['skrat]

anedota (f)	anekdot (en)	[anɛk'dɔt]
engraçado	rolig	['rʊlig]
ridículo	lustig, löjlig	['lʉ:stig], ['l'œjlig]

brincar, fazer piadas	att skämta, att skoja	[at 'ʃɛmta], [at 'skɔja]
piada (f)	skämt, skoj (ett)	['ʃɛmt], ['skɔj]
alegria (f)	glädje (en)	['gl'ɛdjə]
regozijar-se (vr)	att glädja sig	[at 'gl'ɛdja sɛj]
alegre	glad	['gl'ad]

62. Discussão, conversação. Parte 1

comunicação (f)	kommunikation (en)	[kɔmʉnika'ɧʊn]
comunicar-se (vr)	att kommunicera	[at kɔmʉni'sera]

conversa (f)	samtal (ett)	['samtal']
diálogo (m)	dialog (en)	[dia'l'ɔg]
discussão (f)	diskussion (en)	[diskʉ'ɧʊn]
debate (m)	debatt (en)	[de'bat]
debater (vt)	att diskutera	[at diskʉ'tera]

interlocutor (m)	samtalspartner (en)	['samtal's 'pa:ʈnər]
tema (m)	ämne (ett)	['ɛmnə]

ponto (m) de vista	synpunkt (en)	['syn‚puŋkt]
opinião (f)	mening (en)	['meniŋ]
discurso (m)	tal (ett)	['talˡ]

discussão (f)	diskussion (en)	[diskʉ'ɧʊn]
discutir (vt)	att dryfta, att diskutera	[at 'dryfta], [at diskʉ'tera]
conversa (f)	samtal (ett)	['samtalˡ]
conversar (vi)	att samtala	[at 'samtalˡa]
encontro (m)	möte (ett)	['mø:tə]
encontrar-se (vr)	att mötas	[at 'mø:tas]

provérbio (m)	ordspråk (ett)	['ʊ:d‚spro:k]
ditado (m)	ordstäv (ett)	['ʊ:d‚stɛ:v]
adivinha (f)	gåta (en)	['go:ta]
dizer uma adivinha	att utgöra en gåta	[at 'ʉt‚jø:ra en 'go:ta]
senha (f)	lösenord (ett)	['lˡø:sən‚ʊ:d]
segredo (m)	hemlighet (en)	['hɛmlig‚het]

juramento (m)	ed (en)	['ɛd]
jurar (vi)	att svära	[at 'svæ:ra]
promessa (f)	löfte (ett)	['lˡœftə]
prometer (vt)	att lova	[at 'lˡova]

conselho (m)	råd (ett)	['ro:d]
aconselhar (vt)	att råda	[at 'ro:da]
seguir o conselho	att följa råd	[at 'følja rad]
escutar (~ os conselhos)	att hörsamma	[at 'hø:r‚sama]

novidade, notícia (f)	nyhet (en)	['nyhet]
sensação (f)	sensation (en)	[sɛnsa'ɧʊn]
informação (f)	upplysningar (pl)	['up‚lysniŋar]
conclusão (f)	slutsats (en)	['slʉ:tsats]
voz (f)	röst, stämma (en)	['rœst], ['stɛma]
elogio (m)	komplimang (en)	[kɔmpli'maŋ]
amável	älskvärd	['ɛlˡsk‚væ:d]

palavra (f)	ord (ett)	['ʊ:d]
frase (f)	fras (en)	['fras]
resposta (f)	svar (ett)	['svar]

| verdade (f) | sanning (en) | ['saniŋ] |
| mentira (f) | lögn (en) | ['lˡœgn] |

pensamento (m)	tanke (en)	['taŋkə]
ideia (f)	idé (en)	[i'de:]
fantasia (f)	fantasi (en)	[fanta'si:]

63. Discussão, conversação. Parte 2

estimado	respekterad	[rɛspɛk'terad]
respeitar (vt)	att respektera	[at rɛspɛk'tera]
respeito (m)	respekt (en)	[rɛ'spɛkt]
Estimado ..., Caro ...	Ärade ...	['æ:radə ...]
apresentar (vt)	att introducera	[at intrɔdʉ'sera]

travar conhecimento	att göra bekantskap med	[at 'jøːra be'kant,skap me]
intenção (f)	avsikt (en)	['avsikt]
tencionar (vt)	att ha för avsikt	[at 'ha før 'avsikt]
desejo (m)	önskan (en)	['ønskan]
desejar (ex. ~ boa sorte)	att önska	[at 'ønska]

surpresa (f)	överraskning (en)	['øːvə,rɔskniŋ]
surpreender (vt)	att förvåna	[at før'voːna]
surpreender-se (vr)	att bli förvånad	[at bli før'voːnad]

dar (vt)	att ge	[at jeː]
pegar (tomar)	att ta	[at ta]
devolver (vt)	att ge tillbaka	[at je: tilʲ'baka]
retornar (vt)	att returnera	[at retʉr'nera]

desculpar-se (vr)	att ursäkta sig	[at 'ʉː,sɛkta sɛj]
desculpa (f)	ursäkt (en)	['ʉː,sɛkt]
perdoar (vt)	att förlåta	[at 'fœː,lʲoːta]

falar (vi)	att tala	[at 'talʲa]
escutar (vt)	att lyssna	[at 'lʲysna]
ouvir até o fim	att höra på	[at 'høːra pɔ]
compreender (vt)	att förstå	[at fœː'ʂtoː]

mostrar (vt)	att visa	[at 'visa]
olhar para ...	att titta	[at 'tita]
chamar (dizer em voz alta o nome)	att kalla	[at 'kalʲa]
distrair (vt)	att distrahera	[at distra'hera]
perturbar (vt)	att störa	[at 'støːra]
entregar (~ em mãos)	att överlämna	[at 'øːvə,lʲɛmna]

pedido (m)	begäran (en)	[be'jæːran]
pedir (ex. ~ ajuda)	att begära	[at 'bejæːra]
exigência (f)	krav (ett)	['krav]
exigir (vt)	att kräva	[at 'krɛːva]

chamar nomes (vt)	att reta	[at 'reta]
zombar (vt)	att håna	[at 'hoːna]
zombaria (f)	hån (ett)	['hoːn]
alcunha (f)	öknamn (ett)	['øːk,namn]

insinuação (f)	insinuation (en)	[insinʉa'ɧʊn]
insinuar (vt)	att insinuera	[at insinʉ'era]
subentender (vt)	att betyda	[at be'tyda]

descrição (f)	beskrivning (en)	[bɛ'skrivniŋ]
descrever (vt)	att beskriva	[at be'skriva]
elogio (m)	beröm (ett)	[be'røːm]
elogiar (vt)	att berömma	[at be'rœma]

desapontamento (m)	besvikelse (en)	[bɛ'svikelʲsə]
desapontar (vt)	att göra besviken	[at 'jøːra bɛ'svikən]
desapontar-se (vr)	att bli besviken	[at bli bɛ'svikən]
suposição (f)	antagande (ett)	[aŋ'tagandə]
supor (vt)	att anta, att förmoda	[at 'anta], [at før'mʊda]

| advertência (f) | varning (en) | ['vaːɳɪŋ] |
| advertir (vt) | att varna | [at 'vaːɳa] |

64. Discussão, conversação. Parte 3

| convencer (vt) | att övertala | [at 'øːvəˌtalʲa] |
| acalmar (vt) | att lugna | [at 'lʉgna] |

silêncio (o ~ é de ouro)	tystnad (en)	['tʏstnad]
ficar em silêncio	att tiga	[at 'tiga]
sussurrar (vt)	att viska	[at 'viska]
sussurro (m)	viskning (en)	['visknɪŋ]

| francamente | uppriktigt | ['upˌriktit] |
| a meu ver ... | enligt min mening ... | ['ɛnlit min 'menɪŋ ...] |

detalhe (~ da história)	detalj (en)	[de'talj]
detalhado	detaljerad	[deta'ljɛrad]
detalhadamente	i detalj	[i de'talj]

| dica (f) | vink (en) | ['viŋk] |
| dar uma dica | att ge en vink | [at jeː en 'viŋk] |

olhar (m)	blick (en)	['blik]
dar uma vista de olhos	att kasta en blick	[at 'kasta en 'blik]
fixo (olhar ~)	stel	['stɛlʲ]
piscar (vi)	att blinka	[at 'bliŋka]
pestanejar (vt)	att blinka	[at 'bliŋka]
acenar (com a cabeça)	att nicka	[at 'nika]

suspiro (m)	suck (en)	['suk]
suspirar (vi)	att sucka	[at 'suka]
estremecer (vi)	att rysa	[at 'rysa]
gesto (m)	gest (en)	['ɦɛst]
tocar (com as mãos)	att röra	[at 'røːra]
agarrar (~ pelo braço)	att greppa	[at 'grɛpa]
bater de leve	att klappa	[at 'klʲapa]

Cuidado!	Se upp!	['se up]
A sério?	Verkligen?	['vɛrkligən]
Tem certeza?	Är du säker?	[ær dʉ 'sɛːkər]
Boa sorte!	Lycka till!	['lʲyka tilʲ]
Compreendi!	Det är klart!	[dɛ æːr 'klʲaːt]
Que pena!	Det är synd!	[dɛ æːr 'sʏnd]

65. Acordo. Recusa

consentimento (~ mútuo)	samtycke (ett)	['samˌtʏkə]
consentir (vi)	att samtycka	[at 'samˌtʏka]
aprovação (f)	godkännande (ett)	['gʊdˌɕɛnandə]
aprovar (vt)	att godkänna	[at 'gʊdˌɕɛna]
recusa (f)	avslag (ett)	['avˌslʲag]

negar-se (vt)	att vägra	[at 'vɛgra]
Está ótimo!	Utmärkt!	['ʉt‚mæ:rkt]
Muito bem!	Okej!	[ɔ'kej]
Está bem! De acordo!	OK! Jag håller med.	[ɔ'kej] , [ja 'ho:lʲer me]

proibido	förbjuden	[før'bjʉ:dən]
é proibido	det är förbjudet	[dɛ æ:r før'bjʉ:dət]
é impossível	det är omöjligt	[dɛ æ:r ʉ'mœjlit]
incorreto	felaktig, oriktig	['felʲ‚aktig], ['ʉ‚riktig]

rejeitar (~ um pedido)	att avslå	[at 'av‚slʲo:]
apoiar (vt)	att stödja	[at 'stœdja]
aceitar (desculpas, etc.)	att acceptera	[at aksɛp'tera]

confirmar (vt)	att bekräfta	[at be'krɛfta]
confirmação (f)	bekräftelse (en)	[be'krɛftəlʲsə]
permissão (f)	tillåtelse (en)	['til‚lʲo:təlʲsə]
permitir (vt)	att tillåta	[at 'tilʲo:ta]
decisão (f)	beslut (ett)	[be'slʉ:t]
não dizer nada	att tiga	[at 'tiga]

condição (com uma ~)	betingelse (en)	[be'tiŋəlʲsə]
pretexto (m)	förevändning (en)	[førə‚vɛndniŋ]
elogio (m)	beröm (ett)	[be'rø:m]
elogiar (vt)	att berömma	[at be'rœma]

66. Sucesso. Boa sorte. Insucesso

êxito, sucesso (m)	framgång (en)	['framgɔŋ]
com êxito	med framgång	[me 'framgɔŋ]
bem sucedido	framgångsrik, lyckad	['fram‚gɔŋsrik], ['lʲykad]

sorte (fortuna)	tur, lycka (en)	[tʉ:r], ['lʲyka]
Boa sorte!	Lycka till!	['lʲyka tilʲ]
de sorte	tursam, lyckad	['tʉ:ṣam], ['lʲykad]
sortudo, felizardo	tursam	['tʉ:ṣam]

fracasso (m)	misslyckande, fiasko (ett)	['mis‚lʲykandə], [fi'askʉ]
pouca sorte (f)	otur (en)	[ʉ:'tʉr]
azar (m), má sorte (f)	otur (en)	[ʉ:'tʉr]

mal sucedido	misslyckad	['mis‚lʲykad]
catástrofe (f)	katastrof (en)	[kata'strɔf]

orgulho (m)	stolthet (en)	['stɔlʲt‚het]
orgulhoso	stolt	['stɔlʲt]
estar orgulhoso	att vara stolt	[at 'vara 'stɔlʲt]

vencedor (m)	segrare (en)	['sɛg‚rarə]
vencer (vi)	att vinna	[at 'vina]
perder (vt)	att förlora	[at fœ:'lʲʉra]
tentativa (f)	försök (ett)	['fœ:‚ṣø:k]
tentar (vt)	att pröva, att försöka	[at 'prø:va], [at fœ:'ṣø:ka]
chance (m)	chans (en)	['ʃans]

67. Conflitos. Emoções negativas

grito (m)	skrik (ett)	['skrik]
gritar (vi)	att skrika	[at 'skrika]
começar a gritar	att börja skrika	[at 'bœrja 'skrika]
discussão (f)	gräl (ett)	['grɛːlʲ]
discutir (vt)	att gräla	[at 'grɛːlʲa]
escândalo (m)	skandal (en)	[skan'dalʲ]
criar escândalo	att göra skandal	[at 'jøːra skan'dalʲ]
conflito (m)	konflikt (en)	[kɔn'flikt]
mal-entendido (m)	missförstånd (ett)	['misfœːˌstɔnd]
insulto (m)	förolämpning (en)	[føruˈlʲɛmpniŋ]
insultar (vt)	att förolämpa	[at 'føruˌlʲɛmpa]
insultado	förolämpad	[føruˈlʲɛmpad]
ofensa (f)	förnärmelse (en)	[fœːˈnæːrməlʲsə]
ofender (vt)	att förnärma	[at fœːˈnæːrma]
ofender-se (vr)	att bli förnärmad	[at bli fœːˈnæːrmad]
indignação (f)	indignation (en)	[indignaˈfjʊn]
indignar-se (vr)	att bli indignerad	[at bli indiˈnʲerad]
queixa (f)	klagomål (ett)	['klʲaguˌmoːlʲ]
queixar-se (vr)	att klaga	[at 'klʲaga]
desculpa (f)	ursäkt (en)	['ʉːˌsɛkt]
desculpar-se (vr)	att ursäkta sig	[at 'ʉːˌsɛkta sɛj]
pedir perdão	att be om förlåtelse	[at 'be ɔm fœːˈ[ɔtəlʲsə]
crítica (f)	kritik (en)	[kri'tik]
criticar (vt)	att kritisera	[at kriti'sera]
acusação (f)	anklagelse (en)	['aŋˌklʲagəlʲsə]
acusar (vt)	att anklaga	[at 'aŋˌklʲaga]
vingança (f)	hämnd (en)	['hɛmnd]
vingar (vt)	att hämnas	[at 'hɛmnas]
vingar-se (vr)	att hämnas	[at 'hɛmnas]
desprezo (m)	förakt (ett)	[fø'rakt]
desprezar (vt)	att förakta	[at fø'rakta]
ódio (m)	hat (ett)	['hat]
odiar (vt)	att hata	[at 'hata]
nervoso	nervös	[nɛr'vøːs]
estar nervoso	att vara nervös	[at 'vara nɛr'vøːs]
zangado	arg, vred	[arj], ['vred]
zangar (vt)	att göra arg	[at 'jøːra arj]
humilhação (f)	förödmjukelse (en)	['førœdˌmjʉːkəlʲsə]
humilhar (vt)	att förödmjuka	[at 'førœdˌmjʉːka]
humilhar-se (vr)	att förödmjuka sig	[at 'førœdˌmjʉːka sɛj]
choque (m)	chock (en)	['fjɔk]
chocar (vt)	att chocka	[at 'fjɔka]
aborrecimento (m)	knipa (en)	['knipa]

desagradável	obehaglig	['ʊbeˌhaglig]
medo (m)	rädsla (en)	['rɛdslʲa]
terrível (tempestade, etc.)	fruktansvärd	['frʉktansˌvæːd]
assustador (ex. história ~a)	skrämmande	['skrɛmandə]
horror (m)	fasa, skräck (en)	['fasa], ['skrɛk]
horrível (crime, etc.)	förfärlig	[før'fæːlʲig]
começar a tremer	att begynna att rysa	[at be'jina at 'rysa]
chorar (vi)	att gråta	[at 'groːta]
começar a chorar	att börja gråta	[at 'bœrja 'groːta]
lágrima (f)	tår (en)	['toːr]
falta (f)	skuld (en)	['skʉlʲd]
culpa (f)	skuldkänsla (en)	['skʉlʲdˌɕɛnslʲa]
desonra (f)	skam, vanära (en)	[skam], ['va'næːra]
protesto (m)	protest (en)	[prʉ'tɛst]
stresse (m)	stress (en)	['strɛs]
perturbar (vt)	att störa	[at 'støːra]
zangar-se com ...	att vara arg	[at 'vara arj]
zangado	arg, vred	[arj], ['vred]
terminar (vt)	att avbryta	[at 'avˌbryta]
praguejar	att svära	[at 'svæːra]
assustar-se	att bli skrämd	[at bli 'skrɛmd]
golpear (vt)	att slå	[at 'slʲoː]
brigar (na rua, etc.)	att slåss	[at 'slʲɔs]
resolver (o conflito)	att lösa	[at 'lʲøːsa]
descontente	missnöjd	['misˌnœjd]
furioso	rasande	['rasandə]
Não está bem!	Det är inte bra!	[dɛ æːr 'intə bra]
É mau!	Det är dåligt!	[dɛ æːr 'doːlit]

Medicina

68. Doenças

doença (f)	sjukdom (en)	['ɧʉːkˌdʊm]
estar doente	att vara sjuk	[at 'vara 'ɧʉːk]
saúde (f)	hälsa, sundhet (en)	['hɛlˌsa], ['sundˌhet]
nariz (m) a escorrer	snuva (en)	['snʉːva]
amigdalite (f)	halsfluss, angina (en)	['halˌsˌflʉs], [aŋ'gina]
constipação (f)	förkylning (en)	[før'çylˌniŋ]
constipar-se (vr)	att bli förkyld	[at bli før'çylˌd]
bronquite (f)	bronkit (en)	[broŋ'kit]
pneumonia (f)	lunginflammation (en)	['lʉŋˌinflˌama'ɧʊn]
gripe (f)	influensa (en)	[inflʉ'ɛnsa]
míope	närsynt	['næːˌsʏnt]
presbita	långsynt	['lˌɔŋˌsʏnt]
estrabismo (m)	skelögdhet (en)	['ɧelˌøgdˌhet]
estrábico	skelögd	['ɧelˌˌøgd]
catarata (f)	grå starr (en)	['groː 'star]
glaucoma (m)	grön starr (en)	['grøːn 'star]
AVC (m), apoplexia (f)	stroke (en), hjärnslag (ett)	['stroːk], ['jæːnˌsˌlˌag]
ataque (m) cardíaco	infarkt (en)	[in'farkt]
enfarte (m) do miocárdio	hjärtinfarkt (en)	['jæːt in'farkt]
paralisia (f)	förlamning (en)	[fœːʹlʲamniŋ]
paralisar (vt)	att förlama	[at fœːʹlʲama]
alergia (f)	allergi (en)	[alʲer'gi]
asma (f)	astma (en)	['astma]
diabetes (f)	diabetes (en)	[dia'betəs]
dor (f) de dentes	tandvärk (en)	['tandˌvæːrk]
cárie (f)	karies (en)	['karies]
diarreia (f)	diarré (en)	[dia're:]
prisão (f) de ventre	förstoppning (en)	[fœːʹsˌtopniŋ]
desarranjo (m) intestinal	magbesvär (ett)	['magˌbe'svɛːr]
intoxicação (f) alimentar	matförgiftning (en)	['matˌførʹjiftniŋ]
intoxicar-se	att få matförgiftning	[at foː 'matˌførʹjiftniŋ]
artrite (f)	artrit (en)	[a'trit]
raquitismo (m)	rakitis (en)	[ra'kitis]
reumatismo (m)	reumatism (en)	[revma'tism]
arteriosclerose (f)	åderförkalkning (en)	['oːdɛrførˌkalʲkniŋ]
gastrite (f)	gastrit (en)	[ga'strit]
apendicite (f)	appendicit (en)	[apɛndi'sit]

| colecistite (f) | cholecystit (en) | [holəsys'tit] |
| úlcera (f) | magsår (ett) | ['mag,so:r] |

sarampo (m)	mässling (en)	['mɛs,liŋ]
rubéola (f)	röda hund (en)	['rø:da 'hund]
iterícia (f)	gulsot (en)	['gʉ:lʲ,sʉt]
hepatite (f)	hepatit (en)	[hepa'tit]

esquizofrenia (f)	schizofreni (en)	[skitsɔfre'ni:]
raiva (f)	rabies (en)	['rabies]
neurose (f)	neuros (en)	[nev'rɔs]
comoção (f) cerebral	hjärnskakning (en)	['jæ:n̩‚skaknin]

cancro (m)	cancer (en)	['kansər]
esclerose (f)	skleros (en)	[sklʲe'rɔs]
esclerose (f) múltipla	multipel skleros (en)	[mʉlʲ'tipəlʲ sklʲe'rɔs]

alcoolismo (m)	alkoholism (en)	[alʲkʉhɔ'lizm]
alcoólico (m)	alkoholist (en)	[alʲkʉhɔ'list]
sífilis (f)	syfilis (en)	['syfilis]
SIDA (f)	AIDS	['ɛjds]

tumor (m)	tumör (en)	[tʉ'mø:r]
maligno	elakartad	['ɛlʲak,a:ʈad]
benigno	godartad	['gʉd,a:ʈad]

febre (f)	feber (en)	['febər]
malária (f)	malaria (en)	[ma'lʲaria]
gangrena (f)	kallbrand (en)	['kalʲ,brand]
enjoo (m)	sjösjuka (en)	['ɧø:,ɧʉ:ka]
epilepsia (f)	epilepsi (en)	[epilʲep'si:]

epidemia (f)	epidemi (en)	[ɛpide'mi:]
tifo (m)	tyfus (en)	['tyfʉs]
tuberculose (f)	tuberkulos (en)	[tʉbɛrkʉ'lʲɔs]
cólera (f)	kolera (en)	['kʉlʲera]
peste (f)	pest (en)	['pɛst]

69. Sintomas. Tratamentos. Parte 1

sintoma (m)	symptom (ett)	[sʏmp'tɔm]
temperatura (f)	temperatur (en)	[tɛmpəra'tʉ:r]
febre (f)	hög temperatur (en)	['hø:g tɛmpəra'tʉ:r]
pulso (m)	puls (en)	['pulʲs]

vertigem (f)	yrsel, svindel (en)	['y:ʂəlʲ], ['svindəlʲ]
quente (testa, etc.)	varm	['varm]
calafrio (m)	rysning (en)	['rʏsnin]
pálido	blek	['blʲek]

tosse (f)	hosta (en)	['hʉsta]
tossir (vi)	att hosta	[at 'hʉsta]
espirrar (vi)	att nysa	[at 'nysa]
desmaio (m)	svimning (en)	['svimnin]

desmaiar (vi)	att svimma	[at 'svima]
nódoa (f) negra	blåmärke (ett)	['blˠoː‚mæːrkə]
galo (m)	bula (en)	['bɵːlˠa]
magoar-se (vr)	att slå sig	[at 'slˠoː sɛj]
pisadura (f)	blåmärke (ett)	['blˠoː‚mæːrkə]
aleijar-se (vr)	att slå sig	[at 'slˠoː sɛj]

coxear (vi)	att halta	[at 'halˠta]
deslocação (f)	vrickning (en)	['vrikniŋ]
deslocar (vt)	att förvrida	[at før'vrida]
fratura (f)	brott (ett), fraktur (en)	['brɔt], [frak'tɵːr]
fraturar (vt)	att få en fraktur	[at foː en frak'tɵːr]

corte (m)	skärsår (ett)	['ɧæː‚soːr]
cortar-se (vr)	att skära sig	[at 'ɧæːra sɛj]
hemorragia (f)	blödning (en)	['blˠœdniŋ]

queimadura (f)	brännsår (ett)	['brɛn‚soːr]
queimar-se (vr)	att bränna sig	[at 'brɛna sɛj]

picar (vt)	att sticka	[at 'stika]
picar-se (vr)	att sticka sig	[at 'stika sɛj]
lesionar (vt)	att skada	[at 'skada]
lesão (m)	skada (en)	['skada]
ferida (f), ferimento (m)	sår (ett)	['soːr]
trauma (m)	trauma (en)	['travma]

delirar (vi)	att tala i feberyra	[at 'talˠa i 'febəryra]
gaguejar (vi)	att stamma	[at 'stama]
insolação (f)	solsting (ett)	['sʊlˠ‚stiŋ]

70. Sintomas. Tratamentos. Parte 2

dor (f)	värk, smärta (en)	['væːrk], ['smɛʈa]
farpa (no dedo)	sticka (en)	['stika]

suor (m)	svett (en)	['svɛt]
suar (vi)	att svettas	[at 'svɛtas]
vómito (m)	kräkning (en)	['krɛkniŋ]
convulsões (f pl)	kramper (pl)	['krampər]

grávida	gravid	[gra'vid]
nascer (vi)	att födas	[at 'føːdas]
parto (m)	förlossning (en)	[fœː'lˠɔsniŋ]
dar à luz	att föda	[at 'føːda]
aborto (m)	abort (en)	[a'bɔːt]

respiração (f)	andning (en)	['andniŋ]
inspiração (f)	inandning (en)	['in‚andniŋ]
expiração (f)	utandning (en)	['ɵt‚andniŋ]
expirar (vi)	att andas ut	[at 'andas ɵt]
inspirar (vi)	att andas in	[at 'andas in]
inválido (m)	handikappad person (en)	['handi‚kapad pɛ'ʂʊn]
aleijado (m)	krympling (en)	['krympliŋ]

toxicodependente (m)	narkoman (en)	[narkʉ'man]
surdo	döv	['døːv]
mudo	stum	['stuːm]
surdo-mudo	dövstum	['døːvˌstuːm]

louco (adj.)	mentalsjuk, galen	['mental'ɧʉːk], ['galʲen]
louco (m)	dåre, galning (en)	['doːrə], ['galʲniŋ]
louca (f)	dåre, galning (en)	['doːrə], ['galʲniŋ]
ficar louco	att bli sinnessjuk	[at bli 'sinɛsˌɧʉːk]

gene (m)	gen (en)	['jen]
imunidade (f)	immunitet (en)	[imʉni'teːt]
hereditário	ärftlig	['æːrftlig]
congénito	medfödd	['medˌfœd]

vírus (m)	virus (ett)	['viːrʉs]
micróbio (m)	mikrob (en)	[mi'krɔb]
bactéria (f)	bakterie (en)	[bak'teriə]
infeção (f)	infektion (en)	[infɛk'ɧʊn]

71. Sintomas. Tratamentos. Parte 3

| hospital (m) | sjukhus (ett) | ['ɧʉːkˌhʉs] |
| paciente (m) | patient (en) | [pasi'ent] |

diagnóstico (m)	diagnos (en)	[dia'gnɔs]
cura (f)	kur (en)	['kʉːr]
tratamento (m) médico	behandling (en)	[be'handliŋ]
curar-se (vr)	att bli behandlad	[at bli be'handlʲad]
tratar (vt)	att behandla	[at be'handlʲa]
cuidar (pessoa)	att sköta	[at 'ɧøːta]
cuidados (m pl)	vård (en)	['voːɖ]

operação (f)	operation (en)	[ɔpera'ɧʊn]
enfaixar (vt)	att förbinda	[at før'binda]
enfaixamento (m)	förbindning (en)	[før'bindniŋ]

vacinação (f)	vaccination (en)	[vaksina'ɧʊn]
vacinar (vt)	att vaksinera	[at vaksi'nera]
injeção (f)	injektion (en)	[injɛk'ɧʊn]
dar uma injeção	att ge en spruta	[at je: en 'sprʉta]

ataque (~ de asma, etc.)	anfall (ett), attack (en)	['anfalʲ], [a'tak]
amputação (f)	amputation (en)	[ampʉta'ɧʊn]
amputar (vt)	att amputera	[at ampʉ'tera]
coma (f)	koma (ett)	['kɔma]
estar em coma	att ligga i koma	[at 'liga i 'kɔma]
reanimação (f)	intensivavdelning (en)	[intɛn'sivˌav'dɛlʲniŋ]

recuperar-se (vr)	att återhämta sig	[at 'oːterˌhɛmta sɛj]
estado (~ de saúde)	tillstånd (ett)	['tilʲˌstɔnd]
consciência (f)	medvetande (ett)	['medˌvetandə]
memória (f)	minne (ett)	['minə]
tirar (vt)	att dra ut	[at 'dra ʉt]

| chumbo (m), obturação (f) | plomb (en) | ['plʲɔmb] |
| chumbar, obturar (vt) | att plombera | [at plʲɔm'bera] |

| hipnose (f) | hypnos (en) | [hʏp'nɔs] |
| hipnotizar (vt) | att hypnotisera | [at 'hʏpnɔti͵sera] |

72. Médicos

médico (m)	läkare (en)	['lʲɛ:karə]
enfermeira (f)	sjuksköterska (en)	['ɧʉ:k͵ɧø:tɛʂka]
médico (m) pessoal	personlig läkare (en)	[pɛ'ʂʉnlig 'lʲɛ:karə]

dentista (m)	tandläkare (en)	['tand͵lʲɛ:karə]
oculista (m)	ögonläkare (en)	['ø:gɔn͵lʲɛ:karə]
terapeuta (m)	terapeut (en)	[tera'peft]
cirurgião (m)	kirurg (en)	[ɕi'rʉrg]

psiquiatra (m)	psykiater (en)	[syki'atər]
pediatra (m)	barnläkare (en)	['ba:ɳ͵lʲɛ:karə]
psicólogo (m)	psykolog (en)	[sykʉ'lʲɔg]
ginecologista (m)	gynekolog (en)	[ginekʉ'lʲɔg]
cardiologista (m)	kardiolog (en)	[ka:djʉ'lʲɔg]

73. Medicina. Drogas. Acessórios

medicamento (m)	medicin (en)	[medi'sin]
remédio (m)	medel (ett)	['medəlʲ]
receitar (vt)	att ordinera	[at o:dji'nera]
receita (f)	recept (ett)	[re'sɛpt]

comprimido (m)	tablett (en)	[tab'lʲet]
pomada (f)	salva (en)	['salʲva]
ampola (f)	ampull (en)	[am'pulʲ]
preparado (m)	mixtur (en)	[miks'tʉ:r]
xarope (m)	sirap (en)	['sirap]
cápsula (f)	piller (ett)	['pilʲer]
remédio (m) em pó	pulver (ett)	['pulʲvər]

ligadura (f)	gasbinda (en)	['gas͵binda]
algodão (m)	vadd (en)	['vad]
iodo (m)	jod (en)	['jʉd]

penso (m) rápido	plåster (ett)	['plʲɔstər]
conta-gotas (m)	pipett (en)	[pi'pɛt]
termómetro (m)	termometer (en)	[tɛrmʉ'metər]
seringa (f)	spruta (en)	['sprʉta]

| cadeira (f) de rodas | rullstol (en) | ['rʉlʲ͵stʉlʲ] |
| muletas (f pl) | kryckor (pl) | ['krʏkʉr] |

| analgésico (m) | smärtstillande medel (ett) | ['smæ:t͵stilʲande 'medəlʲ] |
| laxante (m) | laxermedel (ett) | ['lʲaksər 'medəlʲ] |

álcool (m) etílico	sprit (en)	['sprit]
ervas (f pl) medicinais	läkeväxter (pl)	['lɛkə͵vɛkstər]
de ervas (chá ~)	ört-	['ø:t-]

74. Fumar. Produtos tabágicos

tabaco (m)	tobak (en)	['tʊbak]
cigarro (m)	cigarett (en)	[siga'rɛt]
charuto (m)	cigarr (en)	[si'gar]
cachimbo (m)	pipa (en)	['pɪpa]
maço (~ de cigarros)	paket (ett)	[pa'ket]

fósforos (m pl)	tändstickor (pl)	['tɛnd͵stikʊr]
caixa (f) de fósforos	tändsticksask (en)	['tɛndstiks͵ask]
isqueiro (m)	tändare (en)	['tɛndarə]
cinzeiro (m)	askkopp (en), askfat (ett)	['askop], ['askfat]
cigarreira (f)	cigarettetui (ett)	[siga'rɛt etʉ'i:]

boquilha (f)	munstycke (ett)	['mun͵stʏkə]
filtro (m)	filter (ett)	['filˑtər]

fumar (vi, vt)	att röka	[at 'rø:ka]
acender um cigarro	att tända en cigarett	[at 'tɛnda en siga'rɛt]
tabagismo (m)	rökning (en)	['rœkniŋ]
fumador (m)	rökare (en)	['rø:karə]

beata (f)	stump, fimp (en)	['stump], [fimp]
fumo (m)	rök (en)	['rø:k]
cinza (f)	aska (en)	['aska]

HABITAT HUMANO

Cidade

75. Cidade. Vida na cidade

cidade (f)	stad (en)	['stad]
capital (f)	huvudstad (en)	['hʉːvʉd‚stad]
aldeia (f)	by (en)	['by]
mapa (m) da cidade	stadskarta (en)	['stads‚kaːʈa]
centro (m) da cidade	centrum (ett)	['sɛntrum]
subúrbio (m)	förort (en)	['førˌʊːʈ]
suburbano	förorts-	['førˌʊːʈs-]
periferia (f)	utkant (en)	['ʉtˌkant]
arredores (m pl)	omgivningar (pl)	['ɔmˌjiːvniŋar]
quarteirão (m)	kvarter (ett)	[kvaː'ʈər]
quarteirão (m) residencial	bostadskvarter (ett)	['bʊstads‚kvaː'ʈər]
tráfego (m)	trafik (en)	[tra'fik]
semáforo (m)	trafikljus (ett)	[tra'fikˌjʉːs]
transporte (m) público	offentlig transport (en)	[ɔ'fɛntli trans'pɔːʈ]
cruzamento (m)	korsning (en)	['kɔːʂniŋ]
passadeira (f)	övergångsställe (ett)	['øːvərgɔŋs‚stɛlʲe]
passagem (f) subterrânea	gångtunnel (en)	['gɔŋ‚tunəlʲ]
cruzar, atravessar (vt)	att gå över	[at 'goː 'øːvər]
peão (m)	fotgängare (en)	['fʊtˌjenarə]
passeio (m)	trottoar (en)	[trɔtʊ'ar]
ponte (f)	bro (en)	['brʊ]
margem (f) do rio	kaj (en)	['kaj]
fonte (f)	fontän (en)	[fɔn'tɛn]
alameda (f)	allé (en)	[a'lʲeː]
parque (m)	park (en)	['park]
bulevar (m)	boulevard (en)	[bʊlʲe'vaːd]
praça (f)	torg (ett)	['tɔrj]
avenida (f)	aveny (en)	[ave'ny]
rua (f)	gata (en)	['gata]
travessa (f)	sidogata (en)	['sidʊ‚gata]
beco (m) sem saída	återvändsgränd (en)	['oːtərvɛns‚grɛnd]
casa (f)	hus (ett)	['hʉs]
edifício, prédio (m)	byggnad (en)	['bygnad]
arranha-céus (m)	skyskrapa (en)	['ɧy‚skrapa]
fachada (f)	fasad (en)	[fa'sad]
telhado (m)	tak (ett)	['tak]

janela (f)	fönster (ett)	['fœnstər]
arco (m)	båge (en)	['bo:gə]
coluna (f)	kolonn (en)	[kʊ'lʲɔn]
esquina (f)	knut (en)	['knʉt]

montra (f)	skyltfönster (ett)	['fjylʲt,fœnstər]
letreiro (m)	skylt (en)	['fjylʲt]
cartaz (m)	affisch (en)	[a'fi:ʃ]
cartaz (m) publicitário	reklamplakat (ett)	[rɛ'klʲam,plʲa'kat]
painel (m) publicitário	reklamskylt (en)	[rɛ'klʲam,fjylʲt]

lixo (m)	sopor, avfall (ett)	['sʊpʊr], ['avfalʲ]
cesta (f) do lixo	soptunna (en)	['sʊp,tuna]
jogar lixo na rua	att skräpa ner	[at 'skrɛ:pa ner]
aterro (m) sanitário	soptipp (en)	['sʊp,tip]

cabine (f) telefónica	telefonkiosk (en)	[telʲe'fɔn,çøsk]
candeeiro (m) de rua	lyktstolpe (en)	['lʲyk,stɔlʲpə]
banco (m)	bänk (ett)	['bɛŋk]

polícia (m)	polis (en)	[pʊ'lis]
polícia (instituição)	polis (en)	[pʊ'lis]
mendigo (m)	tiggare (en)	['tigarə]
sem-abrigo (m)	hemlös (ett)	['hɛmlʲø:s]

76. Instituições urbanas

loja (f)	affär, butik (en)	[a'fæ:r], [bu'tik]
farmácia (f)	apotek (ett)	[apʊ'tek]
ótica (f)	optiker (en)	['ɔptikər]
centro (m) comercial	köpcenter (ett)	['çø:p,sɛntɛr]
supermercado (m)	snabbköp (ett)	['snab,çø:p]

padaria (f)	bageri (ett)	[bage'ri:]
padeiro (m)	bagare (en)	['bagarə]
pastelaria (f)	konditori (ett)	[kɔnditʊ'ri:]
mercearia (f)	speceriaffär (en)	[spese'ri a'fæ:r]
talho (m)	slaktare butik (en)	['slʲaktarə bu'tik]

| loja (f) de legumes | grönsakshandel (en) | ['grø:nsaks,handəlʲ] |
| mercado (m) | marknad (en) | ['marknad] |

café (m)	kafé (ett)	[ka'fe:]
restaurante (m)	restaurang (en)	[rɛstɔ'raŋ]
bar (m), cervejaria (f)	pub (en)	['pub]
pizzaria (f)	pizzeria (en)	[pitse'ria]

salão (m) de cabeleireiro	frisersalong (en)	['frisər ṣa,lʲɔŋ]
correios (m pl)	post (en)	['pɔst]
lavandaria (f)	kemtvätt (en)	['çemtvæt]
estúdio (m) fotográfico	fotoateljé (en)	['fʊtʉ ate,lje:]

| sapataria (f) | skoaffär (en) | ['skʊ:a,fæ:r] |
| livraria (f) | bokhandel (en) | ['bʊk,handəlʲ] |

loja (f) de artigos de desporto	sportaffär (en)	['spɔːʈ a'fæːr]
reparação (f) de roupa	klädreparationer (en)	['klɛd 'reparaˌɸʉnər]
aluguer (m) de roupa	kläduthyrning (en)	['klɛd ʉ'tyːɳiŋ]
aluguer (m) de filmes	filmuthyrning (en)	['filᵐ ʉ'tyːɳiŋ]

circo (m)	cirkus (en)	['sirkʉs]
jardim (m) zoológico	zoo (ett)	['sʉː]
cinema (m)	biograf (en)	[biʉ'graf]
museu (m)	museum (ett)	[mʉ'seʉm]
biblioteca (f)	bibliotek (ett)	[bibliʉ'tek]

teatro (m)	teater (en)	[te'atər]
ópera (f)	opera (en)	['ʉpera]
clube (m) noturno	nattklubb (en)	['natˌklʉb]
casino (m)	kasino (ett)	[ka'sinʉ]

mesquita (f)	moské (en)	[mʉs'keː]
sinagoga (f)	synagoga (en)	['synaˌgɔga]
catedral (f)	katedral (en)	[katɛ'dralʲ]
templo (m)	tempel (ett)	['tɛmpəlʲ]
igreja (f)	kyrka (en)	['çyrka]

instituto (m)	institut (ett)	[insti'tʉt]
universidade (f)	universitet (ett)	[univɛʂi'tet]
escola (f)	skola (en)	['skʉlʲa]

prefeitura (f)	prefektur (en)	[prefɛk'tʉːr]
câmara (f) municipal	rådhus (en)	['rɔdˌhʉs]
hotel (m)	hotell (ett)	[hʉ'tɛlʲ]
banco (m)	bank (en)	['baŋk]

embaixada (f)	ambassad (en)	[amba'sad]
agência (f) de viagens	resebyrå (en)	['resebyˌrɔː]
agência (f) de informações	informationsbyrå (en)	[informa'ɸʉns byˌrɔː]
casa (f) de câmbio	växelkontor (ett)	['vɛksəlʲ kɔn'tʉr]

| metro (m) | tunnelbana (en) | ['tunəlʲˌbana] |
| hospital (m) | sjukhus (ett) | ['ɸʉːkˌhʉs] |

| posto (m) de gasolina | bensinstation (en) | [bɛn'sinˌsta'ɸʉn] |
| parque (m) de estacionamento | parkeringsplats (en) | [par'keriŋsˌplʲats] |

77. Transportes urbanos

autocarro (m)	buss (en)	['bus]
elétrico (m)	spårvagn (en)	['spɔːrˌvagn]
troleicarro (m)	trådbuss (en)	['troːdˌbus]
itinerário (m)	rutt (en)	['rut]
número (m)	nummer (ett)	['numər]

ir de ... (carro, etc.)	att åka med ...	[at 'oːka me ...]
entrar (~ no autocarro)	att stiga på ...	[at 'stiga pɔ ...]
descer de ...	att stiga av ...	[at 'stiga 'av ...]
paragem (f)	hållplats (en)	['hoːlʲˌplats]

próxima paragem (f)	nästa hållplats (en)	['nɛsta 'hɔːlʲ‚plats]
ponto (m) final	slutstation (en)	['slʉt‚sta'ɧʉn]
horário (m)	tidtabell (en)	['tid ta'bɛlʲ]
esperar (vt)	att vänta	[at 'vɛnta]

| bilhete (m) | biljett (en) | [bi'lʲet] |
| custo (m) do bilhete | biljettpris (ett) | [bi'lʲet‚pris] |

bilheteiro (m)	kassör (en)	[ka'søːr]
controlo (m) dos bilhetes	biljettkontroll (en)	[bi'lʲet kɔn'trolʲ]
revisor (m)	kontrollant (en)	[kɔntrɔ'lʲant]

atrasar-se (vr)	att komma för sent	[at 'kɔma før 'sɛnt]
perder (o autocarro, etc.)	att komma för sent till ...	[at 'kɔma før 'sɛnt tilʲ ...]
estar com pressa	att skynda sig	[at 'ɧynda sɛj]

táxi (m)	taxi (en)	['taksi]
taxista (m)	taxichaufför (en)	['taksi ɧɔ'føːr]
de táxi (ir ~)	med taxi	[me 'taksi]
praça (f) de táxis	taxihållplats (en)	['taksi 'hoːlʲ‚plʲats]
chamar um táxi	att ringa efter taxi	[at 'riŋa ‚ɛftə 'taksi]
apanhar um táxi	att ta en taxi	[at ta en 'taksi]

tráfego (m)	trafik (en)	[tra'fik]
engarrafamento (m)	trafikstopp (ett)	[tra'fik‚stɔp]
horas (f pl) de ponta	rusningstid (en)	['rusniŋs‚tid]
estacionar (vi)	att parkera	[at par'kera]
estacionar (vt)	att parkera	[at par'kera]
parque (m) de estacionamento	parkeringsplats (en)	[par'keriŋs‚plʲats]

metro (m)	tunnelbana (en)	['tunəlʲ‚bana]
estação (f)	station (en)	[sta'ɧʉn]
ir de metro	att ta tunnelbanan	[at ta 'tunəlʲ‚banan]
comboio (m)	tåg (ett)	['toːg]
estação (f)	tågstation (en)	['toːg‚sta'ɧʉn]

78. Turismo

monumento (m)	monument (ett)	[mɔnu'mɛnt]
fortaleza (f)	fästning (en)	['fɛstniŋ]
palácio (m)	palats (ett)	[pa'lʲats]
castelo (m)	borg (en)	['bɔrj]
torre (f)	torn (ett)	['tʉːn]
mausoléu (m)	mausoleum (ett)	[maʉsʉ'lʲeum]

arquitetura (f)	arkitektur (en)	[arkitɛk'tʉːr]
medieval	medeltida	['medəlʲ‚tida]
antigo	gammal	['gamalʲ]
nacional	nationell	[natɧu'nɛlʲ]
conhecido	berömd	[be'rœmd]

turista (m)	turist (en)	[tu'rist]
guia (pessoa)	guide (en)	['gajd]
excursão (f)	utflykt (en)	['ʉt‚flʲykt]

| mostrar (vt) | att visa | [at 'visa] |
| contar (vt) | att berätta | [at be'ræta] |

encontrar (vt)	att hitta	[at 'hita]
perder-se (vr)	att gå vilse	[at 'goː 'vilˡsə]
mapa (~ do metrô)	karta (en)	['kaːʈa]
mapa (~ da cidade)	karta (en)	['kaːʈa]

lembrança (f), presente (m)	souvenir (en)	[suvɛ'niːr]
loja (f) de presentes	souvenirbutik (en)	[suvɛ'niːr bu'tik]
fotografar (vt)	att fotografera	[at futʊgra'fera]
fotografar-se	att bli fotograferad	[at bli futʊgra'ferad]

79. Compras

comprar (vt)	att köpa	[at 'çøːpa]
compra (f)	inköp (ett)	['in͵çøːp]
fazer compras	att shoppa	[at 'ʃɔpa]
compras (f pl)	shopping (en)	['ʃɔpiŋ]

| estar aberta (loja, etc.) | att vara öppen | [at 'vara 'øpən] |
| estar fechada | att vara stängd | [at 'vara stɛŋd] |

calçado (m)	skodon (pl)	['skʊdʊn]
roupa (f)	kläder (pl)	['klˡɛːdər]
cosméticos (m pl)	kosmetika (en)	[kɔs'mɛtika]
alimentos (m pl)	matvaror (pl)	['mat͵varʊr]
presente (m)	gåva, present (en)	['goːva], [pre'sɛnt]

| vendedor (m) | försäljare (en) | [fœː'ʂɛljarə] |
| vendedora (f) | försäljare (en) | [fœː'ʂɛljarə] |

caixa (f)	kassa (en)	['kasa]
espelho (m)	spegel (en)	['spegəlˡ]
balcão (m)	disk (en)	['disk]
cabine (f) de provas	provrum (ett)	['prʊv͵ruːm]

provar (vt)	att prova	[at 'prʊva]
servir (vi)	att passa	[at 'pasa]
gostar (apreciar)	att gilla	[at 'jilˡa]

preço (m)	pris (ett)	['pris]
etiqueta (f) de preço	prislapp (en)	['pris͵lˡap]
custar (vt)	att kosta	[at 'kɔsta]
Quanto?	Hur mycket?	[hur 'mʏkə]
desconto (m)	rabatt (en)	[ra'bat]

não caro	billig	['bilig]
barato	billig	['bilig]
caro	dyr	['dyr]
É caro	Det är dyrt	[dɛ æːr 'dyːʈ]

| aluguer (m) | uthyrning (en) | ['ʉt͵hyɳiŋ] |
| alugar (vestidos, etc.) | att hyra | [at 'hyra] |

| crédito (m) | kredit (en) | [kre'dit] |
| a crédito | på kredit | [pɔ kre'dit] |

80. Dinheiro

dinheiro (m)	pengar (pl)	['pɛŋar]
câmbio (m)	växling (en)	['vɛksliŋ]
taxa (f) de câmbio	kurs (en)	['ku:ʂ]
Caixa Multibanco (m)	bankomat (en)	[baŋkʉ'mat]
moeda (f)	mynt (ett)	['mʏnt]

| dólar (m) | dollar (en) | ['dɔlʲar] |
| euro (m) | euro (en) | ['ɛvrɔ] |

lira (f)	lire (en)	['lirə]
marco (m)	mark (en)	['mark]
franco (m)	franc (en)	['fran]
libra (f) esterlina	pund sterling (ett)	['puŋ stɛr'liŋ]
iene (m)	yen (en)	['jɛn]

dívida (f)	skuld (en)	['skʉlʲd]
devedor (m)	gäldenär (en)	[jɛlʲdɛ'næ:r]
emprestar (vt)	att låna ut	[at 'lʲo:na ʉt]
pedir emprestado	att låna	[at 'lʲo:na]

banco (m)	bank (en)	['baŋk]
conta (f)	konto (ett)	['kɔntʉ]
depositar (vt)	att sätta in	[at 'sæta in]
depositar na conta	att sätta in på kontot	[at 'sæta in pɔ 'kɔntʉt]
levantar (vt)	att ta ut från kontot	[at ta ʉt frɔn 'kɔntʉt]

cartão (m) de crédito	kreditkort (ett)	[kre'dit,kɔ:t]
dinheiro (m) vivo	kontanter (pl)	[kɔn'tantər]
cheque (m)	check (en)	['ɕɛk]
passar um cheque	att skriva en check	[at 'skriva en 'ɕɛk]
livro (m) de cheques	checkbok (en)	['ɕɛk,bʉk]

carteira (f)	plånbok (en)	['plʲo:n,bʉk]
porta-moedas (m)	börs (en)	['bø:ʂ]
cofre (m)	säkerhetsskåp (ett)	['sɛ:kərhets,sko:p]

herdeiro (m)	arvinge (en)	['arviŋə]
herança (f)	arv (ett)	['arv]
fortuna (riqueza)	förmögenhet (en)	[før'møgən,het]

arrendamento (m)	hyra (en)	['hyra]
renda (f) de casa	hyra (en)	['hyra]
alugar (vt)	att hyra	[at 'hyra]

preço (m)	pris (ett)	['pris]
custo (m)	kostnad (en)	['kɔstnad]
soma (f)	summa (en)	['suma]
gastar (vt)	att lägga ut	[at 'lʲɛga ʉt]
gastos (m pl)	utgifter (pl)	['ʉt,jiftər]

79

economizar (vi)	att spara	[at 'spara]
económico	sparsam	['spa:ṣam]

pagar (vt)	att betala	[at be'talʲa]
pagamento (m)	betalning (en)	[be'talʲniŋ]
troco (m)	växel (en)	['vɛksəlʲ]

imposto (m)	skatt (en)	['skat]
multa (f)	bot (en)	['bʊt]
multar (vt)	att bötfälla	[at 'bøt‚fɛlʲa]

81. Correios. Serviço postal

correios (m pl)	post (en)	['pɔst]
correio (m)	post (en)	['pɔst]
carteiro (m)	brevbärare (en)	['brev‚bæ:rarə]
horário (m)	öppettider (pl)	['øpet‚ti:dər]

carta (f)	brev (ett)	['brev]
carta (f) registada	rekommenderat brev (ett)	[rekɔmən'derat brev]
postal (m)	postkort (ett)	['pɔst‚kɔ:t]
telegrama (m)	telegram (ett)	[telʲe'gram]
encomenda (f) postal	postpaket (ett)	['pɔst pa‚ket]
remessa (f) de dinheiro	pengaöverföring (en)	['pɛŋa‚øvə'fø:riŋ]

receber (vt)	att ta emot	[at ta ɛmo:t]
enviar (vt)	att skicka	[at 'ɧika]
envio (m)	avsändning (en)	['av‚sɛndniŋ]

endereço (m)	adress (en)	[a'drɛs]
código (m) postal	postnummer (ett)	['pɔst‚numər]
remetente (m)	avsändare (en)	['av‚sɛndarə]
destinatário (m)	mottagare (en)	['mɔt‚tagarə]

nome (m)	förnamn (ett)	['fœ:‚ɳamn]
apelido (m)	efternamn (ett)	['ɛftə‚ɳamn]

tarifa (f)	tariff (en)	[ta'rif]
ordinário	vanlig	['vanlig]
económico	ekonomisk	[ɛkʊ'nɔmisk]

peso (m)	vikt (en)	['vikt]
pesar (estabelecer o peso)	att väga	[at 'vɛ:ga]
envelope (m)	kuvert (ett)	[kʉ:'vær]
selo (m)	frimärke (ett)	['fri‚mærkə]
colar o selo	att sätta på frimärke	[at 'sæta pɔ 'fri‚mærkə]

Moradia. Casa. Lar

82. Casa. Habitação

casa (f)	hus (ett)	['hʉs]
em casa	hemma	['hɛma]
pátio (m)	gård (en)	['goːd̥]
cerca (f)	stängsel (en)	['stɛŋsəlʲ]
tijolo (m)	tegel, mursten (en)	['tegəlʲ], ['mʉːˌʂten]
de tijolos	tegel-	['tegəlʲ-]
pedra (f)	sten (en)	['sten]
de pedra	sten-	['sten-]
betão (m)	betong (en)	[be'tɔŋ]
de betão	betong-	[be'tɔŋ-]
novo	ny	['ny]
velho	gammal	['gamalʲ]
decrépito	fallfärdig	['falʲˌfæːd̥ig]
moderno	modern	[mʊ'dɛːn̩]
de muitos andares	flervånings-	['flʲerˌvoːniŋs-]
alto	hög	['høːg]
andar (m)	våning (en)	['voːniŋ]
de um andar	envånings-	['ɛnˌvoːniŋs-]
andar (m) de baixo	bottenvåning (en)	['bɔtenˌvoːniŋ]
andar (m) de cima	övre våning (en)	['øvrə 'voːniŋ]
telhado (m)	tak (ett)	['tak]
chaminé (f)	skorsten (en)	['skɔːˌʂten]
telha (f)	taktegel (ett)	['takˌtegəlʲ]
de telha	tegel-	['tegəlʲ-]
sótão (m)	vind, vindsvåning (en)	['vind], ['vindsˌvoːniŋ]
janela (f)	fönster (ett)	['fœnstər]
vidro (m)	glas (ett)	['glʲas]
parapeito (m)	fönsterbleck (ett)	['fœnstərˌblʲek]
portadas (f pl)	fönsterluckor (pl)	['fœnstəˌlʲʉ'kʊr]
parede (f)	mur, vägg (en)	['mʉːr], [vɛg]
varanda (f)	balkong (en)	[balʲ'kɔŋ]
tubo (m) de queda	stuprör (ett)	['stʉpˌrøːr]
em cima	uppe	['upə]
subir (~ as escadas)	att gå upp	[at 'go: 'up]
descer (vi)	att gå ned	[at 'go: ˌned]
mudar-se (vr)	att flytta	[at 'flʲyta]

83. Casa. Entrada. Elevador

entrada (f)	ingång (en)	['in,gɔn]
escada (f)	trappa (en)	['trapa]
degraus (m pl)	steg (pl)	['steg]
corrimão (m)	räcke (ett)	['rɛkə]
hall (m) de entrada	lobby (en)	['lʲɔbi]

caixa (f) de correio	brevlåda (en)	['brev,lʲo:da]
caixote (m) do lixo	soptunna (en)	['sup,tuna]
conduta (f) do lixo	sopnedkast (ett)	['supned,kast]

elevador (m)	hiss (en)	['his]
elevador (m) de carga	lasthiss (en)	['lʲast,his]
cabine (f)	hisskorg (en)	['his,kɔrj]
pegar o elevador	att ta hissen	[at ta 'hisən]

apartamento (m)	lägenhet (en)	['lʲe:gən,het]
moradores (m pl)	invånare (pl)	[in'vo:narə]
vizinho (m)	granne (en)	['granə]
vizinha (f)	granne (en)	['granə]
vizinhos (pl)	grannar (pl)	['granar]

84. Casa. Portas. Fechaduras

porta (f)	dörr (en)	['dœr]
portão (m)	port (en)	['pɔ:t]
maçaneta (f)	dörrhandtag (ett)	['dœr,hantag]
destrancar (vt)	att låsa upp	[at 'lʲo:sa up]
abrir (vt)	att öppna	[at 'øpna]
fechar (vt)	att stänga	[at 'stɛŋa]

chave (f)	nyckel (en)	['nʏkəlʲ]
molho (m)	knippa (en)	['knipa]
ranger (vi)	att gnissla	[at 'gnislʲa]
rangido (m)	knarr (ett)	['knar]
dobradiça (f)	gångjärn (ett)	['gɔŋ,jæ:ɳ]
tapete (m) de entrada	dörrmatta (en)	['dœr,mata]

fechadura (f)	dörrlås (ett)	['dœr,lʲo:s]
buraco (m) da fechadura	nyckelhål (ett)	['nʏkəlʲ,ho:lʲ]
ferrolho (m)	regel (en)	['regəlʲ]
fecho (ferrolho pequeno)	skjutregel (en)	['ɧu:t,regəlʲ]
cadeado (m)	hänglås (ett)	['hɛŋ,lʲo:s]

tocar (vt)	att ringa	[at 'riŋa]
toque (m)	ringning (en)	['riŋniŋ]
campainha (f)	ringklocka (en)	['riŋ,klʲɔka]
botão (m)	knapp (en)	['knap]
batida (f)	knackning (en)	['knakniŋ]
bater (vi)	att knacka	[at 'knaka]
código (m)	kod (en)	['kɔd]
fechadura (f) de código	kodlås (ett)	['kɔd,lʲo:s]

telefone (m) de porta	dörrtelefon (en)	['dœr̩tel'e'fɔn]
número (m)	nummer (ett)	['numər]
placa (f) de porta	dörrskylt (en)	['dœr̩ʄylʲt]
vigia (f), olho (m) mágico	kikhål, titthål (ett)	['kik̩ho:lʲ], ['tit̩ho:lʲ]

85. Casa de campo

aldeia (f)	by (en)	['by]
horta (f)	koksträdgård (en)	['kʊks̩trɛ'go:d̩]
cerca (f)	stängsel (ett)	['stɛŋsəlʲ]
paliçada (f)	staket (ett)	[sta'ket]
cancela (f) do jardim	grind (en)	['grind]
celeiro (m)	spannmålsbod (en)	['spanmo:lʲs̩bʊd]
adega (f)	jordkällare (en)	['jʊːd̩ɕɛlʲarə]
galpão, barracão (m)	bod (en), skjul (ett)	['bʊd], [ʄɥːl]
poço (m)	brunn (en)	['brun]
fogão (m)	ugn (en)	['ugn]
atiçar o fogo	att elda	[at 'ɛlʲda]
lenha (carvão ou ~)	ved (en)	['ved]
acha (lenha)	vedträ (ett)	['ved̩trɛ:]
varanda (f)	veranda (en)	[ve'randa]
alpendre (m)	terrass (en)	[tɛ'ras]
degraus (m pl) de entrada	yttertrappa (en)	['ytə̩trapa]
balouço (m)	gunga (en)	['guŋa]

86. Castelo. Palácio

castelo (m)	borg (en)	['bɔrj]
palácio (m)	palats (ett)	[pa'lʲats]
fortaleza (f)	fästning (en)	['fɛstniŋ]
muralha (f)	mur (en)	['mɥːr]
torre (f)	torn (ett)	['tʊːn]
calabouço (m)	huvudtorn (ett)	['hɥːvʊd̩tʊːn]
grade (f) levadiça	fällgaller (pl)	['fɛlʲ̩galʲər]
passagem (f) subterrânea	underjordisk gång (en)	['undəjʊːd̩isk 'gɑŋ]
fosso (m)	vallgrav (en)	['valʲ̩grav]
corrente, cadeia (f)	kedja (en)	['ɕedja]
seteira (f)	skottglugg (en)	['skɔt̩glɥg]
magnífico	praktfull	['prakt̩fulʲ]
majestoso	majestätisk	[majɛ'stɛtisk]
inexpugnável	ointaglig	['ojn̩taglig]
medieval	medeltida	['medəlʲ̩tida]

87. Apartamento

apartamento (m)	lägenhet (en)	['l⁽ᵉ:gən₁het]
quarto (m)	rum (ett)	['ru:m]
quarto (m) de dormir	sovrum (ett)	['sɔv₁rum]
sala (f) de jantar	matsal (en)	['matsalʲ]
sala (f) de estar	vardagsrum (ett)	['va:das₁rum]
escritório (m)	arbetsrum (ett)	['arbets₁rum]
antessala (f)	entréhall (en)	[ɛntre:halʲ]
quarto (m) de banho	badrum (ett)	['bad₁ru:m]
toilette (lavabo)	toalett (en)	[tʊa'l⁽et]
teto (m)	tak (ett)	['tak]
chão, soalho (m)	golv (ett)	['gɔlʲv]
canto (m)	hörn (ett)	['hø:ɳ]

88. Apartamento. Limpeza

arrumar, limpar (vt)	att städa	[at 'stɛda]
guardar (no armário, etc.)	att lägga undan	[at 'l⁽ɛga 'undan]
pó (m)	damm (ett)	['dam]
empoeirado	dammig	['damig]
limpar o pó	att damma	[at 'dama]
aspirador (m)	dammsugare (en)	['dam₁sʉgarə]
aspirar (vt)	att dammsuga	[at 'dam₁sʉga]
varrer (vt)	att sopa, att feja	[at 'sʊpa], [att 'fɛja]
sujeira (f)	skräp, dam (ett)	['skrɛp], ['dam]
arrumação (f), ordem (f)	ordning (en)	['ɔ:dɳiŋ]
desordem (f)	oreda (en)	[ʊ:'reda]
esfregão (m)	mopp (en)	['mɔp]
pano (m), trapo (m)	trasa (en)	['trasa]
vassoura (f)	sopkvast (en)	['sʊp₁kvast]
pá (f) de lixo	sopskyffel (en)	['sʊp₁ɧʏfəlʲ]

89. Mobiliário. Interior

mobiliário (m)	möbel (en)	['mø:bəlʲ]
mesa (f)	bord (ett)	['bʊ:ɖ]
cadeira (f)	stol (en)	['stʊlʲ]
cama (f)	säng (en)	['sɛŋ]
divã (m)	soffa (en)	['sɔfa]
cadeirão (m)	fåtölj, länstol (en)	[fo:'tœlj], ['lɛn₁stʊlʲ]
estante (f)	bokhylla (en)	['bʊk₁hylʲa]
prateleira (f)	hylla (en)	['hylʲa]
guarda-vestidos (m)	garderob (en)	[ga:də'rɔ:b]
cabide (m) de parede	knagg (en)	['knag]

cabide (m) de pé	klädhängare (en)	['klʲɛdˌhɛŋarə]
cómoda (f)	byrå (en)	['byro:]
mesinha (f) de centro	soffbord (ett)	['sɔfˌbʊ:d̪]

espelho (m)	spegel (en)	['spegəlʲ]
tapete (m)	matta (en)	['mata]
tapete (m) pequeno	liten matta (en)	['litən 'mata]

lareira (f)	kamin (en), eldstad (ett)	[ka'min], ['ɛlʲdˌstad]
vela (f)	ljus (ett)	['jɯ:s]
castiçal (m)	ljusstake (en)	['jɯ:sˌstakə]

cortinas (f pl)	gardiner (pl)	[ga:'d̪inər]
papel (m) de parede	tapet (en)	[ta'pet]
estores (f pl)	persienn (en)	[pɛ'sjen]

candeeiro (m) de mesa	bordslampa (en)	['bʊ:d̪sˌlʲampa]
candeeiro (m) de parede	vägglampa (en)	['vɛgˌlʲampa]
candeeiro (m) de pé	golvlampa (en)	['gɔlʲvˌlʲampa]
lustre (m)	ljuskrona (en)	['jɯ:sˌkrʊna]

pé (de mesa, etc.)	ben (ett)	['be:n]
braço (m)	armstöd (ett)	['armˌstø:d]
costas (f pl)	rygg (en)	['rɣg]
gaveta (f)	låda (en)	['lʲo:da]

90. Quarto de dormir

roupa (f) de cama	sängkläder (pl)	['sɛŋˌklʲɛ:dər]
almofada (f)	kudde (en)	['kudə]
fronha (f)	örngott (ett)	['ø:ɳˌgɔt]
cobertor (m)	duntäcke (ett)	['dɯ:nˌtɛkə]
lençol (m)	lakan (ett)	['lʲakan]
colcha (f)	överkast (ett)	['ø:vəˌkast]

91. Cozinha

cozinha (f)	kök (ett)	['çø:k]
gás (m)	gas (en)	['gas]
fogão (m) a gás	gasspis (en)	['gasˌspis]
fogão (m) elétrico	elektrisk spis (en)	[ɛ'lʲektrisk ˌspis]
forno (m)	bakugn (en)	['bakˌugn]
forno (m) de micro-ondas	mikrovågsugn (en)	['mikrʊvɔgsˌugn]

frigorífico (m)	kylskåp (ett)	['çylʲˌsko:p]
congelador (m)	frys (en)	['frys]
máquina (f) de lavar louça	diskmaskin (en)	['diskˌma'ɧi:n]

moedor (m) de carne	köttkvarn (en)	['ɕœtˌkva:ɳ]
espremedor (m)	juicepress (en)	['ju:sˌprɛs]
torradeira (f)	brödrost (en)	['brø:dˌrɔst]
batedeira (f)	mixer (en)	['miksər]

máquina (f) de café	kaffebryggare (en)	['kafəˌbrʏgarə]
cafeteira (f)	kaffekanna (en)	['kafəˌkana]
moinho (m) de café	kaffekvarn (en)	['kafəˌkvaːɳ]

chaleira (f)	tekittel (en)	['teˌɕitəlʲ]
bule (m)	tekanna (en)	['teˌkana]
tampa (f)	lock (ett)	['lʲɔk]
coador (m) de chá	tesil (en)	['teˌsilʲ]

colher (f)	sked (en)	['ɧed]
colher (f) de chá	tesked (en)	['teˌɧed]
colher (f) de sopa	matsked (en)	['matˌɧed]
garfo (m)	gaffel (en)	['gafəlʲ]
faca (f)	kniv (en)	['kniv]

louça (f)	servis (en)	[sɛr'vis]
prato (m)	tallrik (en)	['talʲrik]
pires (m)	tefat (ett)	['teˌfat]

cálice (m)	shotglas (ett)	['ʃotˌglʲas]
copo (m)	glas (ett)	['glʲas]
chávena (f)	kopp (en)	['kop]

açucareiro (m)	sockerskål (en)	['sɔkəːˌskoːlʲ]
saleiro (m)	saltskål (en)	['salʲtˌskoːlʲ]
pimenteiro (m)	pepparskål (en)	['pɛpaˌskoːlʲ]
manteigueira (f)	smörfat (en)	['smœrˌfat]

panela, caçarola (f)	kastrull, gryta (en)	[ka'strulʲ], ['gryta]
frigideira (f)	stekpanna (en)	['stekˌpana]
concha (f)	slev (en)	['slʲev]
passador (m)	durkslag (ett)	['durkˌslʲag]
bandeja (f)	bricka (en)	['brika]

garrafa (f)	flaska (en)	['flʲaska]
boião (m) de vidro	glasburk (en)	['glʲasˌburk]
lata (f)	burk (en)	['burk]

abre-garrafas (m)	flasköppnare (en)	['flʲaskˌøpnarə]
abre-latas (m)	burköppnare (en)	['burkˌøpnarə]
saca-rolhas (m)	korkskruv (en)	['kɔrkˌskruːv]
filtro (m)	filter (ett)	['filʲtər]
filtrar (vt)	att filtrera	[at filʲ'trera]

| lixo (m) | sopor, avfall (ett) | ['supʊr], ['avfalʲ] |
| balde (m) do lixo | sophink (en) | ['supˌhiŋk] |

92. Casa de banho

quarto (m) de banho	badrum (ett)	['badˌruːm]
água (f)	vatten (ett)	['vatən]
torneira (f)	kran (en)	['kran]
água (f) quente	varmvatten (ett)	['varmˌvatən]
água (f) fria	kallvatten (ett)	['kalʲˌvatən]

pasta (f) de dentes	tandkräm (en)	['tand̦krɛm]
escovar os dentes	att borsta tänderna	[at 'bɔ:ʂta 'tɛndɛ:ŋa]
escova (f) de dentes	tandborste (en)	['tand̦bɔ:ʂtə]

barbear-se (vr)	att raka sig	[at 'raka sɛj]
espuma (f) de barbear	raklödder (ett)	['rak̦lʲødər]
máquina (f) de barbear	hyvel (en)	['hyvəlʲ]

lavar (vt)	att tvätta	[at 'tvæta]
lavar-se (vr)	att tvätta sig	[at 'tvæta sɛj]
duche (m)	dusch (en)	['duʃ]
tomar um duche	att duscha	[at 'duʃa]

banheira (f)	badkar (ett)	['bad̦kar]
sanita (f)	toalettstol (en)	[tʊa'lʲețstʊlʲ]
lavatório (m)	handfat (ett)	['hand̦fat]

| sabonete (m) | tvål (en) | ['tvo:lʲ] |
| saboneteira (f) | tvålskål (en) | ['tvo:lʲ̦sko:lʲ] |

esponja (f)	svamp (en)	['svamp]
champô (m)	schampo (ett)	['ɧam̦pʊ]
toalha (f)	handduk (en)	['hand̦dʉ:k]
roupão (m) de banho	morgonrock (en)	['mɔrgɔn̦rɔk]

lavagem (f)	tvätt (en)	['tvæt]
máquina (f) de lavar	tvättmaskin (en)	['tvæțma'ɧi:n]
lavar a roupa	att tvätta kläder	[at 'tvæta 'klʲɛ:dər]
detergente (m)	tvättmedel (ett)	['tvæțmedəlʲ]

93. Eletrodomésticos

televisor (m)	teve (en)	['teve]
gravador (m)	bandspelare (en)	['band̦spelʲarə]
videogravador (m)	video (en)	['videʊ]
rádio (m)	radio (en)	['radiʊ]
leitor (m)	spelare (en)	['spelʲarə]

projetor (m)	videoprojektor (en)	['videʊ prʊ'jɛktʊr]
cinema (m) em casa	hemmabio (en)	['hɛma̦bi:ʊ]
leitor (m) de DVD	DVD spelare (en)	[deve'de: ̦spelʲarə]
amplificador (m)	förstärkare (en)	[fœ:'ʂtæ:karə]
console (f) de jogos	spelkonsol (en)	['spelʲ kɔn'sɔlʲ]

câmara (f) de vídeo	videokamera (en)	['videʊ̦kamera]
máquina (f) fotográfica	kamera (en)	['kamera]
câmara (f) digital	digitalkamera (en)	[digi'talʲ ̦kamera]

aspirador (m)	dammsugare (en)	['dam̦sʉgarə]
ferro (m) de engomar	strykjärn (ett)	['stryk̦jæ:n]
tábua (f) de engomar	strykbräda (en)	['stryk̦brɛ:da]

| telefone (m) | telefon (en) | [telʲe'fɔn] |
| telemóvel (m) | mobiltelefon (en) | [mɔ'bilʲ telʲe'fɔn] |

| máquina (f) de escrever | skrivmaskin (en) | ['skriv͵ma'ɧiːn] |
| máquina (f) de costura | symaskin (en) | ['sy͵ma'ɧiːn] |

microfone (m)	mikrofon (en)	[mikrʊ'fɔn]
auscultadores (m pl)	hörlurar (pl)	['hœː͵lʲɵːrar]
controlo remoto (m)	fjärrkontroll (en)	['fjæːr͵kɔn'trolʲ]

CD (m)	cd-skiva (en)	['sede ͵ɧiva]
cassete (f)	kassett (en)	[ka'sɛt]
disco (m) de vinil	skiva (en)	['ɧiva]

94. Reparações. Renovação

renovação (f)	renovering (en)	[renʊ'veriŋ]
renovar (vt), fazer obras	att renovera	[at renʊ'vera]
reparar (vt)	att reparera	[at repa'rera]
consertar (vt)	att bringa ordning	[at 'briŋa 'ɔːdɳiŋ]
refazer (vt)	att göra om	[at 'jøːra ɔm]

tinta (f)	färg (en)	['fæːrj]
pintar (vt)	att måla	[at 'moːlʲa]
pintor (m)	målare (en)	['moːlʲarə]
pincel (m)	pensel (en)	['pɛnsəlʲ]

| cal (f) | kalkfärg (en) | ['kalʲk͵fæːrj] |
| caiar (vt) | att vitlimma | [at 'vit͵lima] |

papel (m) de parede	tapet (en)	[ta'pet]
colocar papel de parede	att tapetsera	[at tapet'sera]
verniz (m)	fernissa (en)	[fɛ'ɳisa]
envernizar (vt)	att lackera	[at lʲa'kera]

95. Canalizações

água (f)	vatten (ett)	['vatən]
água (f) quente	varmvatten (ett)	['varm͵vatən]
água (f) fria	kallvatten (ett)	['kalʲ͵vatən]
torneira (f)	kran (en)	['kran]

gota (f)	droppe (en)	['drɔpə]
gotejar (vi)	att droppa	[at 'drɔpa]
vazar (vt)	att läcka	[at 'lɛka]
vazamento (m)	läcka (en)	['lʲɛka]
poça (f)	pöl, puss (en)	['pøːlʲ], ['pus]

tubo (m)	rör (ett)	['røːr]
válvula (f)	ventil (en)	[vɛn'tilʲ]
entupir-se (vr)	att bli igensatt	[at bli 'ijɛnsat]

ferramentas (f pl)	verktyg (pl)	['vɛrk͵tyg]
chave (f) inglesa	skiftnyckel (en)	['ɧift͵nʏkəlʲ]
desenroscar (vt)	att skruva ur	[at 'skruːva ɵːr]

enroscar (vt)	att skruva fast	[at 'skruː va fast]
desentupir (vt)	att rensa	[at 'rɛnsa]
canalizador (m)	rörmokare (en)	['røːrˌmɔkarə]
cave (f)	källare (en)	['ɕɛlˈarə]
sistema (m) de esgotos	avlopp (ett)	['avˌlˈɔp]

96. Fogo. Deflagração

incêndio (m)	eld (en)	['ɛlˈd]
chama (f)	flamma (en)	['flˈama]
faísca (f)	gnista (en)	['gnista]
fumo (m)	rök (en)	['røːk]
tocha (f)	fackla (en)	['faklˈa]
fogueira (f)	bål (ett)	['boːlˈ]

gasolina (f)	bensin (en)	[bɛn'sin]
querosene (m)	fotogen (en)	[futu'ɧen]
inflamável	brännbar	['brɛnˌbar]
explosivo	explosiv	[ɛksplˈɔ'siv]
PROIBIDO FUMAR!	RÖKNING FÖRBJUDEN	['rœkniŋ før'bjuːdən]

segurança (f)	säkerhet (en)	['sɛːkərˌhet]
perigo (m)	fara (en)	['fara]
perigoso	farlig	['faːlˌig]

incendiar-se (vr)	att fatta eld	[at 'fata ˌɛlˈd]
explosão (f)	explosion (en)	[ɛksplˈɔ'ɧʊn]
incendiar (vt)	att sätta eld	[at 'sæta ˌɛlˈd]
incendiário (m)	mordbrännare (en)	['muːdˌbrɛnarə]
incêndio (m) criminoso	mordbrand (en)	['muːdˌbrand]

arder (vi)	att flamma	[at 'flˈama]
queimar (vi)	att brinna	[at 'brina]
queimar tudo (vi)	att brinna ned	[at 'brina ned]

chamar os bombeiros	att ringa brandkår	[at 'riŋa 'brandˌkoːr]
bombeiro (m)	brandman (en)	['brandˌman]
carro (m) de bombeiros	brandbil (en)	['brandˌbilˈ]
corpo (m) de bombeiros	brandkår (en)	['brandˌkoːr]
escada (f) extensível	brandbilstege (en)	['brandbilˈˌstegə]

mangueira (f)	slang (en)	['slˈaŋ]
extintor (m)	brandsläckare (en)	['brandˌslˈɛkarə]
capacete (m)	hjälm (en)	['jɛlˈm]
sirene (f)	siren (en)	[si'ren]

gritar (vi)	att skrika	[at 'skrika]
chamar por socorro	att ropa på hjälp	[at 'rʊpa pɔ jɛlˈp]
salvador (m)	räddare (en)	['rɛdarə]
salvar, resgatar (vt)	att rädda	[at 'rɛda]

chegar (vi)	att ankomma	[at 'anˌkɔma]
apagar (vt)	att släcka	[at 'slˈɛka]
água (f)	vatten (ett)	['vatən]

89

areia (f)	sand (en)	['sand]
ruínas (f pl)	ruiner (pl)	[rʉ'iːnər]
ruir (vi)	att falla ihop	[at 'falʲa i'hʊp]
desmoronar (vi)	att störta ner	[at 'støːʈa ner]
desabar (vi)	att störta in	[at 'støːʈa in]

| fragmento (m) | spillra (en) | ['spilʲra] |
| cinza (f) | aska (en) | ['aska] |

| sufocar (vi) | att kvävas | [at 'kvɛːvas] |
| perecer (vi) | att omkomma | [at 'ɔmˌkɔma] |

ATIVIDADES HUMANAS

Emprego. Negócios. Parte 1

97. Banca

banco (m)	bank (en)	['baŋk]
sucursal, balcão (f)	avdelning (en)	[av'dɛlˈniŋ]
consultor (m)	konsulent (en)	[kɔnsu'lˈɛnt]
gerente (m)	föreståndare (en)	[førə'stɔndarə]
conta (f)	bankkonto (ett)	['baŋkˌkɔntʉ]
número (m) da conta	kontonummer (ett)	['kɔntʉˌnumər]
conta (f) corrente	checkkonto (ett)	['ɕɛkˌkɔntʉ]
conta (f) poupança	sparkonto (ett)	['sparˌkɔntʉ]
abrir uma conta	att öppna ett konto	[at 'øpna ɛt 'kɔntʉ]
fechar uma conta	att avsluta kontot	[at 'avˌslʉːta 'kɔntʉt]
depositar na conta	att sätta in på kontot	[at 'sæta in pɔ 'kɔntʉt]
levantar (vt)	att ta ut från kontot	[at ta ʉt frɔn 'kɔntʉt]
depósito (m)	insats (en)	['inˌsats]
fazer um depósito	att sätta in	[at 'sæta in]
transferência (f) bancária	överföring (en)	['øːvəˌføːriŋ]
transferir (vt)	att överföra	[at øːvəˌføra]
soma (f)	summa (en)	['suma]
Quanto?	Hur mycket?	[hʉr 'mʏkə]
assinatura (f)	signatur, underskrift (en)	[signa'tʉːr], ['undəˌskrift]
assinar (vt)	att underteckna	[at 'undəˌtɛkna]
cartão (m) de crédito	kreditkort (ett)	[kre'ditˌkɔːt]
código (m)	kod (en)	['kɔd]
número (m) do cartão de crédito	kreditkortsnummer (ett)	[kre'ditˌkɔːts 'numər]
Caixa Multibanco (m)	bankomat (en)	[baŋkʉ'mat]
cheque (m)	check (en)	['ɕɛk]
passar um cheque	att skriva en check	[at 'skriva en 'ɕɛk]
livro (m) de cheques	checkbok (en)	['ɕɛkˌbʉk]
empréstimo (m)	lån (ett)	['lˈoːn]
pedir um empréstimo	att ansöka om lån	[at 'anˌsøːka ɔm 'lˈoːn]
obter um empréstimo	att få ett lån	[at fo: et 'lˈoːn]
conceder um empréstimo	att ge ett lån	[at je: et 'lˈoːn]
garantia (f)	garanti (en)	[garan'tiː]

98. Telefone. Conversação telefónica

telefone (m)	telefon (en)	[telʲeˈfɔn]
telemóvel (m)	mobiltelefon (en)	[mɔˈbilʲ telʲeˈfɔn]
secretária (f) electrónica	telefonsvarare (en)	[telʲeˈfɔnˌsvararə]
fazer uma chamada	att ringa	[at ˈriŋa]
chamada (f)	telefonsamtal (en)	[telʲeˈfɔnˌsamtalʲ]
marcar um número	att slå nummer	[at ˈslʲoː ˈnumər]
Alô!	Hallå!	[haˈlʲoː]
perguntar (vt)	att fråga	[at ˈfroːga]
responder (vt)	att svara	[at ˈsvara]
ouvir (vt)	att höra	[at ˈhøːra]
bem	gott, bra	[ˈgɔt], [ˈbra]
mal	dåligt	[ˈdoːlit]
ruído (m)	bruser, störningar (pl)	[ˈbrʉːsər], [ˈstøːɳiŋar]
auscultador (m)	telefonlur (en)	[telʲeˈfɔnˌlʉːr]
pegar o telefone	att lyfta telefonluren	[at ˈlʲyfta telʲeˈfɔn ˈlʉːrən]
desligar (vi)	att lägga på	[at ˈlʲɛga pɔ]
ocupado	upptagen	[ˈupˌtagən]
tocar (vi)	att ringa	[at ˈriŋa]
lista (f) telefónica	telefonkatalog (en)	[telʲeˈfɔn kataˈlʲɔg]
local	lokal-	[lʲɔˈkalʲ-]
chamada (f) local	lokalsamtal (ett)	[lʲɔˈkalʲˌsamtalʲ]
de longa distância	riks-	[ˈriks-]
chamada (f) de longa distância	rikssamtal (ett)	[ˈriksˌsamtalʲ]
internacional	internationell	[ˈintɛːɳatʃʉˌnɛlʲ]
chamada (f) internacional	internationell samtal (ett)	[ˈintɛːɳatʃʉˌnɛlʲ ˈsamtalʲ]

99. Telefone móvel

telemóvel (m)	mobiltelefon (en)	[mɔˈbilʲ telʲeˈfɔn]
ecrã (m)	skärm (en)	[ˈʃæːrm]
botão (m)	knapp (en)	[ˈknap]
cartão SIM (m)	SIM-kort (ett)	[ˈsimˌkɔːt]
bateria (f)	batteri (ett)	[batɛˈriː]
descarregar-se	att bli urladdad	[at bli ˈʉːˌlʲadad]
carregador (m)	laddare (en)	[ˈlʲadarə]
menu (m)	meny (en)	[meˈny]
definições (f pl)	inställningar (pl)	[ˈinˌstɛlʲniŋar]
melodia (f)	melodi (en)	[melʲɔˈdiː]
escolher (vt)	att välja	[at ˈvɛlja]
calculadora (f)	kalkylator (en)	[kalʲkyˈlʲatʊr]
correio (m) de voz	telefonsvarare (en)	[telʲeˈfɔnˌsvararə]

| despertador (m) | väckarklocka, alarm (en) | ['vɛkarˌklˈɔka], [aˈlˈarm] |
| contatos (m pl) | kontakter (pl) | [kɔn'taktər] |

| mensagem (f) de texto | SMS meddelande (ett) | [ɛsɛ'mɛs me'delˈandə] |
| assinante (m) | abonnent (en) | [abɔ'nɛnt] |

100. Estacionário

| caneta (f) | kulspetspenna (en) | ['kɵlˈspetsˌpɛna] |
| caneta (f) tinteiro | reservoarpenna (en) | [resɛrvʊ'arˌpɛna] |

lápis (m)	blyertspenna (en)	['blˈyɛːʈsˌpɛna]
marcador (m)	märkpenna (en)	['mœrkˌpɛna]
caneta (f) de feltro	tuschpenna (en)	['tuːʃˌpɛna]

| bloco (m) de notas | block (ett) | ['blˈɔk] |
| agenda (f) | dagbok (en) | ['dagˌbɵk] |

régua (f)	linjal (en)	[li'njalˈ]
calculadora (f)	kalkylator (en)	[kalˈky'lˈatʊr]
borracha (f)	suddgummi (ett)	['sudˌgumi]
pionés (m)	häftstift (ett)	['hɛftˌstift]
clipe (m)	gem (ett)	['gem]

cola (f)	lim (ett)	['lim]
agrafador (m)	häftapparat (en)	['hɛft apaˌrat]
furador (m)	hålslag (ett)	['hoːlˈˌslˈag]
afia-lápis (m)	pennvässare (en)	['pɛnˌvɛsarə]

Emprego. Negócios. Parte 2

101. Media

jornal (m)	tidning (en)	['tidniŋ]
revista (f)	tidskrift (en)	['tidˌskrift]
imprensa (f)	press (en)	['prɛs]
rádio (m)	radio (en)	['radiʊ]
estação (f) de rádio	radiostation (en)	['radiʊ sta'ŋʊn]
televisão (f)	television (en)	[telievi'ŋʊn]
apresentador (m)	programledare (en)	[prɔ'gramˌliedarə]
locutor (m)	uppläsare (en)	['upˌliɛ:sarə]
comentador (m)	kommentator (en)	[kɔmɛn'tatʊr]
jornalista (m)	journalist (en)	[ʃʊɲa'list]
correspondente (m)	korrespondent (en)	[kɔrɛspɔn'dɛnt]
repórter (m) fotográfico	pressfotograf (en)	['prɛs fʊtʊ'graf]
repórter (m)	reporter (en)	[re'pɔ:tər]
redator (m)	redaktör (en)	[redak'tø:r]
redator-chefe (m)	chefredaktör (en)	['ʃefˌredak'tø:r]
assinar a ...	att prenumerera	[at prenume'rera]
assinatura (f)	prenumeration (en)	[prenumera'ŋʊn]
assinante (m)	prenumerant (en)	[prenume'rant]
ler (vt)	att läsa	[at 'liɛ:sa]
leitor (m)	läsare (en)	['liɛ:sarə]
tiragem (f)	upplaga (en)	['upˌliaga]
mensal	månatlig	[mo'natlig]
semanal	vecko-	['vɛkɔ-]
número (jornal, revista)	nummer (ett)	['numər]
recente	ny, färsk	['ny], [fæ:ʂk]
manchete (f)	rubrik (en)	[ru'brik]
pequeno artigo (m)	notis (en)	[nʊ'tis]
coluna (~ semanal)	rubrik (en)	[ru'brik]
artigo (m)	artikel (en)	[a'ʈikəli]
página (f)	sida (en)	['sida]
reportagem (f)	reportage (ett)	[repɔ:'ʈa:ʃ]
evento (m)	händelse (en)	['hɛndəliˌsə]
sensação (f)	sensation (en)	[sɛnsa'ŋʊn]
escândalo (m)	skandal (en)	[skan'dali]
escandaloso	skandalös	[skanda'liøs]
grande	stor	['stʊr]
programa (m) de TV	program (ett)	[prɔ'gram]
entrevista (f)	intervju (en)	[intɛr'vju:]

transmissão (f) em direto	direktsändning (en)	[di'rɛkt‚sɛndnin]
canal (m)	kanal (en)	[ka'nalʲ]

102. Agricultura

agricultura (f)	jordbruk (ett)	['juːd‚brʉk]
camponês (m)	bonde (en)	['bʊndə]
camponesa (f)	bondkvinna (en)	['bʊnd‚kvina]
agricultor (m)	lantbrukare, bonde (en)	['lʲant‚brʉːkarə], ['bʊndə]

trator (m)	traktor (en)	['traktʊr]
ceifeira-debulhadora (f)	skördetröska (en)	['ɧøːdɛ‚trœska]

arado (m)	plog (en)	['plʊg]
arar (vt)	att ploga	[at 'plʲʊga]
campo (m) lavrado	plöjd åker (en)	['plʲœjd 'oːkər]
rego (m)	fåra (en)	['foːra]

semear (vt)	att så	[at soː]
semeadora (f)	såmaskin (en)	['soː‚ma'ɧiːn]
semeadura (f)	såning (en)	['soːnin]

gadanha (f)	lie (en)	['liːe]
gadanhar (vt)	att meja, att slå	[at 'meja], [at 'slʲoː]

pá (f)	spade (en)	['spadə]
cavar (vt)	att gräva	[at 'grɛːva]

enxada (f)	hacka (en)	['haka]
carpir (vt)	att hacka	[at 'haka]
erva (f) daninha	ogräs (ett)	[ʊ'grɛːs]

regador (m)	vattenkanna (en)	['vatən‚kana]
regar (vt)	att vattna	[at 'vatna]
rega (f)	vattning (en)	['vatnin]

forquilha (f)	grep (en)	['grep]
ancinho (m)	kratta (en)	['krata]

fertilizante (m)	gödsel (en)	['jøsəlʲ]
fertilizar (vt)	att gödsla	[at 'jøslʲa]
estrume (m)	dynga (en)	['dʏŋa]

campo (m)	åker (en)	['oːkər]
prado (m)	äng (en)	['ɛŋ]
horta (f)	koksträdgård (en)	['kʊks‚trɛ'goːd]
pomar (m)	fruktträdgård (en)	['frʉkt‚trɛ'goːd]

pastar (vt)	att beta	[at 'beta]
pastor (m)	herde (en)	['hɛːdə]
pastagem (f)	betesmark (en)	['betəs‚mark]

pecuária (f)	boskapsskötsel (en)	['bʊskaps‚ɧøːtsəlʲ]
criação (f) de ovelhas	fåravel (en)	['foːr‚avəlʲ]

plantação (f)	plantage (en)	[plʲan'taːʃ]
canteiro (m)	rad (en)	['rad]
invernadouro (m)	drivhus (ett)	['drivˌhʉs]

| seca (f) | torka (en) | ['tɔrka] |
| seco (verão ~) | torr | ['tɔr] |

cereal (m)	korn, spannmål (ett)	['kʊːŋ], ['spanˌmoːlʲ]
cereais (m pl)	sädesslag (en)	['sɛdəsˌslʲag]
colher (vt)	att inhösta	[at in'høsta]

moleiro (m)	mjölnare (en)	['mjœlʲnarə]
moinho (m)	kvarn (en)	[kvaːŋ]
moer (vt)	att mala	[at 'malʲa]
farinha (f)	mjöl (ett)	['mjøːlʲ]
palha (f)	halm (en)	['halʲm]

103. Construção. Processo de construção

canteiro (m) de obras	byggplats (en)	['bʏgˌplʲats]
construir (vt)	att bygga	[at 'bʏga]
construtor (m)	byggarbetare (en)	['bʏgˌar'betarə]

projeto (m)	projekt (ett)	[prʊ'ɧɛkt]
arquiteto (m)	arkitekt (en)	[arki'tɛkt]
operário (m)	arbetare (en)	['arˌbetarə]

fundação (f)	fundament (ett)	[funda'mɛnt]
telhado (m)	tak (ett)	['tak]
estaca (f)	påle (en)	['poːlʲe]
parede (f)	mur, vägg (en)	['mʉːr], [vɛg]

| varões (m pl) para betão | armeringsjärn (ett) | [ar'meriŋsˌjæːŋ] |
| andaime (m) | ställningar (pl) | ['stɛlʲniŋar] |

betão (m)	betong (en)	[be'tɔŋ]
granito (m)	granit (en)	[gra'nit]
pedra (f)	sten (en)	['sten]
tijolo (m)	tegel, mursten (en)	['tegəlʲ], ['mʉːˌsten]

areia (f)	sand (en)	['sand]
cimento (m)	cement (en)	[se'mɛnt]
emboço (m)	puts (en)	['pʉts]
emboçar (vt)	att putsa	[at 'putsa]

tinta (f)	färg (en)	['fæːrj]
pintar (vt)	att måla	[at 'moːlʲa]
barril (m)	tunna (en)	['tuna]

grua (f), guindaste (m)	lyftkran (en)	['lʲyftˌkran]
erguer (vt)	att lyfta	[at 'lʲyfta]
baixar (vt)	att sänka	[at 'sɛŋka]
buldózer (m)	bulldozer (en)	['bulʲˌdɔːsər]
escavadora (f)	grävmaskin (en)	['grɛvˌma'ɧiːn]

caçamba (f)	skopa (en)	['skʊpa]
escavar (vt)	att gräva	[at 'grɛːva]
capacete (m) de proteção	hjälm (en)	['jɛlʲm]

Profissões e ocupações

104. Procura de emprego. Demissão

trabalho (m)	arbete, jobb (ett)	['arbetə], ['jɔb]
equipa (f)	personal, stab (en)	[pɛʂʊ'nalʲ], ['stab]
pessoal (m)	personal (en)	[pɛʂʊ'nalʲ]
carreira (f)	karriär (en)	[kari'æ:r]
perspetivas (f pl)	utsikter (pl)	['ʉt̩siktər]
mestria (f)	mästerskap (ett)	['mɛstə̩skap]
seleção (f)	urval (ett)	['ʉ:r̩valʲ]
agência (f) de emprego	arbetsförmedling (en)	['arbets̩før'medliŋ]
CV, currículo (m)	meritförteckning (en)	[me'rit̩fœ:'tɛkniŋ]
entrevista (f) de emprego	jobbsamtal (ett)	['jɔb̩samtalʲ]
vaga (f)	vakans (en)	['vakans]
salário (m)	lön (en)	['lʲø:n]
salário (m) fixo	fast lön (en)	['fast ̩lʲø:n]
pagamento (m)	betalning (en)	[be'talʲniŋ]
posto (m)	ställning (en)	['stɛlʲniŋ]
dever (do empregado)	plikt (en)	['plikt]
gama (f) de deveres	arbetsplikter (pl)	['arbets̩pliktər]
ocupado	upptagen	['up̩tagən]
despedir, demitir (vt)	att avskeda	[at 'av̩ɧeda]
demissão (f)	avsked (ett)	['avɧed]
desemprego (m)	arbetslöshet (en)	['arbets̩lʲø:shet]
desempregado (m)	arbetslös (en)	['arbets̩lʲø:s]
reforma (f)	pension (en)	[pan'ɧʊn]
reformar-se	att gå i pension	[at 'go: i pan'ɧʊn]

105. Gente de negócios

diretor (m)	direktör (en)	[dirɛk'tø:r]
gerente (m)	föreståndare (en)	[førə'stɔndarə]
patrão, chefe (m)	boss (en)	['bɔs]
superior (m)	överordnad (en)	['ø:vər̩ɔ:dnat]
superiores (m pl)	överordnade (pl)	['ø:vər̩ɔ:dnadə]
presidente (m)	president (en)	[prɛsi'dɛnt]
presidente (m) de direção	ordförande (en)	['ʊ:d̩førandə]
substituto (m)	ställföreträdare (en)	['stɛlʲ̩fœre'trɛ:darə]
assistente (m)	assistent (en)	[asi'stɛnt]

secretário (m)	sekreterare (en)	[sɛkrə'terarə]
secretário (m) pessoal	privatsekreterare (en)	[pri'vat sɛkrə'terarə]
homem (m) de negócios	affärsman (en)	[a'fæːʂˌman]
empresário (m)	entreprenör (en)	[æntepre'nøːr]
fundador (m)	grundläggare (en)	['grʉnd‚lʲɛgarə]
fundar (vt)	att grunda	[at 'grʉnda]
fundador, sócio (m)	stiftare (en)	['stiftarə]
parceiro, sócio (m)	partner (en)	['paːʈnər]
acionista (m)	aktieägare (en)	['aktsiə‚ɛːgarə]
milionário (m)	miljonär (en)	[miljʉ'næːr]
bilionário (m)	miljardär (en)	[milja:'dæːr]
proprietário (m)	ägare (en)	['ɛːgarə]
proprietário (m) de terras	jordägare (en)	['juːdˌɛːgarə]
cliente (m)	kund (en)	['kund]
cliente (m) habitual	stamkund (en)	['stamˌkund]
comprador (m)	köpare (en)	['ɕøːparə]
visitante (m)	besökare (en)	[be'søːkarə]
profissional (m)	yrkesman (en)	['yrkəsˌman]
perito (m)	expert (en)	[ɛks'pɛːʈ]
especialista (m)	specialist (en)	[spesia'list]
banqueiro (m)	bankir (en)	[baŋ'kir]
corretor (m)	mäklare (en)	['mɛklʲarə]
caixa (m, f)	kassör (en)	[ka'søːr]
contabilista (m)	bokförare (en)	['bʉkˌføːrarə]
guarda (m)	säkerhetsvakt (en)	['sɛːkərhetsˌvakt]
investidor (m)	investerare (en)	[invɛ'sterarə]
devedor (m)	gäldenär (en)	[jɛlʲdɛ'næːr]
credor (m)	kreditor (en)	[kre'ditʉr]
mutuário (m)	låntagare (en)	['lʲoːnˌtagarə]
importador (m)	importör (en)	[impɔ:'ʈøːr]
exportador (m)	exportör (en)	[ɛkspɔ:'ʈøːr]
produtor (m)	producent (en)	[prɔdʉ'sɛnt]
distribuidor (m)	distributör (en)	[distribʉ'tøːr]
intermediário (m)	mellanhand (en)	['mɛlʲanˌhand]
consultor (m)	konsulent (en)	[kɔnsu'lʲɛnt]
representante (m)	representant (en)	[represən'tant]
agente (m)	agent (en)	[a'gɛnt]
agente (m) de seguros	försäkringsagent (en)	[fœ:'ʂɛkriŋs a'gɛnt]

106. Profissões de serviços

cozinheiro (m)	kock (en)	['kɔk]
cozinheiro chefe (m)	kökschef (en)	['ɕœksˌʃef]

padeiro (m)	bagare (en)	['bagarə]
barman (m)	bartender (en)	['ba:ˌtɛndər]
empregado (m) de mesa	servitör (en)	[sɛrvi'tø:r]
empregada (f) de mesa	servitris (en)	[sɛrvi'tris]

advogado (m)	advokat (en)	[advʊ'kat]
jurista (m)	jurist (en)	[jʉ'rist]
notário (m)	notarius publicus (en)	[nʊ'tariʊs 'publikʉs]

eletricista (m)	elektriker (en)	[ɛ'lʲektrikər]
canalizador (m)	rörmokare (en)	['rø:rˌmɔkarə]
carpinteiro (m)	timmerman (en)	['timərˌman]

massagista (m)	massör (en)	[ma'sø:r]
massagista (f)	massös (en)	[ma'sø:s]
médico (m)	läkare (en)	['lʲɛ:karə]

taxista (m)	taxichaufför (en)	['taksi ɧɔ'fø:r]
condutor (automobilista)	chaufför (en)	[ɧɔ'fø:r]
entregador (m)	bud (en)	['bʉ:d]

camareira (f)	städerska (en)	['stɛ:dɛʂka]
guarda (m)	säkerhetsvakt (en)	['sɛ:kərhetsˌvakt]
hospedeira (f) de bordo	flygvärdinna (en)	['flʲyɡˌvæ:dina]

professor (m)	lärare (en)	['lʲæ:rarə]
bibliotecário (m)	bibliotekarie (en)	[bibliʊte'kariə]
tradutor (m)	översättare (en)	['ø:vəˌsætarə]
intérprete (m)	tolk (en)	['tɔlʲk]
guia (pessoa)	guide (en)	['gajd]

cabeleireiro (m)	frisör (en)	[fri'sø:r]
carteiro (m)	brevbärare (en)	['brevˌbæ:rarə]
vendedor (m)	försäljare (en)	[fœ:'ʂɛljarə]

jardineiro (m)	trädgårdsmästare (en)	['trɛ:go:ɖs 'mɛstarə]
criado (m)	tjänare (en)	['ɕɛ:narə]
criada (f)	tjänarinna (en)	[ɕɛ:na'rina]
empregada (f) de limpeza	städerska (en)	['stɛ:dɛʂka]

107. Profissões militares e postos

soldado (m) raso	menig (en)	['menig]
sargento (m)	sergeant (en)	[sɛr'ɧant]
tenente (m)	löjtnant (en)	['lʲœjtˌnant]
capitão (m)	kapten (en)	[kap'ten]

major (m)	major (en)	[ma'jʊ:r]
coronel (m)	överste (en)	['ø:vəstə]
general (m)	general (en)	[jene'ralʲ]
marechal (m)	marskalk (en)	[ma:'ʂalʲk]
almirante (m)	amiral (en)	[ami'ralʲ]
militar (m)	militär (en)	[mili'tæ:r]
soldado (m)	soldat (en)	[sʊlʲ'dat]

oficial (m)	officer (en)	[ɔfi'se:r]
comandante (m)	befälhavare (en)	[be'fɛl ,havarə]

guarda (m) fronteiriço	gränsvakt (en)	['grɛns,vakt]
operador (m) de rádio	radiooperatör (en)	['radiʊ ɔpera'tør]
explorador (m)	spaningssoldat (en)	['spaniŋs sʊlˡ'dat]
sapador (m)	pionjär (en)	[piʊ'njæ:r]
atirador (m)	skytt (en)	['ɧyt]
navegador (m)	styrman (en)	['styr,man]

108. Oficiais. Padres

rei (m)	kung (en)	['kuŋ]
rainha (f)	drottning (en)	['drɔtniŋ]

príncipe (m)	prins (en)	['prins]
princesa (f)	prinsessa (en)	[prin'sɛsa]

czar (m)	tsar (en)	['tsar]
czarina (f)	tsarinna (en)	[tsa'rina]

presidente (m)	president (en)	[prɛsi'dɛnt]
ministro (m)	minister (en)	[mi'nistər]
primeiro-ministro (m)	statsminister (en)	['stats mi'nistər]
senador (m)	senator (en)	[se'natʊr]

diplomata (m)	diplomat (en)	[diplˡɔ'mat]
cônsul (m)	konsul (en)	['kɔnsulˡ]
embaixador (m)	ambassadör (en)	[ambasa'dø:r]
conselheiro (m)	rådgivare (en)	['ro:djivarə]

funcionário (m)	tjänsteman (en)	['ɕɛnstə,man]
prefeito (m)	prefekt (en)	[pre'fɛkt]
Presidente (m) da Câmara	borgmästare (en)	['bɔrj,mɛstarə]

juiz (m)	domare (en)	['dʊmarə]
procurador (m)	åklagare (en)	[ɔ:'klˡagarə]

missionário (m)	missionär (en)	[miɧʊ'næ:r]
monge (m)	munk (en)	['muŋk]
abade (m)	abbé (en)	[a'be:]
rabino (m)	rabbin (en)	[ra'bin]

vizir (m)	vesir (en)	[ve'syr]
xá (m)	schah (en)	['ʃa:]
xeque (m)	schejk (en)	['ʃɛjk]

109. Profissões agrícolas

apicultor (m)	biodlare (en)	['bi,ʊdlˡarə]
pastor (m)	herde (en)	['hɛ:də]
agrónomo (m)	agronom (en)	[agrʊ'nɔm]

| criador (m) de gado | boskapsskötare (en) | ['buskaps,ŋøːtarə] |
| veterinário (m) | veterinär (en) | [vetəri'næːr] |

agricultor (m)	lantbrukare, bonde (en)	['lʲantˌbrʉːkarə], ['bundə]
vinicultor (m)	vinodlare (en)	['vinˌʉdlʲarə]
zoólogo (m)	zoolog (en)	[suɔ'lʲɔg]
cowboy (m)	cowboy (en)	['kauˌbɔj]

110. Profissões artísticas

| ator (m) | skådespelare (en) | ['skoːdəˌspelʲarə] |
| atriz (f) | skådespelerska (en) | ['skoːdəˌspelʲeʂka] |

| cantor (m) | sångare (en) | ['sɔŋarə] |
| cantora (f) | sångerska (en) | ['sɔŋɛʂka] |

| bailarino (m) | dansör (en) | [dan'søːr] |
| bailarina (f) | dansös (en) | [dan'søːs] |

| artista (m) | skådespelare (en) | ['skoːdəˌspelʲarə] |
| artista (f) | skådespelerska (en) | ['skoːdəˌspelʲeʂka] |

músico (m)	musiker (en)	['mʉsikər]
pianista (m)	pianist (en)	[pia'nist]
guitarrista (m)	gitarrspelare (en)	[ji'tarˌspelʲarə]

maestro (m)	dirigent (en)	[diri'ʂɛnt]
compositor (m)	komponist (en)	[kɔmpo'nist]
empresário (m)	impressario (en)	[imprɛ'sariʉ]

realizador (m)	regissör (en)	[reʂi'søːr]
produtor (m)	producent (en)	[prɔdʉ'sɛnt]
argumentista (m)	manusförfattare (en)	['manusˌfør'fatarə]
crítico (m)	kritiker (en)	['kritikər]

escritor (m)	författare (en)	[før'fatarə]
poeta (m)	poet (en)	[pʉ'et]
escultor (m)	skulptör (en)	[skʉlʲp'tøːr]
pintor (m)	konstnär (en)	['kɔnstnæːr]

malabarista (m)	jonglör (en)	[jɔŋ'lʲøːr]
palhaço (m)	clown (en)	['klʲawn]
acrobata (m)	akrobat (en)	[akrʉ'bat]
mágico (m)	trollkonstnär (en)	['trɔlʲˌkonstnæːr]

111. Várias profissões

médico (m)	läkare (en)	['lʲɛːkarə]
enfermeira (f)	sjuksköterska (en)	['ʂʉːkˌŋøːtɛʂka]
psiquiatra (m)	psykiater (en)	[syki'atər]
estomatologista (m)	tandläkare (en)	['tandˌlʲɛːkarə]
cirurgião (m)	kirurg (en)	[ɕi'rʉrg]

astronauta (m)	astronaut (en)	[astrʊ'naʊt]
astrónomo (m)	astronom (en)	[astrʊ'nɔm]

motorista (m)	förare (en)	['fø:rarə]
maquinista (m)	lokförare (en)	['lʲʊkˌfø:rarə]
mecânico (m)	mekaniker (en)	[me'kanikər]

mineiro (m)	gruvarbetare (en)	['grʉ:vˌar'betarə]
operário (m)	arbetare (en)	['arˌbetarə]
serralheiro (m)	låssmed (en)	['lʲɔsˌsmed]
marceneiro (m)	snickare (en)	['snikarə]
torneiro (m)	svarvare (en)	['svarvarə]
construtor (m)	byggarbetare (en)	['bʏɡˌar'betarə]
soldador (m)	svetsare (en)	['svɛtsarə]

professor (m) catedrático	professor (en)	[prɔ'fɛsʊr]
arquiteto (m)	arkitekt (en)	[arki'tɛkt]
historiador (m)	historiker (en)	[hi'stʊrikər]
cientista (m)	vetenskapsman (en)	['vetənskapsˌman]
físico (m)	fysiker (en)	['fysikər]
químico (m)	kemist (en)	[çe'mist]

arqueólogo (m)	arkeolog (en)	[ˌarkeʊ'lʲɔɡ]
geólogo (m)	geolog (en)	[jeʊ'lʲɔɡ]
pesquisador (cientista)	forskare (en)	['fɔːʂkarə]

babysitter (f)	barnflicka (en)	['baːɳˌflika]
professor (m)	pedagog (en)	[peda'ɡɔɡ]

redator (m)	redaktör (en)	[redak'tø:r]
redator-chefe (m)	chefredaktör (en)	['ɧefˌredak'tø:r]
correspondente (m)	korrespondent (en)	[kɔrɛspɔn'dɛnt]
datilógrafa (f)	maskinskriverska (en)	[ma'ɧi:n 'skrivɛʂka]

designer (m)	designer (en)	[de'sajnər]
especialista (m) em informática	dataexpert (en)	['data ɛks'pɛ:t]
programador (m)	programmerare (en)	[prɔɡra'merarə]
engenheiro (m)	ingenjör (en)	[inɧə'njø:r]

marujo (m)	sjöman (en)	['ɧøːˌman]
marinheiro (m)	matros (en)	[ma'trʊs]
salvador (m)	räddare (en)	['rɛdarə]

bombeiro (m)	brandman (en)	['brandˌman]
polícia (m)	polis (en)	[pʊ'lis]
guarda-noturno (m)	nattvakt, väktare (en)	['natˌvakt], ['vɛktarə]
detetive (m)	detektiv (en)	[detɛk'tiv]

funcionário (m) da alfândega	tulltjänsteman (en)	['tulʲ 'ɕɛnstəˌman]
guarda-costas (m)	livvakt (en)	['liːvˌvakt]
guarda (m) prisional	fångvaktare (en)	['fɔŋˌvaktarə]
inspetor (m)	inspektör (en)	[inspɛk'tø:r]

desportista (m)	idrottsman (en)	['idrɔtsˌman]
treinador (m)	tränare (en)	['trɛːnarə]

talhante (m)	slaktare (en)	['slʲaktarə]
sapateiro (m)	skomakare (en)	['skʊˌmakarə]
comerciante (m)	handelsman (en)	['handəlʲsˌman]
carregador (m)	lastare (en)	['lʲastarə]

| estilista (m) | modedesigner (en) | ['mʊdə de'sajnər] |
| modelo (f) | modell, mannekäng (en) | [mʊ'dɛlʲ], ['manekɛŋ] |

112. Ocupações. Estatuto social

| aluno, escolar (m) | skolbarn (ett) | ['skʊlʲˌbaːŋ] |
| estudante (~ universitária) | student (en) | [stu'dɛnt] |

filósofo (m)	filosof (en)	[filʲɔ'sɔf]
economista (m)	ekonom (en)	[ɛkʊ'nɔm]
inventor (m)	uppfinnare (en)	['upˌfinarə]

desempregado (m)	arbetslös (en)	['arbetsˌlʲøːs]
reformado (m)	pensionär (en)	[panɧʊ'næːr]
espião (m)	spion (en)	[spi'ʊn]

preso (m)	fånge (en)	['fɔŋə]
grevista (m)	strejkande (en)	['strɛjkandə]
burocrata (m)	byråkrat (en)	['byrɔˌkrat]
viajante (m)	resenär (en)	[rese'næːr]

homossexual (m)	homosexuell (en)	['hɔmɔsɛksuˌɛlʲ]
hacker (m)	hackare (en)	['hakarə]
hippie	hippie (en)	['hipi]

bandido (m)	bandit (en)	[ban'dit]
assassino (m) a soldo	legomördare (en)	['lʲeguˌmøːɖarə]
toxicodependente (m)	narkoman (en)	[narkʊ'man]
traficante (m)	droglangare (en)	['drʊgˌlʲaŋarə]
prostituta (f)	prostituerad (en)	[prɔstitu'ɛrad]
chulo (m)	hallik (en)	['halik]

bruxo (m)	trollkarl (en)	['trɔlʲˌkar]
bruxa (f)	trollkvinna (en)	['trɔlʲˌkvina]
pirata (m)	pirat, sjörövare (en)	[pi'rat], ['ɧøːˌrø:varə]
escravo (m)	slav (en)	['slʲav]
samurai (m)	samuraj (en)	[samu'raj]
selvagem (m)	vilde (en)	['vilʲdə]

Desportos

113. Tipos de desportos. Desportistas

desportista (m)	idrottsman (en)	['idrɔts̩man]
tipo (m) de desporto	idrottsgren (en)	['idrɔts̩gren]
basquetebol (m)	basket (en)	['basket]
jogador (m) de basquetebol	basketspelare (en)	['basket̩spelʲarə]
beisebol (m)	baseboll (en)	['bɛjsbɔlʲ]
jogador (m) de beisebol	basebollspelare (en)	['bɛjsbɔlʲ̩spelʲarə]
futebol (m)	fotboll (en)	['futbɔlʲ]
futebolista (m)	fotbollsspelare (en)	['futbɔlʲs 'spelʲarə]
guarda-redes (m)	målvakt (en)	['mɔːlʲ̩vakt]
hóquei (m)	ishockey (en)	['is̩hɔki]
jogador (m) de hóquei	ishockeyspelare (en)	['is̩hɔki 'spelʲarə]
voleibol (m)	volleyboll (en)	['vɔli̩bɔlʲ]
jogador (m) de voleibol	volleybollspelare (en)	['vɔlibɔlʲ 'spelʲarə]
boxe (m)	boxning (en)	['bʊksniŋ]
boxeador, pugilista (m)	boxare (en)	['bʊksarə]
luta (f)	brottning (en)	['brɔtniŋ]
lutador (m)	brottare (en)	['brɔtarə]
karaté (m)	karate (en)	[ka'ratə]
karateca (m)	karateutövare (en)	[ka'ratə̩ʉ'tøːvarə]
judo (m)	judo (en)	['jʉdɔ]
judoca (m)	judobrottare (en)	['jʉdɔ̩brɔtarə]
ténis (m)	tennis (en)	['tɛnis]
tenista (m)	tennisspelare (en)	['tɛnis̩spelʲarə]
natação (f)	simning (en)	['simniŋ]
nadador (m)	simmare (en)	['simarə]
esgrima (f)	fäktning (en)	['fɛktniŋ]
esgrimista (m)	fäktare (en)	['fɛktarə]
xadrez (m)	schack (ett)	['ʃak]
xadrezista (m)	schackspelare (en)	['ʃak̩spelʲarə]
alpinismo (m)	alpinism (en)	['alʲpi̩nizm]
alpinista (m)	alpinist (en)	['alʲpi̩nist]
corrida (f)	löpning (en)	['lʲœpniŋ]

corredor (m)	löpare (en)	['lʲøːparə]
atletismo (m)	friidrott (en)	['friː 'iˌdrɔt]
atleta (m)	atlet (en)	[at'lʲet]

| hipismo (m) | ridsport (en) | ['ridˌspɔːt] |
| cavaleiro (m) | ryttare (en) | ['rʏtarə] |

patinagem (f) artística	konståkning (en)	['kɔnˌstoːkniŋ]
patinador (m)	konståkare (en)	['kɔnˌstoːkarə]
patinadora (f)	konståkerska (en)	['kɔnˌstoːkɛʂka]

halterofilismo (m)	tyngdlyftning (en)	['tʏŋdˌlʲyftniŋ]
halterofilista (m)	tyngdlyftare (en)	['tʏŋdˌlʲyftarə]
corrida (f) de carros	biltävling (en)	['bilʲˌtɛvliŋ]
piloto (m)	racerförare (en)	['rejsˌføːrarə]

| ciclismo (m) | cykelsport (en) | ['sykəlʲˌspɔːt] |
| ciclista (m) | cyklist (en) | [sʏk'list] |

salto (m) em comprimento	längdhopp (ett)	['lʲɛŋdˌhɔp]
salto (m) à vara	stavhopp (ett)	['stavˌhɔp]
atleta (m) de saltos	hoppare (en)	['hɔparə]

114. Tipos de desportos. Diversos

futebol (m) americano	amerikansk fotboll (en)	[ameri'kansk 'fʊtbɔlʲ]
badminton (m)	badminton (en)	['bɛdmintɔn]
biatlo (m)	skidskytte (ett)	['ɧidˌɧʏtə]
bilhar (m)	biljard (en)	[bi'ljaːɖ]

bobsled (m)	bobsleigh (en)	[bɔb'slʲej]
musculação (f)	kroppsbyggande (ett)	['krɔpsˌbʏgandə]
polo (m) aquático	vattenpolo (ett)	['vatənˌpʊlʲʊ]
andebol (m)	handboll (en)	['handˌbɔlʲ]
golfe (m)	golf (en)	['gɔlʲf]

remo (m)	rodd (en)	['rʊd]
mergulho (m)	dykning (en)	['dʏkniŋ]
corrida (f) de esqui	skidåkning (en)	['ɧiːˌdɔkniŋ]
ténis (m) de mesa	bordtennis (en)	['bʊːɖˌtɛnis]

vela (f)	segelsport (en)	['segəlʲˌspɔːt]
rali (m)	rally (ett)	['ralʲi]
râguebi (m)	rugby (en)	['rugbi]
snowboard (m)	snowboard (en)	['snɔwˌbɔːd]
tiro (m) com arco	bågskjutning (ett)	['bɔːgˌɧuːtniŋ]

115. Ginásio

barra (f)	skivstång (en)	['ɧivˌstɔŋ]
halteres (m pl)	hantlar (pl)	['hantˌlʲar]
aparelho (m) de musculaçao	träningsmaskin (en)	['trɛːniŋs ma'ɧiːn]

| bicicleta (f) ergométrica | motioncykel (en) | [mɔt'ɧʊnˌsykəlʲ] |
| passadeira (f) de corrida | löpband (ett) | ['lʲøːpˌband] |

barra (f) fixa	räcke (ett)	['rɛkə]
barras (f) paralelas	barr (en)	['bar]
cavalo (m)	hoppbord (en)	['hɔpˌbʊːd]
tapete (m) de ginástica	matta (en)	['mata]

corda (f) de saltar	hopprep (ett)	['hɔprep]
aeróbica (f)	aerobics	[aɛ'robiks]
ioga (f)	yoga (en)	['joga]

116. Desportos. Diversos

Jogos (m pl) Olímpicos	de olympiska spelen	[de ʊ'limpiska 'spelʲən]
vencedor (m)	segrare (en)	['sɛgˌrarə]
vencer (vi)	att vinna, att segra	[at 'vina], [at 'sɛgra]
vencer, ganhar (vi)	att vinna	[at 'vina]

| líder (m) | ledare (en) | ['lʲedarə] |
| liderar (vt) | att leda | [at 'lʲeda] |

primeiro lugar (m)	förstaplats (en)	['fœːʂta plʲats]
segundo lugar (m)	andraplats (en)	['andraˌplʲats]
terceiro lugar (m)	tredjeplats (en)	['trɛdjəˌplʲats]

medalha (f)	medalj (en)	[me'dalj]
troféu (m)	trofé (en)	['trʊfeː]
taça (f)	pokal (en)	[pɔ'kalʲ]
prémio (m)	pris (ett)	['pris]
prémio (m) principal	huvudpris (ett)	['huːvʉdˌpris]

| recorde (m) | rekord (ett) | [re'kɔːd] |
| estabelecer um recorde | att sätta rekord | [at 'sæta re'kɔːd] |

| final (m) | final (en) | [fi'nalʲ] |
| final | final- | [fi'nalʲ-] |

| campeão (m) | mästare (en) | ['mɛstarə] |
| campeonato (m) | mästerskap (ett) | ['mɛstəˌskap] |

estádio (m)	stadion (ett)	['stadiʊn]
bancadas (f pl)	läktare (en)	['lʲɛktarə]
fã, adepto (m)	fan (ett)	['fan]
adversário (m)	motståndare (en)	['mʊtˌstɔndarə]

| partida (f) | start (en) | ['staːt] |
| chegada, meta (f) | mål (ett), mållinje (en) | ['moːlʲ], ['moːlʲˌlinjə] |

| derrota (f) | nederlag (ett) | ['nedəːˌlʲag] |
| perder (vt) | att förlora | [at fœː'lʲʊra] |

| árbitro (m) | domare (en) | ['dʊmarə] |
| júri (m) | jury (en) | ['jʉri] |

resultado (m)	resultat (ett)	[resulⁱ'tat]
empate (m)	oavgjort (ett)	[u:av'ju:t]
empatar (vi)	att spela oavgjort	[at 'spelⁱa u:av'ju:t]
ponto (m)	poäng (en)	[pu'ɛŋ]
resultado (m) final	resultat (ett)	[resulⁱ'tat]

tempo, período (m)	period (en)	[peri'ʊd]
intervalo (m)	halvtid (en)	['halⁱv‚tid]
doping (m)	dopning (en)	['dɔpniŋ]
penalizar (vt)	att straffa	[at 'strafa]
desqualificar (vt)	att diskvalificera	[at diskvalifi'sera]

aparelho (m)	redskap (ett)	['rɛd‚skap]
dardo (m)	spjut (ett)	['spjɄ:t]
peso (m)	kula (en)	['kɄ:lⁱa]
bola (f)	boll (en)	['bɔlⁱ]

alvo, objetivo (m)	mål (ett)	['mo:lⁱ]
alvo (~ de papel)	måltavla (en)	['mo:lⁱ‚tavlⁱa]
atirar, disparar (vi)	att skjuta	[at 'ɧɄ:ta]
preciso (tiro ~)	fullträff	['fulⁱ‚trɛf]

treinador (m)	tränare (en)	['trɛ:narə]
treinar (vt)	att träna	[at 'trɛ:na]
treinar-se (vr)	att träna	[at 'trɛ:na]
treino (m)	träning (en)	['trɛ:niŋ]

ginásio (m)	idrottshall (en)	['idrɔts‚halⁱ]
exercício (m)	övning (en)	['øvniŋ]
aquecimento (m)	uppvärmning (en)	['up‚værmniŋ]

Educação

117. Escola

escola (f)	skola (en)	['skʊlʲa]
diretor (m) de escola	rektor (en)	['rɛktʊr]
aluno (m)	elev (en)	[ɛ'lʲev]
aluna (f)	elev (en)	[ɛ'lʲev]
escolar (m)	skolbarn (ett)	['skʊlʲˌba:ŋ]
escolar (f)	skolflicka (en)	['skʊlʲˌflika]
ensinar (vt)	att undervisa	[at 'undəˌvisa]
aprender (vt)	att lära sig	[at 'lʲæ:ra sɛj]
aprender de cor	att lära sig utantill	[at 'lʲæ:ra sɛj 'ʉ:tanˌtilʲ]
estudar (vi)	att lära sig	[at 'lʲæ:ra sɛj]
andar na escola	att gå i skolan	[at 'go: i 'skʊlʲan]
ir à escola	att gå till skolan	[at 'go: tilʲ 'skʊlʲan]
alfabeto (m)	alfabet (ett)	['alʲfabet]
disciplina (f)	ämne (ett)	['ɛmnə]
sala (f) de aula	klassrum (ett)	['klʲasˌru:m]
lição (f)	timme (en)	['timə]
recreio (m)	rast (en)	['rast]
toque (m)	skolklocka (en)	['skʊlʲˌklʲɔka]
carteira (f)	skolbänk (en)	['skʊlʲˌbɛŋk]
quadro (m) negro	tavla (en)	['tavlʲa]
nota (f)	betyg (ett)	[be'tyg]
boa nota (f)	bra betyg (ett)	[bra be'tyg]
nota (f) baixa	dåligt betyg (ett)	['do:lit be'tyg]
dar uma nota	att betygsätta	[at be'tygsæta]
erro (m)	fel (ett)	['felʲ]
fazer erros	att göra misstag	[at 'jø:ra 'mistag]
corrigir (vt)	att rätta	[at 'ræta]
cábula (f)	fusklapp (en)	['fuskˌlʲap]
dever (m) de casa	läxor (pl)	['lʲɛ:ksʊr]
exercício (m)	övning (en)	['øvniŋ]
estar presente	att vara närvarande	[at 'vara 'næ:rˌvarandə]
estar ausente	att vara frånvarande	[at 'vara 'fro:nˌvarandə]
faltar às aulas	att missa skolan	[at 'misa 'skʊlʲan]
punir (vt)	att straffa	[at 'strafa]
punição (f)	straff (ett)	['straf]
comportamento (m)	uppförande (ett)	['upˌførandə]

boletim (m) escolar	betyg, omdöme (ett)	[be'tyg], ['ɔm,dø:mə]
lápis (m)	blyertspenna (en)	['blʲyɛ:ţs,pɛna]
borracha (f)	suddgummi (ett)	['sud,gumi]
giz (m)	krita (en)	['krita]
estojo (m)	pennfodral (ett)	['pɛnfʊd,ralʲ]

pasta (f) escolar	skolväska (en)	['skʊlʲ,vɛska]
caneta (f)	penna (en)	['pɛna]
caderno (m)	övningsbok (en)	['øvniŋs,bʊk]
manual (m) escolar	lärobok (en)	['lʲæ:rʊ,bʊk]
compasso (m)	passare (en)	['pasarə]

| traçar (vt) | att rita | [at 'rita] |
| desenho (m) técnico | teknisk ritning (en) | ['tɛknisk 'ritniŋ] |

poesia (f)	dikt (en)	['dikt]
de cor	utantill	['u:tan,tilʲ]
aprender de cor	att lära sig utantill	[at 'læ:ra sɛj 'ʉ:tan,tilʲ]

férias (f pl)	skollov (ett)	['skʊl,lʲov]
estar de férias	att ha lov	[at ha 'lʲov]
passar as férias	att tillbringa skollovet	[at 'tilʲ,briŋa 'skʊ,lʲovet]

teste (m)	prov (ett)	['prʊv]
composição, redação (f)	uppsats (en)	['upsats]
ditado (m)	diktamen (en)	[dik'tamən]
exame (m)	examen (en)	[ɛk'samən]
fazer exame	att ta en examen	[at ta en ɛk'samən]
experiência (~ química)	försök (ett)	['fœ:,şø:k]

118. Colégio. Universidade

academia (f)	akademi (en)	[akade'mi:]
universidade (f)	universitet (ett)	[univɛşi'tet]
faculdade (f)	fakultet (en)	[fakulʲ'tet]

estudante (m)	student (en)	[stu'dɛnt]
estudante (f)	kvinnlig student (en)	['kvinlig stu'dɛnt]
professor (m)	lärare, föreläsare (en)	['lʲæ:rarə], ['førə,lʲɛ:sarə]

| sala (f) de palestras | föreläsningssal (en) | [føre'lʲɛsniŋ,salʲ] |
| graduado (m) | alumn (en) | [a'lʉmn] |

| diploma (m) | diplom (ett) | [dip'lʲɔm] |
| tese (f) | avhandling (en) | ['av,handliŋ] |

| estudo (obra) | studie (en) | ['studiə] |
| laboratório (m) | laboratorium (ett) | [lʲabɔra'tɔrium] |

| palestra (f) | föreläsning (en) | ['førə,lʲɛsniŋ] |
| colega (m) de curso | studiekompis (en) | ['studiə,kɔmpis] |

| bolsa (f) de estudos | stipendium (ett) | [sti'pɛndium] |
| grau (m) académico | akademisk grad (en) | [aka'demisk grad] |

119. Ciências. Disciplinas

matemática (f)	matematik (en)	[matema'tik]
álgebra (f)	algebra (en)	['alˈgebra]
geometria (f)	geometri (en)	[jeʋmə'tri:]

astronomia (f)	astronomi (en)	[astrʋnɔ'mi:]
biologia (f)	biologi (en)	[biʋlˈɔ'gi:]
geografia (f)	geografi (en)	[jeʋgra'fi:]
geologia (f)	geologi (en)	[jeʋlˈɔ'gi:]
história (f)	historia (en)	[hi'stʋria]

medicina (f)	medicin (en)	[medi'sin]
pedagogia (f)	pedagogik (en)	[pedagɔ'gik]
direito (m)	rätt (en)	['ræt]

física (f)	fysik (en)	[fy'zik]
química (f)	kemi (en)	[ɕe'mi:]
filosofia (f)	filosofi (en)	[filˈɔsɔ'fi:]
psicologia (f)	psykologi (en)	[sykʋlˈɔ'gi:]

120. Sistema de escrita. Ortografia

gramática (f)	grammatik (en)	[grama'tik]
vocabulário (m)	ordförråd (ett)	['ʋːɖfœːˌroːd]
fonética (f)	fonetik (en)	[fɔne'tik]

substantivo (m)	substantiv (ett)	['substanˌtiv]
adjetivo (m)	adjektiv (ett)	['adjɛkˌtiv]
verbo (m)	verb (ett)	['vɛrb]
advérbio (m)	adverb (ett)	[ad'vɛrb]

pronome (m)	pronomen (ett)	[prʋ'nʋmən]
interjeição (f)	interjektion (en)	[intɛrjɛk'ɧʋn]
preposição (f)	preposition (en)	[prepʋsi'ɧʋn]

raiz (f) da palavra	rot (en)	['rʋt]
terminação (f)	ändelse (en)	['ɛndəlˈsə]
prefixo (m)	prefix (ett)	[prɛ'fiks]
sílaba (f)	stavelse (en)	['stavəlˈsə]
sufixo (m)	suffix (ett)	[su'fi:ks]

| acento (m) | betoning (en) | [be'tʋniŋ] |
| apóstrofo (m) | apostrof (en) | [apʋ'strɔf] |

ponto (m)	punkt (en)	['pʋŋkt]
vírgula (f)	komma (ett)	['kɔma]
ponto e vírgula (m)	semikolon (ett)	['semikʋˌlˈɔn]
dois pontos (m pl)	kolon (ett)	[kʋ'lˈɔn]
reticências (f pl)	tre punkter (pl)	[trɛ 'pʋŋktər]

| ponto (m) de interrogação | frågetecken (ett) | ['froːgəˌtɛkən] |
| ponto (m) de exclamação | utropstecken (ett) | ['ʋtrʋpsˌtɛkən] |

aspas (f pl)	anföringstecken (pl)	[ɑn'fœriŋsˌtɛkən]
entre aspas	inom anföringstecken	['inɔm ɑn'fœriŋsˌtɛkən]
parênteses (m pl)	parentes (en)	[parɛn'tes]
entre parênteses	inom parentes	['inɔm parɛn'tes]
hífen (m)	bindestreck (ett)	['bindəˌstrɛk]
travessão (m)	tankstreck (ett)	['taŋkˌstrɛk]
espaço (m)	mellanrum (ett)	['mɛlʲanˌruːm]
letra (f)	bokstav (en)	['bʊkstav]
letra (f) maiúscula	stor bokstav (en)	['stʊr 'bʊkstav]
vogal (f)	vokal (en)	[vʊ'kalʲ]
consoante (f)	konsonant (en)	[kɔnsɔ'nant]
frase (f)	mening, sats (en)	['meniŋ], ['sats]
sujeito (m)	subjekt (ett)	[sub'jɛːkt]
predicado (m)	predikat (ett)	[predi'kat]
linha (f)	rad (en)	['rad]
em uma nova linha	på ny rad	[pɔ ny 'rad]
parágrafo (m)	stycke (ett)	['stʏkə]
palavra (f)	ord (ett)	['ʊːɖ]
grupo (m) de palavras	ordkombination (en)	['ʊːɖˌkɔmbina'ɧʊn]
expressão (f)	uttryck (ett)	['ʉtˌtrʏk]
sinónimo (m)	synonym (en)	[synɔ'nym]
antónimo (m)	antonym, motsats (en)	[antɔ'nʏm], ['mʊtsats]
regra (f)	regel (en)	['regəlʲ]
exceção (f)	undantag (ett)	['undanˌtaːg]
correto	riktig	['riktig]
conjugação (f)	böjning (en)	['bœjniŋ]
declinação (f)	böjning (en)	['bœjniŋ]
caso (m)	kasus (ett)	['kasus]
pergunta (f)	fråga (en)	['froːga]
sublinhar (vt)	att understryka	[at 'undəˌstryka]
linha (f) pontilhada	pricklinje (en)	['prikˌlinjə]

121. Línguas estrangeiras

língua (f)	språk (ett)	['sproːk]
estrangeiro	främmande	['frɛmandə]
língua (f) estrangeira	främmande språk (ett)	['frɛmandə sproːk]
estudar (vt)	att studera	[at stu'dera]
aprender (vt)	att lära sig	[at 'lʲæːra sɛj]
ler (vt)	att läsa	[at 'lʲɛːsa]
falar (vi)	att tala	[at 'talʲa]
compreender (vt)	att förstå	[at fœː'stoː]
escrever (vt)	att skriva	[at 'skriva]
rapidamente	snabbt	['snabt]
devagar	långsamt	['lʲɔŋˌsamt]

fluentemente	flytande	['fliytandə]
regras (f pl)	regler (pl)	['rɛgliər]
gramática (f)	grammatik (en)	[grama'tik]
vocabulário (m)	ordförråd (ett)	['ʊːɖfœːˌroːd]
fonética (f)	fonetik (en)	[fɔne'tik]

manual (m) escolar	lärobok (en)	['liæːrʊˌbʊk]
dicionário (m)	ordbok (en)	['ʊːɖˌbʊk]
manual (m)	självinstruerande	['ɧɛliv instrʉ'ɛrandə
de autoaprendizagem	lärobok (en)	'liæːrʊˌbʊk]
guia (m) de conversação	parlör (en)	[paː'liøːr]

cassete (f)	kassett (en)	[ka'sɛt]
vídeo cassete (m)	videokassett (en)	['videʊ ka'sɛt]
CD (m)	cd-skiva (en)	['sede ˌɧiva]
DVD (m)	dvd (en)	[deve'deː]

alfabeto (m)	alfabet (ett)	['alifabet]
soletrar (vt)	att stava	[at 'stava]
pronúncia (f)	uttal (ett)	['ʉtˌtali]

sotaque (m)	brytning (en)	['brʏtniŋ]
com sotaque	med brytning	[me 'brʏtniŋ]
sem sotaque	utan brytning	['ʉtan 'brʏtniŋ]

palavra (f)	ord (ett)	['ʊːd]
sentido (m)	betydelse (en)	[be'tydəlisə]

cursos (m pl)	kurs (en)	['kuːʂ]
inscrever-se (vr)	att anmäla sig	[at 'anˌmɛːlia sɛj]
professor (m)	lärare (en)	['liæːrarə]

tradução (processo)	översättning (en)	['øːvəˌsætniŋ]
tradução (texto)	översättning (en)	['øːvəˌsætniŋ]
tradutor (m)	översättare (en)	['øːvəˌsætarə]
intérprete (m)	tolk (en)	['tɔlik]

poliglota (m)	polyglott (en)	[pʊlɤ'gliɔt]
memória (f)	minne (ett)	['minə]

122. Personagens de contos de fadas

Pai (m) Natal	Jultomten	['juliˌtɔmtən]
Cinderela (f)	Askungen	['askuŋən]
sereia (f)	havsfru (en)	['havsˌfruː]
Neptuno (m)	Neptunus	[nep'tʉnus]

mago (m)	trollkarl (en)	['trɔliˌkar]
fada (f)	fe (en)	['fe]
mágico	troll-, magisk	['trɔliˍ], ['magisk]
varinha (f) mágica	trollspö (ett)	['trɔliˌspøː]

conto (m) de fadas	saga (en)	['saga]
milagre (m)	mirakel (ett)	[mi'rakəli]

113

| anão (m) | gnom, dvärg (en) | [gnʊm], ['dværj] |
| transformar-se em ... | att förvandlas till ... | [at før'vandlas tilʲ ...] |

fantasma (m)	fantom, vålnad (ett)	[fan'toːm], ['vɔlʲnad]
espetro (m)	spöke (ett)	['spøːkə]
monstro (m)	monster (ett)	['mɔnstər]
dragão (m)	drake (en)	['drakə]
gigante (m)	jätte (en)	['jætə]

123. Signos do Zodíaco

Carneiro	Väduren	['vɛdɵrən]
Touro	Oxen	['ʊksən]
Gémeos	Tvillingarna	['tviliŋaːŋa]
Caranguejo	Kräftan	['krɛftan]
Leão	Lejonet	['lʲejɔnet]
Virgem (f)	Jungfrun	['juŋfrʉn]

Balança	Vågen	['voːgən]
Escorpião	Skorpionen	[skɔrpi'ʊnən]
Sagitário	Skytten	['ɧytən]
Capricórnio	Stenbocken	['sten͵bʊkən]
Aquário	Vattumannen	['vatɵ͵manən]
Peixes	Fiskarna	['fiskaːŋa]

caráter (m)	karaktär (en)	[karak'tæːr]
traços (m pl) do caráter	karaktärsdrag (ett)	[karak'tæːʂ͵drag]
comportamento (m)	uppförande (ett)	['up͵førandə]
predizer (vt)	att spå	[at spɔ]
adivinha (f)	spåkvinna (en)	['spoː͵kvina]
horóscopo (m)	horoskop (ett)	[hʊrʊ'skɔp]

Artes

124. Teatro

teatro (m)	teater (en)	[te'atər]
ópera (f)	opera (en)	['ʊpera]
opereta (f)	operett (en)	[ʊpe'rɛt]
balé (m)	balett (en)	[ba'lʲet]
cartaz (m)	affisch (en)	[a'fi:ʃ]
companhia (f) teatral	teatertrupp (en)	[te'atər‚trup]
turné (digressão)	turné (en)	[tur'ne:]
estar em turné	att vara på turné	[at 'vara pɔ tur'ne:]
ensaiar (vt)	att repetera	[at repe'tera]
ensaio (m)	repetition (en)	[repeti'ɧʊn]
repertório (m)	repertoar (en)	[repɛ:[ʊ'a:r]
apresentação (f)	föreställning (en)	['førə‚stɛlʲniŋ]
espetáculo (m)	teaterstycke (ett)	[te'atər‚stʏkə]
peça (f)	skådespel (ett), pjäs (en)	['sko:də‚spelʲ], [pjæ:s]
bilhete (m)	biljett (en)	[bi'lʲet]
bilheteira (f)	biljettkassa (en)	[bi'lʲet‚kasa]
hall (m)	lobby (en)	['lʲɔbi]
guarda-roupa (m)	garderob (en)	[ga:də'rɔ:b]
senha (f) numerada	nummerbricka (en)	['numər‚brika]
binóculo (m)	kikare (en)	['ɕikarə]
lanterninha (m)	platsanvisare (en)	['plʲats‚an'visarə]
plateia (f)	parkett (en)	[par'ket]
balcão (m)	balkong (en)	[balʲ'kɔŋ]
primeiro balcão (m)	första raden (en)	['fœ:ʂta 'radən]
camarote (m)	loge (en)	['lʲɔgə]
fila (f)	rad (en)	['rad]
assento (m)	plats (en)	['plʲats]
público (m)	publik (en)	[pub'lik]
espetador (m)	åskådare (en)	['ɔs‚ko:darə]
aplaudir (vt)	att klappa	[at 'klʲapa]
aplausos (m pl)	applåd (en)	[ap'lʲo:d]
ovação (f)	bifall (ett)	['bi‚falʲ]
palco (m)	scen (en)	['se:n]
pano (m) de boca	ridå (en)	[ri'do:]
cenário (m)	dekoration (en)	[dekɔra'ɧʊn]
bastidores (m pl)	kulisser (pl)	[ku'lisər]
cena (f)	scen (en)	['se:n]
ato (m)	akt (en)	['akt]
entreato (m)	mellanakt (en)	['mɛlʲan‚akt]

125. Cinema

ator (m)	skådespelare (en)	['sko:də‚spelʲarə]
atriz (f)	skådespelerska (en)	['sko:də‚spelʲeşka]
cinema (m)	filmindustri (en)	['filʲm‚indu'stri:]
filme (m)	film (en)	['filʲm]
episódio (m)	del (en)	['delʲ]
filme (m) policial	kriminalfilm (en)	[krimi'nalʲ‚filʲm]
filme (m) de ação	actionfilm (en)	['ɛkʃən‚filʲm]
filme (m) de aventuras	äventyrsfilm (en)	['ɛ:vɛn‚tyş 'filʲm]
filme (m) de ficção científica	science fiction film (en)	['sajəns ‚fikʃən 'filʲm]
filme (m) de terror	skräckfilm (en)	['skrɛk‚filʲm]
comédia (f)	komedi (en), lustspel (ett)	[kɔme'di:], [lɥ:st‚spel]
melodrama (m)	melodram (en)	[melʲɔ'dram]
drama (m)	drama (ett)	['drama]
filme (m) ficcional	spelfilm (en)	['spelʲ‚filʲm]
documentário (m)	dokumentärfilm (en)	[dokumən'tæ:r‚filʲm]
desenho (m) animado	tecknad film (en)	['tɛknad 'filʲm]
cinema (m) mudo	stumfilm (en)	['stum‚filʲm]
papel (m)	roll (en)	['rɔlʲ]
papel (m) principal	huvudroll (en)	['hɥ:vɥd‚rɔlʲ]
representar (vt)	att spela	[at 'spelʲa]
estrela (f) de cinema	filmstjärna (en)	['filʲm‚ɧæ:ɳa]
conhecido	välkänd	[vɛlʲ'ɕɛnd]
famoso	berömd	[be'rœmd]
popular	populär	[popɥ'lʲæ:r]
argumento (m)	manus (ett)	['manus]
argumentista (m)	manusförfattare (en)	['manus‚før'fatarə]
realizador (m)	regissör (en)	[reɧi'sø:r]
produtor (m)	producent (en)	[prodɥ'sɛnt]
assistente (m)	assistent (en)	[asi'stɛnt]
diretor (m) de fotografia	kameraman (en)	['kamera‚man]
duplo (m)	stuntman (en)	['stunt‚man]
duplo (m) de corpo	ersättare (en)	[æ:'ʂætarə]
filmar (vt)	att spela in en film	[at 'spelʲa in en 'filʲm]
audição (f)	provspelning (en)	['prɥv‚spɛlʲniŋ]
filmagem (f)	inspelning (en)	['in‚spɛlʲniŋ]
equipe (f) de filmagem	filmteam (ett)	['filʲm‚tim]
set (m) de filmagem	inspelningsplats (en)	['inspɛlʲniŋ‚plʲats]
câmara (f)	filmkamera (en)	['filʲm‚kamera]
cinema (m)	biograf (en)	[biʊ'graf]
ecrã (m), tela (f)	filmduk (en)	['filʲm‚dɥ:k]
exibir um filme	att visa en film	[at 'visa en filʲm]
pista (f) sonora	ljudspår (ett)	['jɥ:d‚spo:r]
efeitos (m pl) especiais	specialeffekter (pl)	[spesi'alʲ ɛ'fɛktər]

legendas (f pl)	undertexter (pl)	['undə,tɛkstər]
crédito (m)	eftertext (ett)	['ɛftə,tɛkst]
tradução (f)	översättning (en)	['ø:və,sætniŋ]

126. Pintura

arte (f)	konst (en)	['kɔnst]
belas-artes (f pl)	de sköna konsterna	[de 'ɧø:na 'kɔnstɛ:ɳa]
galeria (f) de arte	konstgalleri (ett)	['kɔnst galˡe'ri:]
exposição (f) de arte	konst utställning (en)	['kɔnst 'ʉt,stɛlˡniŋ]

pintura (f)	måleri (ett)	[mo:lˡe'ri:]
arte (f) gráfica	grafik (en)	[gra'fik]
arte (f) abstrata	abstrakt konst (en)	[ab'strakt 'kɔnst]
impressionismo (m)	impressionism (en)	[imprɛɧʊ'nism]

pintura (f), quadro (m)	tavla (en)	['tavlˡa]
desenho (m)	teckning (en)	['tɛkniŋ]
cartaz, póster (m)	poster, löpsedel (en)	['pɔstər], ['løp,sedəlˡ]

ilustração (f)	illustration (en)	[ilʉstra'ɧʊn]
miniatura (f)	miniatyr (en)	[minia'tyr]
cópia (f)	kopia (en)	[kʊ'pia]
reprodução (f)	reproduktion (en)	[rɛprɔduk'ɧʊn]

mosaico (m)	mosaik (en)	[mʊsa'ik]
vitral (m)	glasmålning (en)	['glˡas,mo:lˡniŋ]
fresco (m)	fresk (en)	['frɛsk]
gravura (f)	gravyr (en)	[gra'vyr]

busto (m)	byst (en)	['bʏst]
escultura (f)	skulptur (en)	[skʉlˡp'tʉ:r]
estátua (f)	staty (en)	[sta'ty]
gesso (m)	gips (en)	['jips]
em gesso	gips-	['jips-]

retrato (m)	porträtt (en)	[pɔ:'træt]
autorretrato (m)	självporträtt (en)	['ɧɛlˡv,pɔ:'træt]
paisagem (f)	landskapsmålning (en)	['lˡaŋ,skaps 'mo:lˡniŋ]
natureza (f) morta	stilleben (ett)	['stil,lˡebən]
caricatura (f)	karikatyr (en)	[karika'tyr]
esboço (m)	skiss (en)	['skis]

tinta (f)	färg (en)	['fæ:rj]
aguarela (f)	akvarell (en)	[akva'rɛlˡ]
óleo (m)	olja (en)	['ɔlja]
lápis (m)	blyertspenna (en)	['blˡʏɛ:ts,pɛna]
tinta da China (f)	tusch (en)	['tu:ʃ]
carvão (m)	kol (ett)	['kɔlˡ]

desenhar (vt)	att teckna	[at 'tɛkna]
pintar (vt)	att måla	[at 'mo:lˡa]
posar (vi)	att posera	[at pʊ'sera]
modelo (m)	modell (en)	[mʊ'dɛlˡ]

117

modelo (f)	modell (en)	[mʊ'dɛlʲ]
pintor (m)	konstnär (en)	['kɔnstnæ:r]
obra (f)	konstverk (ett)	['kɔnst‚vɛrk]
obra-prima (f)	mästerverk (ett)	['mɛstər‚vɛrk]
estúdio (m)	ateljé (en)	[ate'lje:]

tela (f)	kanvas, duk (en)	['kanvas], [dʉ:k]
cavalete (m)	staffli (ett)	[staf'li:]
paleta (f)	palett (en)	[pa'lʲet]

moldura (f)	ram (en)	['ram]
restauração (f)	restaurering (en)	[rɛstɔ'reriŋ]
restaurar (vt)	att restaurera	[at rɛstɔ'rera]

127. Literatura & Poesia

literatura (f)	litteratur (en)	[litera'tʉ:r]
autor (m)	författare (en)	[før'fatarə]
pseudónimo (m)	pseudonym (en)	[sydɔ'nym]

livro (m)	bok (en)	['bʊk]
volume (m)	volym (en)	[vɔ'lʲym]
índice (m)	innehållsförteckning (en)	['inəhɔ:lʲs fœ:'ʈɛkniŋ]
página (f)	sida (en)	['sida]
protagonista (m)	huvudperson (en)	['hʉ:vʉd‚pɛ'ʂʊn]
autógrafo (m)	autograf (en)	[atɔ'graf]

conto (m)	novell (en)	[nʊ'vɛlʲ]
novela (f)	kortroman (en)	['kɔ:ʈ rʊ'man]
romance (m)	roman (en)	[rʊ'man]
obra (f)	verk (ett)	['vɛrk]
fábula (m)	fabel (en)	['fabəlʲ]
romance (m) policial	kriminalroman (en)	[krimi'nalʲ rʊ'man]

poesia (obra)	dikt (en)	['dikt]
poesia (arte)	poesi (en)	[pʊe'si:]
poema (m)	epos (ett)	['ɛpɔs]
poeta (m)	poet (en)	[pʊ'et]

ficção (f)	skönlitteratur (en)	['ɦø:n litera'tʉ:r]
ficção (f) científica	science fiction	['sajəns ‚fikʃən]
aventuras (f pl)	äventyr (pl)	['ɛ:vɛn‚tyr]
literatura (f) didática	undervisningslitteratur (en)	['undə‚visniŋ litera'tʉ:r]
literatura (f) infantil	barnlitteratur (en)	['ba:ɳ litera'tʉ:r]

128. Circo

circo (m)	cirkus (en)	['sirkʉs]
circo (m) ambulante	ambulerande cirkus (en)	['ambu‚lerandə 'sirkʉs]
programa (m)	program (ett)	[prɔ'gram]
apresentação (f)	föreställning (en)	['førə‚stɛlʲniŋ]
número (m)	nummer (ett)	['numər]

arena (f)	arena (en)	[a'rena]
pantomima (f)	pantomim (en)	[pantɔ'mim]

acrobata (m)	akrobat (en)	[akrʊ'bat]
acrobacia (f)	akrobatik (en)	[akrʊba'tik]
ginasta (m)	gymnast (en)	[jym'nast]
ginástica (f)	gymnastik (en)	[jymna'stik]
salto (m) mortal	salto (en)	['salʲtʊ]

homem forte (m)	atlet (en)	[at'lʲet]
domador (m)	djur-tämjare (en)	['jʉːr ˌtɛmjarə]
cavaleiro (m) equilibrista	ryttare (en)	['rʏtarə]
assistente (m)	assistent (en)	[asi'stɛnt]

truque (m)	trick (ett)	['trik]
truque (m) de mágica	magitrick (ett)	[ma'giˌtrik]
mágico (m)	trollkarl (en)	['trɔlʲˌkar]

malabarista (m)	jonglör (en)	[jong'lʲøːr]
fazer malabarismos	att jonglera	[at jong'lʲera]
domador (m)	dressör (en)	[drɛ'søːr]
adestramento (m)	dressyr (en)	[drɛ'syr]
adestrar (vt)	att dressera	[at drɛ'sera]

129. Música. Música popular

música (f)	musik (en)	[mʉ'siːk]
músico (m)	musiker (en)	['mʉsikər]
instrumento (m) musical	musikinstrument (ett)	[mʉ'siːk instru'mɛnt]
tocar ...	att spela ...	[at 'spelʲa ...]

guitarra (f)	gitarr (en)	[ji'tar]
violino (m)	fiol, violin (en)	[fi'ʊlʲ], [viɔ'lin]
violoncelo (m)	cello (en)	['sɛlʲʊ]
contrabaixo (m)	kontrabas (en)	['kɔntraˌbas]
harpa (f)	harpa (en)	['harpa]

piano (m)	piano (ett)	[pi'anʊ]
piano (m) de cauda	flygel (en)	['flʲygəlʲ]
órgão (m)	orgel (en)	['ɔrjəlʲ]

instrumentos (m pl) de sopro	blåsinstrumenter (pl)	['blʲoːsˌinstru'mɛntər]
oboé (m)	oboe (en)	[ɔb'ɔː]
saxofone (m)	saxofon (en)	[saksʊ'fɔn]
clarinete (m)	klarinett (en)	[klʲari'net]
flauta (f)	flöjt (en)	['flʲøjt]
trompete (m)	trumpet (en)	[trum'pet]

acordeão (m)	dragspel (ett)	['dragˌspelʲ]
tambor (m)	trumma (en)	['truma]

duo, dueto (m)	duo (en)	['dʉːɔ]
trio (m)	trio (en)	['triːɔ]
quarteto (m)	kvartett (en)	[kva'tɛt]

| coro (m) | kör (en) | ['ɕøːr] |
| orquestra (f) | orkester (en) | [ɔr'kɛstər] |

música (f) pop	popmusik (en)	['pɔp muˈsiːk]
música (f) rock	rockmusik (en)	['rɔk muˈsiːk]
grupo (m) de rock	rockband (ett)	['rɔk͵band]
jazz (m)	jazz (en)	['jas]

| ídolo (m) | idol (en) | [iˈdɔlʲ] |
| fã, admirador (m) | beundrare (en) | [beˈundrarə] |

concerto (m)	konsert (en)	[kɔnˈsɛːr]
sinfonia (f)	symfoni (en)	[sʏmfʊˈniː]
composição (f)	komposition (en)	[kɔmpʊsiˈʃʊn]
compor (vt)	att komponera	[at kɔmpʊˈnera]

canto (m)	sång (en)	['sɔŋ]
canção (f)	sång (en)	['sɔŋ]
melodia (f)	melodi (en)	[melʲɔ'diː]
ritmo (m)	rytm (en)	['rʏtm]
blues (m)	blues (en)	['blʉs]

notas (f pl)	noter (pl)	['nʊtər]
batuta (f)	taktpinne (en)	['takt͵pinə]
arco (m)	stråke (en)	['stroːkə]
corda (f)	sträng (en)	['strɛŋ]
estojo (m)	fodral (ett)	[fʊdˈralʲ]

Descanso. Entretenimento. Viagens

130. Viagens

turismo (m)	turism (en)	[tu'rism]
turista (m)	turist (en)	[tu'rist]
viagem (f)	resa (en)	['resa]
aventura (f)	äventyr (ett)	['ɛːvɛnˌtyr]
viagem (f)	tripp (en)	['trip]
férias (f pl)	semester (en)	[se'mɛstər]
estar de férias	att ha semester	[at ha se'mɛstər]
descanso (m)	uppehåll (ett), vila (en)	['upə'hoːlʲ], ['vilʲa]
comboio (m)	tåg (ett)	['toːg]
de comboio (chegar ~)	med tåg	[me 'toːg]
avião (m)	flygplan (ett)	['flʲygplʲan]
de avião	med flygplan	[me 'flʲygplʲan]
de carro	med bil	[me 'bilʲ]
de navio	med båt	[me 'boːt]
bagagem (f)	bagage (ett)	[ba'gaːʃ]
mala (f)	resväska (en)	['rɛsˌvɛska]
carrinho (m)	bagagevagn (en)	[ba'gaːʃˌvagn]
passaporte (m)	pass (ett)	['pas]
visto (m)	visum (ett)	['viːsum]
bilhete (m)	biljett (en)	[bi'lʲet]
bilhete (m) de avião	flygbiljett (en)	['flʲyg biˌlʲet]
guia (m) de viagem	reseguidebok (en)	['reseˌgajdbʊk]
mapa (m)	karta (en)	['kaːˌta]
local (m), area (f)	område (ett)	['ɔmˌroːdə]
lugar, sítio (m)	plats (en)	['plʲats]
exotismo (m)	(det) exotiska	[ɛ'ksɔtiska]
exótico	exotisk	[ɛk'sɔtisk]
surpreendente	förunderlig	[fø'rundelig]
grupo (m)	grupp (en)	['grup]
excursão (f)	utflykt (en)	['ʉtˌflʲykt]
guia (m)	guide (en)	['gajd]

131. Hotel

hotel (m)	hotell (ett)	[hʊ'tɛlʲ]
motel (m)	motell (ett)	[mʊ'tɛlʲ]
três estrelas	trestjärnigt	['treˌɦæːɳit]

| cinco estrelas | femstjärnigt | [fɛmˌɦæːɳit] |
| ficar (~ num hotel) | att bo | [at 'buː] |

quarto (m)	rum (ett)	['ruːm]
quarto (m) individual	enkelrum (ett)	['ɛŋkəlⁱˌruːm]
quarto (m) duplo	dubbelrum (ett)	['dubəlⁱˌruːm]
reservar um quarto	att boka rum	[at 'buka 'ruːm]

| meia pensão (f) | halvpension (en) | ['halⁱvˌpan'ɦʊn] |
| pensão (f) completa | helpension (en) | ['helⁱˌpan'ɦʊn] |

com banheira	med badkar	[me 'badˌkar]
com duche	med dusch	[me 'duʃ]
televisão (m) satélite	satellit-TV (en)	[satɛ'liːt 'teve]
ar (m) condicionado	luftkonditionerare (en)	['luftˌkɔndiɦʊ'nerarə]
toalha (f)	handduk (en)	['handˌdʉːk]
chave (f)	nyckel (en)	['nʏkəlⁱ]

administrador (m)	administratör (en)	[administra'tør]
camareira (f)	städerska (en)	['stɛːdɛʂka]
bagageiro (m)	bärare (en)	['bæːrarə]
porteiro (m)	portier (en)	[pɔː'tʲeː]

restaurante (m)	restaurang (en)	[rɛstɔ'raŋ]
bar (m)	bar (en)	['bar]
pequeno-almoço (m)	frukost (en)	['frʉːkɔst]
jantar (m)	kvällsmat (en)	['kvɛlⁱsˌmat]
buffet (m)	buffet (en)	[bu'fet]

| hall (m) de entrada | lobby (en) | ['lⁱɔbi] |
| elevador (m) | hiss (en) | ['his] |

| NÃO PERTURBE | STÖR EJ! | ['støːr ɛj] |
| PROIBIDO FUMAR! | RÖKNING FÖRBJUDEN | ['røkniŋ før'bjʉːdən] |

132. Livros. Leitura

livro (m)	bok (en)	['bʊk]
autor (m)	författare (en)	[før'fatarə]
escritor (m)	författare (en)	[før'fatarə]
escrever (vt)	att skriva	[at 'skriva]

leitor (m)	läsare (en)	['lⁱɛːsarə]
ler (vt)	att läsa	[at 'lⁱɛːsa]
leitura (f)	läsning (en)	['lⁱɛsniŋ]

| para si | för sig själv | [før ˌsɛj 'ɦɛlⁱv] |
| em voz alta | högt | ['hœgt] |

publicar (vt)	att publicera	[at publi'sera]
publicação (f)	publicering (en)	[publi'seriŋ]
editor (m)	förläggare (en)	['fœːˌlⁱɛgarə]
editora (f)	förlag (ett)	[fœː'lⁱag]
sair (vi)	att komma ut	[at 'kɔma ʉt]

| lançamento (m) | utgåva (en) | ['ʉt,ɡo:va] |
| tiragem (f) | upplaga (en) | ['up,lʲaga] |

| livraria (f) | bokhandel (en) | ['bʊk,handəlʲ] |
| biblioteca (f) | bibliotek (ett) | [bibliʊ'tek] |

novela (f)	kortroman (en)	['kɔ:ʈ rʊ'man]
conto (m)	novell (en)	[nʊ'vɛlʲ]
romance (m)	roman (en)	[rʊ'man]
romance (m) policial	kriminalroman (en)	[krimi'nalʲ rʊ'man]

memórias (f pl)	memoarer (pl)	[memʊ'arər]
lenda (f)	legend (en)	[lʲe'ɡɛnd]
mito (m)	myt (en)	['myt]

poesia (f)	dikter (pl)	['diktər]
autobiografia (f)	självbiografi (en)	['ɧɛlʲv biʊgra'fi:]
obras (f pl) escolhidas	utvalda verk (pl)	['ʉt,valʲda vɛrk]
ficção (f) científica	science fiction	['sajəns ,fikʃən]

título (m)	titel (en)	['titəlʲ]
introdução (f)	inledning (en)	['in,lʲedniŋ]
folha (f) de rosto	titelsida (en)	['titəlʲ,sida]

capítulo (m)	kapitel (ett)	[ka'pitəlʲ]
excerto (m)	utdrag (ett)	['ʉt,drag]
episódio (m)	episod (en)	[ɛpi'sʊd]

tema (m)	handling (en)	['handliŋ]
conteúdo (m)	innehåll (ett)	['ine,ho:lʲ]
índice (m)	innehållsförteckning (en)	['ineho:lʲs fœ:'ʈɛkniŋ]
protagonista (m)	huvudperson (en)	['hʉ:vʉd,pɛ'ʂʊn]

tomo, volume (m)	volym (en)	[vɔ'lʲym]
capa (f)	omslag (ett)	['ɔm,slʲag]
encadernação (f)	bokband (ett)	['bʊk,band]
marcador (m) de livro	bokmärke (ett)	['bʊk,mæ:rkə]

página (f)	sida (en)	['sida]
folhear (vt)	att bläddra	[at 'blʲɛdra]
margem (f)	marginaler (pl)	[margi'nalʲər]
anotação (f)	annotering (ett)	[anɔ'tɛriŋ]
nota (f) de rodapé	anmärkning (en)	['an,mæ:rkniŋ]

texto (m)	text (en)	['tɛkst]
fonte (f)	typsnitt (ett)	['typsnit]
gralha (f)	tryckfel (ett)	['trʏk,felʲ]

tradução (f)	översättning (en)	['ø:və,sætniŋ]
traduzir (vt)	att översätta	[at 'ø:və,sæta]
original (m)	original (ett)	[ɔrigi'nalʲ]

famoso	berömd	[be'rœmd]
desconhecido	okänd	[ʊ:'ɕɛnd]
interessante	intressant	[intrɛ'sant]
best-seller (m)	bestseller (en)	['bɛst,sɛ:lʲər]

dicionário (m)	ordbok (en)	['ʊːd̪bʊk]
manual (m) escolar	lärobok (en)	['lʲæːrʊ̩bʊk]
enciclopédia (f)	encyklopedi (en)	[ɛnsʏklʲɔpe'diː]

133. Caça. Pesca

caça (f)	jakt (en)	['jakt]
caçar (vi)	att jaga	[at 'jaga]
caçador (m)	jägare (en)	['jɛːgarə]

atirar (vi)	att skjuta	[at 'ɧʉːta]
caçadeira (f)	gevär (ett)	[je'væːr]
cartucho (m)	patron (en)	[pa'trʊn]
chumbo (m) de caça	hagel (ett)	['hagəlʲ]

armadilha (f)	sax (en)	['saks]
armadilha (com corda)	fälla (en)	['fɛlʲa]
cair na armadilha	att fångas i fälla	[at 'fɔŋas i 'fɛlʲa]
pôr a armadilha	att gillra en fälla	[at 'jilʲra en 'fɛlʲa]

caçador (m) furtivo	tjuvskytt (en)	['ɕʉːv̩ɧʏt]
caça (f)	vilt (ett)	['vilʲt]
cão (m) de caça	jakthund (en)	['jakt̩hund]
safári (m)	safari (en)	[sa'fari]
animal (m) empalhado	uppstoppat djur (ett)	['up̩stɔpat jʉːr]

pescador (m)	fiskare (en)	['fiskarə]
pesca (f)	fiske (ett)	['fiskə]
pescar (vt)	att fiska	[at 'fiska]

cana (f) de pesca	fiskespö (ett)	['fiskə̩spøː]
linha (f) de pesca	fiskelina (en)	['fiskə̩lina]
anzol (m)	krok (en)	['krʊk]

| boia (f) | flöte (ett) | ['flʲøːtə] |
| isca (f) | agn (en) | ['agn] |

| lançar a linha | att kasta ut | [at 'kasta ʉt] |
| morder (vt) | att nappa | [at 'napa] |

| pesca (f) | fångst (en) | ['fɔŋst] |
| buraco (m) no gelo | hål (ett) i isen | ['hoːlʲ i 'isən] |

| rede (f) | nät (ett) | ['nɛːt] |
| barco (m) | båt (en) | ['boːt] |

pescar com rede	att fiska med nät	[at 'fiska me 'nɛːt]
lançar a rede	att kasta nätet	[at 'kasta 'nɛːtət]
puxar a rede	att dra upp nätet	[at 'dra up 'nɛːtət]
cair nas malhas	att bli fångad i nätet	[at bli foːŋad i 'nɛːtət]

baleeiro (m)	valfångare (en)	['valʲ̩fɔŋarə]
baleeira (f)	valfångstbåt (ett)	['valʲfɔŋst̩boːt]
arpão (m)	harpun (en)	[har'pʉːn]

134. Jogos. Bilhar

bilhar (m)	biljard (en)	[bi'lja:d]
sala (f) de bilhar	biljardsalong (en)	[bi'lja:d sa'lɔŋ]
bola (f) de bilhar	biljardboll (en)	[bi'lja:d‚bɔlʲ]
embolsar uma bola	att sänka en boll	[at 'sɛŋka en 'bɔlʲ]
taco (m)	kö (en)	['kø:]
caçapa (f)	hål (ett)	['hɔ:lʲ]

135. Jogos. Jogar cartas

ouros (m pl)	ruter (pl)	['rʉ:tər]
espadas (f pl)	spader (pl)	['spadər]
copas (f pl)	hjärter	['jæ:tər]
paus (m pl)	klöver (pl)	['klʲø:vər]
ás (m)	äss (ett)	['ɛs]
rei (m)	kung (en)	['kuŋ]
dama (f)	dam (en)	['dam]
valete (m)	knekt (en)	['knɛkt]
carta (f) de jogar	kort (ett)	['kɔ:t]
cartas (f pl)	kort (pl)	['kɔ:t]
trunfo (m)	trumf (en)	['trumf]
baralho (m)	kortlek (en)	['kɔ:t‚lʲek]
ponto (m)	poäng (en)	[pʉ'ɛŋ]
dar, distribuir (vt)	att ge, att dela ut	[at je:], [at 'delʲa ʉt]
embaralhar (vt)	att blanda	[at 'blʲanda]
vez, jogada (f)	utspel (ett)	['ʉtspelʲ]
batoteiro (m)	falskspelare (en)	['falʲsk‚spelʲarə]

136. Descanso. Jogos. Diversos

passear (vi)	att promenera, att ströva	[at prʉme'nera], [at 'strø:va]
passeio (m)	promenad (en)	[prʉme'nad]
viagem (f) de carro	utflykt, biltur (en)	['ʉt‚flʲykt], ['bilʲ‚tʉr]
aventura (f)	äventyr (ett)	['ɛ:vɛn‚tyr]
piquenique (m)	picknick (en)	['piknik]
jogo (m)	spel (ett)	['spelʲ]
jogador (m)	spelare (en)	['spelʲarə]
partida (f)	parti (ett)	[pa:'ʈi:]
colecionador (m)	samlare (en)	['samlʲarə]
colecionar (vt)	att samla	[at 'samlʲa]
coleção (f)	samling (en)	['samliŋ]
palavras (f pl) cruzadas	korsord (ett)	['kɔ:ʂ‚ʉ:d]
hipódromo (m)	galoppbana (en)	[ga'lʲɔp‚bana]

discoteca (f)	diskotek (ett)	[disko'tek]
sauna (f)	sauna (en)	['sauna]
lotaria (f)	lotteri (ett)	[lʲote'ri:]

campismo (m)	campingresa (en)	['kampiŋˌresa]
acampamento (m)	läger (ett)	['lʲɛ:gər]
tenda (f)	tält (ett)	['tɛlʲt]
bússola (f)	kompass (en)	[kɔm'pas]
campista (m)	campare (en)	['kamparə]

ver (vt), assistir à ...	att se på	[at 'se: pɔ]
telespectador (m)	tv-tittare (en)	['teveˌtitarə]
programa (m) de TV	tv-show (ett)	['teveˌʃow]

137. Fotografia

| máquina (f) fotográfica | kamera (en) | ['kamera] |
| foto, fotografia (f) | foto, fotografi (ett) | ['fʊtʊ], [fʊtʊgra'fi:] |

fotógrafo (m)	fotograf (en)	[fʊtʊ'graf]
estúdio (m) fotográfico	fotoateljé (en)	['fʊtʊ atəˌlje:]
álbum (m) de fotografias	fotoalbum (ett)	['fʊtʊ ˌalʲbum]

objetiva (f)	objektiv (ett)	[ɔbjɛk'tiv]
teleobjetiva (f)	teleobjektiv (ett)	['telʲe ɔbjɛk'tiv]
filtro (m)	filter (ett)	['filʲtər]
lente (f)	lins (en)	['lins]

ótica (f)	optik (en)	[ɔp'tik]
abertura (f)	bländare (en)	['blʲɛndarə]
exposição (f)	exponeringstid (en)	[ɛkspʊ'neriŋsˌtid]
visor (m)	sökare (en)	['sø:karə]

câmara (f) digital	digitalkamera (en)	[digi'talʲ ˌkamera]
tripé (m)	stativ (ett)	[sta'tiv]
flash (m)	blixt (en)	['blikst]

fotografar (vt)	att fotografera	[at fʊtʊgra'fera]
tirar fotos	att ta bilder	[at ta 'bilʲdər]
fotografar-se	att bli fotograferad	[at bli fʊtʊgra'ferad]

foco (m)	skärpa (en)	['ɧærpa]
focar (vt)	att ställa in skärpan	[at 'stɛlʲa in 'ɧærpan]
nítido	skarp	['skarp]
nitidez (f)	skärpa (en)	['ɧærpa]

| contraste (m) | kontrast (en) | [kɔn'trast] |
| contrastante | kontrast- | [kɔn'trast-] |

retrato (m)	bild (en)	['bilʲd]
negativo (m)	negativ (ett)	['negaˌtiv]
filme (m)	film (en)	['filʲm]
fotograma (m)	bild, kort (en)	['bilʲd], ['kɔ:t]
imprimir (vt)	att skriva ut	[at 'skriva ʉt]

138. Praia. Natação

praia (f)	badstrand (en)	['bad‚strand]
areia (f)	sand (en)	['sand]
deserto	öde	['ø:də]

bronzeado (m)	solbränna (en)	['sʊlʲ‚brɛna]
bronzear-se (vr)	att sola sig	[at 'sʊlʲa: sɛj]
bronzeado	solbränd	['sʊlʲ‚brɛnd]
protetor (m) solar	solkräm (en)	['sʊlʲ‚krɛm]

biquíni (m)	bikini (en)	[bi'kini]
fato (m) de banho	baddräkt (en)	['bad‚drɛkt]
calção (m) de banho	simbyxor (pl)	['sim‚byksʊr]

piscina (f)	simbassäng (en)	['simba‚sɛŋ]
nadar (vi)	att simma	[at 'sima]
duche (m)	dusch (en)	['duʃ]
mudar de roupa	att klä om sig	[at 'klʲɛ ɔm sɛj]
toalha (f)	handduk (en)	['hand‚dɵ:k]

barco (m)	båt (en)	['bo:t]
lancha (f)	motorbåt (en)	['mʊtʊr‚bo:t]
esqui (m) aquático	vattenskidor (pl)	['vatən‚ʃidʊr]
barco (m) de pedais	vattencykel (en)	['vatən‚sykəlʲ]
surf (m)	surfing (en)	['su:rfiŋ]
surfista (m)	surfare (en)	['su:rfarə]

equipamento (m) de mergulho	dykapparat (en)	['dyk‚apa'rat]
barbatanas (f pl)	simfenor (pl)	['sim‚fœnʊr]
máscara (f)	mask (en)	['mask]
mergulhador (m)	dykare (en)	['dykarə]
mergulhar (vi)	att dyka	[at 'dyka]
debaixo d'água	under vatten	['undə‚vatən]

guarda-sol (m)	parasoll (en)	[para'solʲ]
espreguiçadeira (f)	liggstol (en)	['lig‚stʊlʲ]
óculos (m pl) de sol	solglasögon (pl)	['sʊlʲglʲas‚ø:gon]
colchão (m) de ar	luftmadrass (en)	['lɵft‚mad'ras]

| brincar (vi) | att leka | [at 'lʲeka] |
| ir nadar | att bada | [at 'bada] |

bola (f) de praia	boll (en)	['bolʲ]
encher (vt)	att blåsa upp	[at 'blʲo:sa up]
inflável, de ar	uppblåsbar	['up‚blʲo:sbar]

onda (f)	våg (en)	['vo:g]
boia (f)	boj (en)	['bɔj]
afogar-se (pessoa)	att drunkna	[at 'drɵŋkna]

salvar (vt)	att rädda	[at 'rɛda]
colete (m) salva-vidas	räddningsväst (en)	['rɛdniŋ‚vɛst]
observar (vt)	att observera	[at ɔbsɛr'vera]
nadador-salvador (m)	badvakt (en)	['bad‚vakt]

EQUIPAMENTO TÉCNICO. TRANSPORTES

Equipamento técnico. Transportes

139. Computador

computador (m)	dator (en)	['datʊr]
portátil (m)	bärbar dator (en)	['bærbar 'datʊr]
ligar (vt)	att slå på	[at 'slˡo: pɔ]
desligar (vt)	att slå av	[at 'slˡo: 'av]
teclado (m)	tangentbord (ett)	[tan'jentˌbʊ:d̪]
tecla (f)	tangent (en)	[tan'jent]
rato (m)	mus (en)	['mʉ:s]
tapete (m) de rato	musmatta (en)	['mʉ:sˌmata]
botão (m)	knapp (en)	['knap]
cursor (m)	markör (en)	[mar'kø:r]
monitor (m)	monitor, bildskärm (en)	[mɔni'tor], ['bilˡdɧæ:rm]
ecrã (m)	skärm (en)	['ɧæ:rm]
disco (m) rígido	hårddisk (en)	['ho:d̪ˌdisk]
capacidade (f) do disco rígido	hårddisk kapacitet (en)	['ho:d̪ˌdisk kapasi'tet]
memória (f)	minne (ett)	['minə]
memória RAM (f)	operativminne (ett)	[ɔpera'tivˌminə]
ficheiro (m)	fil (en)	['filˡ]
pasta (f)	mapp (en)	['map]
abrir (vt)	att öppna	[at 'øpna]
fechar (vt)	att stänga	[at 'stɛŋa]
guardar (vt)	att bevara	[at be'vara]
apagar, eliminar (vt)	att ta bort, att radera	[at ta 'bɔ:t], [at ra'dera]
copiar (vt)	att kopiera	[at kɔ'pjera]
ordenar (vt)	att sortera	[at sɔ:'tera]
copiar (vt)	att överföra	[at ø:vəˌføra]
programa (m)	program (ett)	[prɔ'gram]
software (m)	programvara (en)	[prɔ'gramˌvara]
programador (m)	programmerare (en)	[prɔgra'merarə]
programar (vt)	att programmera	[at prɔgra'mera]
hacker (m)	hackare (en)	['hakarə]
senha (f)	lösenord (ett)	['lˡø:sənˌʊ:d̪]
vírus (m)	virus (ett)	['vi:rʉs]
detetar (vt)	att upptäcka	[at 'upˌtɛka]
byte (m)	byte (ett)	['bajt]

megabyte (m)	megabyte (en)	['mega,bajt]
dados (m pl)	data (pl)	['data]
base (f) de dados	databas (en)	['data,bas]

cabo (m)	kabel (en)	['kabelʲ]
desconectar (vt)	att koppla från	[at 'koplʲa frɔn]
conetar (vt)	att koppla	[at 'koplʲa]

140. Internet. E-mail

internet (f)	Internet	['intɛ:,ŋɛt]
browser (m)	webbläsare (en)	['vɛb,lʲɛ:sarə]
motor (m) de busca	sökmotor (en)	['sø:k,mutʊr]
provedor (m)	leverantör (en)	[lʲevəran'tø:r]

webmaster (m)	webbmästare (en)	['vɛb,mɛstarə]
website, sítio web (m)	webbplats (en)	['vɛb,plʲats]
página (f) web	webbsida (en)	['vɛb,sida]

| endereço (m) | adress (en) | [a'drɛs] |
| livro (m) de endereços | adressbok (en) | [a'drɛs,bʊk] |

caixa (f) de correio	brevlåda (en)	['brev,lʲo:da]
correio (m)	post (en)	['pɔst]
cheia (caixa de correio)	full	['fulʲ]

mensagem (f)	meddelande (ett)	[me'delʲandə]
mensagens (f pl) recebidas	inkommande meddelanden	[in'kɔmandə me'delʲandən]
mensagens (f pl) enviadas	utgående meddelanden	['ʊt,go:əndə me'delʲandən]
remetente (m)	avsändare (en)	['av,sɛndarə]
enviar (vt)	att skicka	[at 'ɧika]
envio (m)	avsändning (en)	['av,sɛndniŋ]
destinatário (m)	mottagare (en)	['mɔt,tagarə]
receber (vt)	att ta emot	[at ta ɛmo:t]

| correspondência (f) | korrespondens (en) | [kɔrɛspɔn'dɛns] |
| corresponder-se (vr) | att brevväxla | [at 'brev,vɛkslʲa] |

ficheiro (m)	fil (en)	['filʲ]
fazer download, baixar	att ladda ner	[at 'lʲada ner]
criar (vt)	att skapa	[at 'skapa]
apagar, eliminar (vt)	att ta bort, att radera	[at ta 'bɔ:t], [at ra'dera]
eliminado	borttagen	['bɔ:t̪ta:gən]

conexão (f)	förbindelse (en)	[før'bindəlʲsə]
velocidade (f)	hastighet (en)	['hastig,het]
modem (m)	modem (ett)	[mʊ'dem]
acesso (m)	tillträde (ett)	['tilʲtrɛ:də]
porta (f)	port (en)	['pɔ:t̪]

conexão (f)	uppkoppling (en)	['up,koplʲiŋ]
conetar (vi)	att ansluta	[at 'an,slʉ:ta]
escolher (vt)	att välja	[at 'vɛlja]
buscar (vt)	att söka efter ...	[at 'sø:ka ,ɛftər ...]

Transportes

141. Avião

avião (m)	flygplan (ett)	['flʲygplʲan]
bilhete (m) de avião	flygbiljett (en)	['flʲyg biˌlʲet]
companhia (f) aérea	flygbolag (ett)	['flʲyg‚bʉlʲag]
aeroporto (m)	flygplats (en)	['flʲyg‚plʲats]
supersónico	överljuds-	['øːvərˌjʉːds-]

comandante (m) do avião	kapten (en)	[kap'ten]
tripulação (f)	besättning (en)	[be'sætniŋ]
piloto (m)	pilot (en)	[pi'lʲʊt]
hospedeira (f) de bordo	flygvärdinna (en)	['flʲygˌvæːɖina]
copiloto (m)	styrman (en)	['styrˌman]

asas (f pl)	vingar (pl)	['viŋar]
cauda (f)	stjärtfena (en)	['ɧæːt feːna]
cabine (f) de pilotagem	cockpit, förarkabin (en)	['kɔkpit], ['føːrarˌka'bin]
motor (m)	motor (en)	['mʊtʊr]
trem (m) de aterragem	landningsställ (ett)	['landniŋsˌstɛlʲ]
turbina (f)	turbin (en)	[tur'bin]

hélice (f)	propeller (en)	[prʊ'pɛlʲər]
caixa-preta (f)	svart låda (en)	['svaːʈ 'lʲoːda]
coluna (f) de controlo	styrspak (ett)	['styːˌʂpak]
combustível (m)	bränsle (ett)	['brɛnslʲe]

instruções (f pl) de segurança	säkerhetsinstruktion (en)	['sɛːkərheʦ instruk'ɧʊn]
máscara (f) de oxigénio	syremask (en)	['syreˌmask]
uniforme (m)	uniform (en)	[uni'fɔrm]

colete (m) salva-vidas	räddningsväst (en)	['rɛdniŋˌvɛst]
paraquedas (m)	fallskärm (en)	['falʲˌɧæːrm]

descolagem (f)	start (en)	['staːʈ]
descolar (vi)	att lyfta	[at 'lʲyfta]
pista (f) de descolagem	startbana (en)	['staːʈˌbaːna]

visibilidade (f)	siktbarhet (en)	['siktbarˌhet]
voo (m)	flygning (en)	['flʲygniŋ]

altura (f)	höjd (en)	['hœjd]
poço (m) de ar	luftgrop (en)	['lʊftˌgrʊp]

assento (m)	plats (en)	['plʲats]
auscultadores (m pl)	hörlurar (pl)	['hœːˌlʲuːrar]
mesa (f) rebatível	utfällbart bord (ett)	['ʉtfɛlʲˌbart 'bʊːd]
vigia (f)	fönster (ett)	['fœnstər]
passagem (f)	mittgång (en)	['mitˌgɔŋ]

142. Comboio

comboio (m)	tåg (ett)	['to:g]
comboio (m) suburbano	lokaltåg, pendeltåg (ett)	[lʲɔ'kalʲˌto:g], ['pendəlˌto:g],
comboio (m) rápido	expresståg (ett)	[ɛks'prɛsˌto:g]
locomotiva (f) diesel	diesellokomotiv (ett)	['disəlʲ lʲɔkɔmɔ'tiv]
locomotiva (f) a vapor	ånglokomotiv (en)	['ɔŋˌlʲɔkɔmɔ'tiv]

carruagem (f)	vagn (en)	['vagn]
carruagem restaurante (f)	restaurangvagn (en)	[rɛstɔ'raŋˌvagn]

carris (m pl)	räls, rälsar (pl)	['rɛlʲs], ['rɛlʲsar]
caminho de ferro (m)	järnväg (en)	['jæːɳˌvɛːg]
travessa (f)	sliper (en)	['slipər]

plataforma (f)	perrong (en)	[pɛ'rɔŋ]
linha (f)	spår (ett)	['spo:r]
semáforo (m)	semafor (en)	[sema'fɔr]
estação (f)	station (en)	[sta'ɧʊn]

maquinista (m)	lokförare (en)	['lʲʊkˌfø:rarə]
bagageiro (m)	bärare (en)	['bæ:rarə]
hospedeiro, -a (da carruagem)	tågvärd (en)	['to:gˌvæ:d]
passageiro (m)	passagerare (en)	[pasa'ɧerarə]
revisor (m)	kontrollant (en)	[kɔntrɔ'lʲant]

corredor (m)	korridor (en)	[kɔri'dɔ:r]
freio (m) de emergência	nödbroms (en)	['nø:dˌbrɔms]

compartimento (m)	kupé (en)	[kʉ'pe:]
cama (f)	slaf, säng (en)	['slaf], ['sɛŋ]
cama (f) de cima	överslaf (en)	['øvəˌslaf]
cama (f) de baixo	underslaf (en)	['undəˌslaf]
roupa (f) de cama	sängkläder (pl)	['sɛŋˌklʲɛ:dər]

bilhete (m)	biljett (en)	[bi'lʲet]
horário (m)	tidtabell (en)	['tid ta'bɛlʲ]
painel (m) de informação	informationstavla (en)	[infɔrma'ɧʊnsˌtavlʲa]

partir (vt)	att avgå	[at 'avˌgo:]
partida (f)	avgång (en)	['avˌgɔŋ]
chegar (vi)	att ankomma	[at 'aŋˌkɔma]
chegada (f)	ankomst (en)	['aŋˌkɔmst]

chegar de comboio	att ankomma med tåget	[at 'aŋˌkɔma me 'to:gət]
apanhar o comboio	att stiga på tåget	[at 'stiga pɔ 'to:gət]
sair do comboio	att stiga av tåget	[at 'stiga av 'to:gət]

acidente (m) ferroviário	tågolycka (en)	['to:g ʊ:'lʲyka]
descarrilar (vi)	att spåra ur	[at 'spo:ra ʉ:r]
locomotiva (f) a vapor	ånglokomotiv (en)	['ɔŋˌlʲɔkɔmɔ'tiv]
fogueiro (m)	eldare (en)	['ɛlʲdarə]
fornalha (f)	eldstad (en)	['ɛlʲdˌstad]
carvão (m)	kol (ett)	['kɔlʲ]

131

143. Barco

navio (m)	skepp (ett)	['ɦɛp]
embarcação (f)	fartyg (ett)	['faːˌtyg]
vapor (m)	ångbåt (en)	['ɔŋˌboːt]
navio (m)	flodbåt (en)	['flʲʊdˌboːt]
transatlântico (m)	kryssningfartyg (ett)	['krysniŋˌfaːˈtyg]
cruzador (m)	kryssare (en)	['krʏsarə]
iate (m)	jakt (en)	['jakt]
rebocador (m)	bogserbåt (en)	['bʊksɛːrˌboːt]
barcaça (f)	pråm (en)	['proːm]
ferry (m)	färja (en)	['fæːrja]
veleiro (m)	segelbåt (en)	['segəlʲˌboːt]
bergantim (m)	brigantin (en)	[brigan'tin]
quebra-gelo (m)	isbrytare (en)	['isˌbrytarə]
submarino (m)	ubåt (en)	[ʉːˈboːt]
bote, barco (m)	båt (en)	['boːt]
bote, dingue (m)	jolle (en)	['jɔlʲe]
bote (m) salva-vidas	livbåt (en)	['livˌboːt]
lancha (f)	motorbåt (en)	['mʊtʊrˌboːt]
capitão (m)	kapten (en)	[kap'ten]
marinheiro (m)	matros (en)	[ma'trʊs]
marujo (m)	sjöman (en)	['ɦøːˌman]
tripulação (f)	besättning (en)	[be'sætniŋ]
contramestre (m)	båtsman (en)	['bɔtsman]
grumete (m)	jungman (en)	['jʉŋˌman]
cozinheiro (m) de bordo	kock (en)	['kɔk]
médico (m) de bordo	skeppsläkare (en)	['ɦɛpˌlʲɛːkarə]
convés (m)	däck (ett)	['dɛk]
mastro (m)	mast (en)	['mast]
vela (f)	segel (ett)	['segəlʲ]
porão (m)	lastrum (ett)	['lʲastˌruːm]
proa (f)	bog (en)	['bʊg]
popa (f)	akter (en)	['aktər]
remo (m)	åra (en)	['oːra]
hélice (f)	propeller (en)	[prʊ'pɛlʲər]
camarote (m)	hytt (en)	['hʏt]
sala (f) dos oficiais	officersmäss (en)	[ɔfi'seːrsˌmɛs]
sala (f) das máquinas	maskinrum (ett)	[ma'ɦiːnˌruːm]
ponte (m) de comando	kommandobrygga (en)	[kɔm'andʊˌbryga]
sala (f) de comunicações	radiohytt (en)	['radiʊˌhʏt]
onda (f) de rádio	våg (en)	['voːg]
diário (m) de bordo	loggbok (en)	['lʲɔgˌbʊk]
luneta (f)	tubkikare (en)	['tʉbˌçikarə]
sino (m)	klocka (en)	['klʲɔka]

bandeira (f)	flagga (en)	['flˡaga]
cabo (m)	tross (en)	['trɔs]
nó (m)	knop, knut (en)	['knʊp], ['knʉt]

| corrimão (m) | räcken (pl) | ['rɛkən] |
| prancha (f) de embarque | landgång (en) | ['lˡandˌgɔŋ] |

âncora (f)	ankar (ett)	['aŋkar]
recolher a âncora	att lätta ankar	[at 'lˡæta 'aŋkar]
lançar a âncora	att kasta ankar	[at 'kasta 'aŋkar]
amarra (f)	ankarkätting (en)	['aŋkarˌçætiŋ]

porto (m)	hamn (en)	['hamn]
cais, amarradouro (m)	kaj (en)	['kaj]
atracar (vi)	att förtöja	[at fœ:'tœ:ja]
desatracar (vi)	att kasta loss	[at 'kasta 'lˡos]

viagem (f)	resa (en)	['resa]
cruzeiro (m)	kryssning (en)	['krʏsniŋ]
rumo (m), rota (f)	kurs (en)	['ku:ʂ]
itinerário (m)	rutt (en)	['rut]

canal (m) navegável	farled, segelled (en)	['fa:ˌˡled], ['segəlˌled]
banco (m) de areia	grund (ett)	['grʉnd]
encalhar (vt)	att gå på grund	[at 'go: pɔ 'grʉnd]

tempestade (f)	storm (en)	['stɔrm]
sinal (m)	signal (en)	[sig'nalˡ]
afundar-se (vr)	att sjunka	[at 'ɧuŋka]
Homem ao mar!	Man överbord!	['man 'ø:vəˌbʉ:d̪]
SOS	SOS	[ɛso'ɛs]
boia (f) salva-vidas	livboj (en)	['livˌbɔj]

144. Aeroporto

aeroporto (m)	flygplats (en)	['flˡygˌplˡats]
avião (m)	flygplan (ett)	['flˡygplˡan]
companhia (f) aérea	flygbolag (ett)	['flˡygˌbʉlˡag]
controlador (m) de tráfego aéreo	flygledare (en)	['flˡygˌlˡedarə]

partida (f)	avgång (en)	['avˌgɔŋ]
chegada (f)	ankomst (en)	['aŋˌkɔmst]
chegar (~ de avião)	att ankomma	[at 'aŋˌkɔma]

| hora (f) de partida | avgångstid (en) | ['avgɔŋsˌtid] |
| hora (f) de chegada | ankomsttid (en) | ['aŋkɔmstˌtid] |

| estar atrasado | att bli försenad | [at bli fœ:'ʂɛnad] |
| atraso (m) de voo | avgångsförsening (en) | ['avgɔŋsˌfœ:'ʂɛniŋ] |

painel (m) de informação	informationstavla (en)	[infɔrma'ɧunsˌtavlˡa]
informação (f)	information (en)	[infɔrma'ɧun]
anunciar (vt)	att meddela	[at 'meˌdelˡa]

133

voo (m)	flyg (ett)	['fl'yg]
alfândega (f)	tull (en)	['tul']
funcionário (m) da alfândega	tulltjänsteman (en)	['tul' 'ɕɛnstə,man]

declaração (f) alfandegária	tulldeklaration (en)	['tul',dɛkl'ara'ɧʊn]
preencher (vt)	att fylla i	[at 'fyl'a 'i]
preencher a declaração	att fylla i en tulldeklaration	[at 'fyl'a i en 'tul',dɛkl'ara'ɧʊn]
controlo (m) de passaportes	passkontroll (en)	['paskɔn,trol']

bagagem (f)	bagage (ett)	[ba'ga:ʃ]
bagagem (f) de mão	handbagage (ett)	['hand ba,ga:ʃ]
carrinho (m)	bagagevagn (en)	[ba'ga:ʃ ,vagn]

aterragem (f)	landning (en)	['l'andniŋ]
pista (f) de aterragem	landningsbana (en)	['l'andniŋs,bana]
aterrar (vi)	att landa	[at 'l'anda]
escada (f) de avião	trappa (en)	['trapa]

check-in (m)	incheckning (en)	['in,ɕɛkniŋ]
balcão (m) do check-in	incheckningsdisk (en)	['in,ɕɛkniŋs 'disk]
fazer o check-in	att checka in	[at 'ɕɛka in]
cartão (m) de embarque	boardingkort (ett)	['bɔ:diŋ,kɔ:t]
porta (f) de embarque	gate (en)	['gejt]

trânsito (m)	transit (en)	['transit]
esperar (vi, vt)	att vänta	[at 'vɛnta]
sala (f) de espera	väntsal (en)	['vɛnt,sal']
despedir-se de ...	att vinka av	[at 'viŋka av]
despedir-se (vr)	att säga adjö	[at 'sɛ:ja a'jø:]

145. Bicicleta. Motocicleta

bicicleta (f)	cykel (en)	['sykəl']
scotter, lambreta (f)	scooter (en)	['sku:tər]
mota (f)	motorcykel (en)	['mʊtʊr,sykəl']

ir de bicicleta	att cykla	[at 'sʏkl'a]
guiador (m)	styre (ett)	['styrə]
pedal (m)	pedal (en)	[pe'dal']
travões (m pl)	bromsar (pl)	['brɔmsar]
selim (m)	sadel (en)	['sadəl']

bomba (f) de ar	pump (en)	['pump]
porta-bagagens (m)	bagagehållare (en)	[ba'ga:ʃ ,ho:l'arə]
lanterna (f)	lykta (en)	['l'ykta]
capacete (m)	hjälm (en)	['jɛl'm]

roda (f)	hjul (ett)	['jʉ:l']
guarda-lamas (m)	stänkskärm (en)	['stɛŋk,ɧæ:rm]
aro (m)	fälg (en)	['fɛlj]
raio (m)	eker (en)	['ɛkər]

Carros

146. Tipos de carros

carro, automóvel (m)	bil (en)	['bilʲ]
carro (m) desportivo	sportbil (en)	['spɔːt̪bilʲ]
limusine (f)	limousine (en)	[limu'siːn]
todo o terreno (m)	terrängbil (en)	[tɛ'rɛŋˌbilʲ]
descapotável (m)	cabriolet (en)	[kabriɔ'lʲeː]
minibus (m)	minibuss (en)	['miniˌbus]
ambulância (f)	ambulans (en)	[ambʉ'lʲans]
limpa-neve (m)	snöplog (en)	['snøːˌplʲʊg]
camião (m)	lastbil (en)	['lʲastˌbilʲ]
camião-cisterna (m)	tankbil (en)	['taŋkˌbilʲ]
carrinha (f)	skåpbil (en)	['skoːpˌbilʲ]
camião-trator (m)	dragbil (en)	['dragˌbilʲ]
atrelado (m)	släpvagn (en)	['slʲɛpˌvagn]
confortável	komfortabel	[kɔmfo'ʈabelʲ]
usado	begagnad	[be'gagnad]

147. Carros. Carroçaria

capô (m)	motorhuv (en)	['mʊtʊr hʉːv]
guarda-lamas (m)	stänkskärm (en)	['stɛŋkˌɧæːrm]
tejadilho (m)	tak (ett)	['tak]
para-brisa (m)	vindruta (en)	['vindˌrʉta]
espelho (m) retrovisor	backspegel (en)	['bakˌspegelʲ]
lavador (m)	vindrutespolar (en)	['vindrʉtəˌspʊlʲar]
limpa-para-brisas (m)	vindrutetorkare (en)	['vindrʉtəˌtorkarə]
vidro (m) lateral	sidoruta (en)	['sidʊˌrʉːta]
elevador (m) do vidro	fönsterhiss (en)	['fœnsterˌhis]
antena (f)	antenn (en)	[an'tɛn]
teto solar (m)	taklucka (en), soltak (ett)	['takˌlʉka], ['solˌtak]
para-choques (m pl)	stötfångare (en)	['støːtˌfɔŋarə]
bagageira (f)	bagageutrymme (ett)	[ba'gaːʃ 'ʉtˌrʏmə]
bagageira (f) de tejadilho	takräcke (ett)	['takˌrɛkə]
porta (f)	dörr (en)	['dœr]
maçaneta (f)	dörrhandtag (ett)	['dœrˌhantag]
fechadura (f)	dörrlås (ett)	['dœrˌlʲoːs]
matrícula (f)	nummerplåt (en)	['numərˌplʲoːt]
silenciador (m)	ljuddämpare (en)	['jʉːdˌdɛmparə]

| tanque (m) de gasolina | bensintank (en) | [bɛn'sin ̩taŋk] |
| tubo (m) de escape | avgasrör (ett) | ['avgas ̩rø:r] |

acelerador (m)	gas (en)	['gas]
pedal (m)	pedal (en)	[pe'dalʲ]
pedal (m) do acelerador	gaspedal (en)	['gas pe'dalʲ]

travão (m)	broms (en)	['brɔms]
pedal (m) do travão	bromspedal (en)	['brɔms pe'dalʲ]
travar (vt)	att bromsa	[at 'brɔmsa]
travão (m) de mão	handbroms (en)	['hand ̩brɔms]

embraiagem (f)	koppling (en)	['kopliŋ]
pedal (m) da embraiagem	kopplingspedal (en)	['kopliŋs pe'dalʲ]
disco (m) de embraiagem	kopplingslamell (en)	['kopliŋs la'mɛlʲ]
amortecedor (m)	stötdämpare (en)	['stø:t ̩dɛmparə]

roda (f)	hjul (ett)	['jʉ:lʲ]
pneu (m) sobresselente	reservhjul (ett)	[re'sɛrv ̩jʉ:lʲ]
pneu (m)	däck (ett)	['dɛk]
tampão (m) de roda	navkapsel (en)	['nav ̩kapsəlʲ]

rodas (f pl) motrizes	drivhjul (pl)	['driv ̩jʉ:lʲ]
de tração dianteira	framhjulsdriven	['framjʉ:lʲs ̩drivən]
de tração traseira	bakhjulsdriven	['bakjʉ:lʲs ̩drivən]
de tração às 4 rodas	fyrahjulsdriven	['fyrajʉ:lʲs ̩drivən]

caixa (f) de mudanças	växellåda (en)	['vɛksəl ̩lʲo:da]
automático	automatisk	[autʊ'matisk]
mecânico	mekanisk	[me'kanisk]
alavanca (f) das mudanças	växelspak (en)	['vɛksəlʲ ̩spak]

| farol (m) | strålkastare (en) | ['stro:lʲ ̩kastarə] |
| faróis, luzes | strålkastare (pl) | ['stro:lʲ ̩kastarə] |

médios (m pl)	halvljus (ett)	[halʲv ̩jʉ:s]
máximos (m pl)	helljus (ett)	['hɛlʲː jʉ:s]
luzes (f pl) de stop	stoppljus (ett)	['stɔp ̩jʉ:s]

mínimos (m pl)	positionsljus (ett)	[pʊsi'ɧʊns ̩jʉ:s]
luzes (f pl) de emergência	nödljus (ett)	['nø:d ̩jʉ:s]
faróis (m pl) antinevoeiro	dimlykta (en)	['dim ̩lʲykta]
pisca-pisca (m)	blinker (en)	['bliŋkər]
luz (f) de marcha atrás	backljus (ett)	['bak ̩jʉ:s]

148. Carros. Habitáculo

interior (m) do carro	interiör, inredning (en)	[intɛ'rjø:r], ['in ̩redniŋ]
de couro, de pele	läder-	['lʲɛ:dər-]
de veludo	velour-	[ve'lʉ:r-]
estofos (m pl)	klädsel (en)	['klʲɛdsəlʲ]

| indicador (m) | instrument (ett) | [instru'mɛnt] |
| painel (m) de instrumentos | instrumentpanel (en) | [instru'mɛnt pa'nəlʲ] |

| velocímetro (m) | hastighetsmätare (en) | ['hastighetsˌmɛ:tarə] |
| ponteiro (m) | visare (en) | ['visarə] |

conta-quilómetros (m)	vägmätare (en)	['vɛ:gˌmɛ:tarə]
sensor (m)	indikator (en)	[indi'katʊr]
nível (m)	nivå (en)	[ni'vo:]
luz (f) avisadora	varningslampa (en)	['va:ɳiŋs ˌlʲampa]

volante (m)	ratt (en)	['rat]
buzina (f)	horn (ett)	['hʊ:ɳ]
botão (m)	knapp (en)	['knap]
interruptor (m)	omskiftare (en)	['ɔmˌhʲiftarə]

assento (m)	säte (ett)	['sɛtə]
costas (f pl) do assento	ryggstöd (ett)	['rʏgˌstø:d]
cabeceira (f)	nackstöd (ett)	['nakˌstø:d]
cinto (m) de segurança	säkerhetsbälte (ett)	['sɛ:kərhetsˌbɛlʲtə]
apertar o cinto	att sätta fast säkerhetsbältet	[at 'sæta fast 'sɛkərhetsˌbɛlʲtət]
regulação (f)	justering (en)	[fʲu'ste:riŋ]

| airbag (m) | krockkudde (en) | ['krɔkˌkudə] |
| ar (m) condicionado | luftkonditionerare (en) | ['lʊftˌkɔndifʲʊ'nerarə] |

rádio (m)	radio (en)	['radiʊ]
leitor (m) de CD	cd-spelare (en)	['sede ˌspelʲarə]
ligar (vt)	att slå på	[at 'slʲo: pɔ]
antena (f)	antenn (en)	[an'tɛn]
porta-luvas (m)	handskfack (ett)	['hanskˌfak]
cinzeiro (m)	askkopp (en)	['askop]

149. Carros. Motor

motor (m)	motor (en)	['mʊtʊr]
diesel	diesel-	['disəlʲ-]
a gasolina	bensin-	[bɛn'sin-]

cilindrada (f)	motorvolym (en)	['mʊtʊr vɔ'lʲym]
potência (f)	styrka (en)	['styrka]
cavalo-vapor (m)	hästkraft (en)	['hɛstˌkraft]
pistão (m)	kolv (en)	['kɔlʲv]
cilindro (m)	cylinder (en)	[sy'lindər]
válvula (f)	ventil (en)	[vɛn'tilʲ]

injetor (m)	injektor (en)	[in'jɛktʊr]
gerador (m)	generator (en)	[jene'ratʊr]
carburador (m)	förgasare (en)	[før'gasarə]
óleo (m) para motor	motorolja (en)	['mʊtʊrˌɔlja]

radiador (m)	kylare (en)	['çylʲarə]
refrigerante (m)	kylvätska (en)	['çylʲˌvɛtska]
ventilador (m)	fläkt (en)	['flʲɛkt]
bateria (f)	batteri (ett)	[batɛ'ri:]
dispositivo (m) de arranque	starter, startmotor (en)	[sta:tə], ['sta:tˌmʊtʊr]

ignição (f)	tändning (en)	['tɛndniŋ]
vela (f) de ignição	tändstift (ett)	['tɛnd‚stift]

borne (m)	klämma (en)	['klʲɛma]
borne (m) positivo	plusklämma (en)	['plʉs‚klʲɛma]
borne (m) negativo	minusklämma (en)	['minʉs‚klʲɛma]
fusível (m)	säkring (en)	['sɛkriŋ]

filtro (m) de ar	luftfilter (ett)	['lʉft‚filʲtər]
filtro (m) de óleo	oljefilter (ett)	['ɔljə‚filʲtər]
filtro (m) de combustível	bränslefilter (ett)	['brɛnslʲe‚filʲtər]

150. Carros. Batidas. Reparação

acidente (m) de carro	bilolycka (en)	['bilʲ ʉː'lʲyka]
acidente (m) rodoviário	trafikolycka (en)	[tra'fik ʉː'lʲyka]
ir contra …	att köra in i …	[at 'ɕøːra in i …]
sofrer um acidente	att haverera	[at have'rera]
danos (m pl)	skada (en)	['skada]
intato	oskadad	[ʉː'skadad]

avaria (no motor, etc.)	haveri (ett)	[have'riː]
avariar (vi)	att bryta ihop	[at 'bryta i'hʊp]
cabo (m) de reboque	bogserlina (en)	['bʊksɛːr‚lina]

furo (m)	punktering (en)	[pʊŋk'teriŋ]
estar furado	att vara punkterat	[at 'vara pʊŋk'terat]
encher (vt)	att pumpa upp	[at 'pumpa up]
pressão (f)	tryck (ett)	['trʏk]
verificar (vt)	att checka	[at 'ɕɛka]

reparação (f)	reparation (en)	[repara'ɧʊn]
oficina (f)	bilverkstad (en)	['bilʲvɛrk‚stad]
de reparação de carros		
peça (f) sobresselente	reservdel (en)	[re'sɛrv‚delʲ]
peça (f)	del (en)	['delʲ]

parafuso (m)	bult (en)	['bulʲt]
parafuso (m)	skruv (en)	['skrʉːv]
porca (f)	mutter (en)	['mutər]
anilha (f)	bricka (en)	['brika]
rolamento (m)	lager (ett)	['lʲagər]

tubo (m)	rör (ett)	['røːr]
junta (f)	tätning (en)	['tɛtniŋ]
fio, cabo (m)	ledning (en)	['lʲedniŋ]

macaco (m)	domkraft (en)	['dʊm‚kraft]
chave (f) de boca	skruvnyckel (en)	['skrʉːv‚nʏkəlʲ]
martelo (m)	hammare (en)	['hamarə]
bomba (f)	pump (en)	['pump]
chave (f) de fendas	skruvmejsel (en)	['skrʉːv‚mɛjsəlʲ]
extintor (m)	brandsläckare (en)	['brand‚slʲɛkarə]
triângulo (m) de emergência	varningstriangel (en)	['vaːŋiŋs tri'aŋəlʲ]

parar (vi) (motor)	att stanna	['stana]
paragem (f)	tjuvstopp (ett)	['ɕʉvstɔp]
estar quebrado	att vara trasig	[at 'vara ˌtrasig]

superaquecer-se (vr)	att bli överhettad	[at bli 'øvəˌhɛtad]
entupir-se (vr)	att bli igensatt	[at bli 'ijɛnsat]
congelar-se (vr)	att frysa	[at 'frysa]
rebentar (vi)	att spricka, att brista	[at 'sprika], [at 'brista]

pressão (f)	tryck (ett)	['trʏk]
nível (m)	nivå (en)	[ni'vo:]
frouxo	slak	['slʲak]

mossa (f)	buckla (en)	['buklʲa]
ruído (m)	knackande ljud (ett)	['knakandəˌjʉ:d]
fissura (f)	spricka (en)	['sprika]
arranhão (m)	repa, skråma (en)	['repa], ['skroma]

151. Carros. Estrada

estrada (f)	väg (en)	['vɛ:g]
autoestrada (f)	huvudväg (en)	['hʉːvʉdˌvɛ:g]
rodovia (f)	motorväg (en)	['mʊtʊrˌvɛ:g]
direção (f)	riktning (en)	['rɪktniŋ]
distância (f)	avstånd (ett)	['avˌstɔnd]

ponte (f)	bro (en)	['brʊ]
parque (m) de estacionamento	parkeringsplats (en)	[par'keriŋsˌplʲats]
praça (f)	torg (ett)	['tɔrj]
nó (m) rodoviário	trafikplats, vägkorsning (en)	[tra'fik,plʲats], ['vɛ:gˌkɔ:ʂniŋ]
túnel (m)	tunnel (en)	['tunəlʲ]

posto (m) de gasolina	bensinstation (en)	[bɛn'sinˌsta'ʃʊn]
parque (m) de estacionamento	parkeringsplats (en)	[par'keriŋsˌplʲats]
bomba (f) de gasolina	bensinpump (en)	[bɛn'sinˌpump]
oficina (f) de reparação de carros	bilverkstad (en)	['bilʲvɛrkˌstad]
abastecer (vt)	att tanka	[at 'taŋka]
combustível (m)	bränsle (ett)	['brɛnslʲe]
bidão (m) de gasolina	dunk (en)	['du:ŋk]

asfalto (m)	asfalt (en)	['asfalʲt]
marcação (f) de estradas	vägmarkering (en)	['vɛ:gˌmar'keriŋ]
lancil (m)	trottoarkant (en)	[trɔtʊ'arˌkant]
proteção (f) guard-rail	vägräcke (ett)	['vɛ:gˌrɛkə]
valeta (f)	vägdike (ett)	['vɛ:gˌdikə]
berma (f) da estrada	vägkant (en)	['vɛ:gˌkant]
poste (m) de luz	lyktstolpe (en)	['lʲykˌstɔlʲpə]

conduzir, guiar (vt)	att köra	[at 'ɕø:ra]
virar (ex. ~ à direita)	att svänga	[at 'svɛŋa]
dar retorno	att göra en u-sväng	[at 'jø:ra en 'ʉ:ˌsvɛŋ]
marcha-atrás (f)	backning (en)	['bakniŋ]

buzinar (vi)	att tuta	[at 'tʉːta]
buzina (f)	tuta (en)	['tʉːta]
atolar-se (vr)	att köra fast	[at 'ɕøːra fast]
patinar (na lama)	att spinna	[at 'spina]
desligar (vt)	att stanna	[at 'stana]
velocidade (f)	hastighet (en)	['hastig̩het]
exceder a velocidade	att överstiga hastighetsgränsen	[at 'øːvə̩stiga 'hastighets̩grɛnsən]
multar (vt)	att bötfälla	[at 'bøt̩fɛlʲa]
semáforo (m)	trafikljus (ett)	[tra'fikjʉːs]
carta (f) de condução	körkort (ett)	['ɕøːr̩kɔːt]
passagem (f) de nível	överkörsväg (en)	['øːvə̩ɕøːʂvɛːg]
cruzamento (m)	korsning (en)	['kɔːʂniŋ]
passadeira (f)	övergångsställe (ett)	['øːvərgɔŋs̩stɛlʲe]
curva (f)	kurva, krök (en)	['kurva], ['krøːk]
zona (f) pedonal	gånggata (en)	['gɔŋ̩gata]

PESSOAS. EVENTOS

Eventos

152. Férias. Evento

festa (f)	fest (en)	['fɛst]
festa (f) nacional	nationaldag (en)	[natʃʉ'nalʲˌdag]
feriado (m)	helgdag (en)	['hɛljˌdag]
festejar (vt)	att fira	[at 'fira]
evento (festa, etc.)	begivenhet (en)	[be'jivənˌhet]
evento (banquete, etc.)	evenemang (ett)	[ɛvenə'maŋ]
banquete (m)	bankett (en)	[baŋ'ket]
receção (f)	reception (en)	[resɛp'ʃʊn]
festim (m)	fest (en)	['fɛst]
aniversário (m)	årsdag (en)	['oːʂˌdag]
jubileu (m)	jubileum (ett)	[jʉbi'lʲeum]
celebrar (vt)	att fira	[at 'fira]
Ano (m) Novo	nyår (ett)	['nyˌoːr]
Feliz Ano Novo!	Gott Nytt År!	[gɔt nʏt 'oːr]
Pai (m) Natal	Jultomten	['julʲˌtɔmtən]
Natal (m)	jul (en)	['juːlʲ]
Feliz Natal!	God jul!	[ˌgʊd 'juːlʲ]
árvore (f) de Natal	julgran (en)	['julʲˌgran]
fogo (m) de artifício	fyrverkeri (ett)	[fyrvɛrke'riː]
boda (f)	bröllop (ett)	['brœlʲɔp]
noivo (m)	brudgum (en)	['brʉːdˌguːm]
noiva (f)	brud (en)	['brʉːd]
convidar (vt)	att inbjuda, att invitera	[at in'bjʉːda], [at invi'tera]
convite (m)	inbjudan (en)	[in'bjʉːdan]
convidado (m)	gäst (en)	['jɛst]
visitar (vt)	att besöka	[at be'søːka]
receber os hóspedes	att hälsa på gästerna	[at 'hɛlʲsa pɔ 'jɛsteɳa]
presente (m)	gåva, present (en)	['goːva], [pre'sɛnt]
oferecer (vt)	att ge	[at jeː]
receber presentes	att få presenter	[at foː pre'sɛntər]
ramo (m) de flores	bukett (en)	[bʉ'kɛt]
felicitações (f pl)	lyckönskning (en)	['lʲykˌønskniŋ]
felicitar (dar os parabéns)	att gratulera	[at gratʉ'lʲera]
cartão (m) de parabéns	gratulationskort (ett)	[gratʉlʲa'ʃʊnsˌkɔːt]

| enviar um postal | att skicka vykort | [at 'ɧika 'vyˌkɔːt] |
| receber um postal | att få vykort | [at foː 'vyˌkɔːt] |

brinde (m)	skål (en)	['skoːlʲ]
oferecer (vt)	att bjuda	[at 'bjʉːda]
champanhe (m)	champagne (en)	[ɧamˈpanʲ]

divertir-se (vr)	att ha roligt	[at ha 'rʊlit]
diversão (f)	uppsluppenhet (en)	['upˌslupənhet]
alegria (f)	glädje (en)	['glʲɛdjə]

| dança (f) | dans (en) | ['dans] |
| dançar (vi) | att dansa | [at 'dansa] |

| valsa (f) | vals (en) | ['valʲs] |
| tango (m) | tango (en) | ['taŋgɔ] |

153. Funerais. Enterro

cemitério (m)	kyrkogård (en)	['ɕyrkʊˌgoːɖ]
sepultura (f), túmulo (m)	grav (en)	['grav]
cruz (f)	kors (ett)	['kɔːʂ]
lápide (f)	gravsten (en)	['gravˌsten]
cerca (f)	stängsel (ett)	['stɛŋsəlʲ]
capela (f)	kapell (ett)	[kaˈpɛlʲ]

morte (f)	död (en)	['døːd]
morrer (vi)	att dö	[at 'døː]
defunto (m)	den avlidne	[dɛn 'avˌlidnə]
luto (m)	sorg (en)	['sɔrj]

enterrar, sepultar (vt)	att begrava	[at beˈgrava]
agência (f) funerária	begravningsbyrå (en)	[beˈgravniŋsˌbyroː]
funeral (m)	begravning (en)	[beˈgravniŋ]

coroa (f) de flores	krans (en)	['krans]
caixão (m)	likkista (en)	['likˌɕista]
carro (m) funerário	likvagn (en)	['likˌvagn]
mortalha (f)	liksvepning (en)	['likˌsvɛpniŋ]

procissão (f) funerária	begravningståg (ett)	[beˈgravniŋsˌtoːg]
urna (f) funerária	gravurna (en)	['gravˌuːɳa]
crematório (m)	krematorium (ett)	[kremaˈtɔrium]

obituário (m), necrologia (f)	nekrolog (en)	[nɛkrʊˈlʲɔg]
chorar (vi)	att gråta	[at 'groːta]
soluçar (vi)	att snyfta	[at 'snʏfta]

154. Guerra. Soldados

| pelotão (m) | pluton (en) | [plʉˈtʊn] |
| companhia (f) | kompani (ett) | [kɔmpaˈniː] |

regimento (m)	regemente (ett)	[rege'mɛntə]
exército (m)	här, armé (en)	['hæːr], [ar'meː]
divisão (f)	division (en)	[divi'ʃʊn]

| destacamento (m) | trupp (en) | ['trup] |
| hoste (f) | här (en) | ['hæːr] |

| soldado (m) | soldat (en) | [sʊlʲ'dat] |
| oficial (m) | officer (en) | [ɔfi'seːr] |

soldado (m) raso	menig (en)	['menig]
sargento (m)	sergeant (en)	[sɛr'ɧant]
tenente (m)	löjtnant (en)	['lʲœjt,nant]
capitão (m)	kapten (en)	[kap'ten]
major (m)	major (en)	[ma'jʊːr]
coronel (m)	överste (en)	['øːvəʂtə]
general (m)	general (en)	[jene'ralʲ]

marujo (m)	sjöman (en)	['ɧøː,man]
capitão (m)	kapten (en)	[kap'ten]
contramestre (m)	båtsman (en)	['botsman]

artilheiro (m)	artillerist (en)	[aːʈilʲe'rist]
soldado (m) paraquedista	fallskärmsjägare (en)	['falʲɧæːrms ,jɛːgarə]
piloto (m)	flygare (en)	['flʲygarə]
navegador (m)	styrman (en)	['styr,man]
mecânico (m)	mekaniker (en)	[me'kanikər]

sapador (m)	pionjär (en)	[piʊ'njæːr]
paraquedista (m)	fallskärmshoppare (en)	['falʲɧæːrms ,hɔparə]
explorador (m)	spaningssoldat (en)	['spaniŋs sʊlʲ'dat]
franco-atirador (m)	prickskytt (en)	['prik,ɧyt]

patrulha (f)	patrull (en)	[pat'rulʲ]
patrulhar (vt)	att patrullera	[at patru'lʲera]
sentinela (f)	vakt (en)	['vakt]

| guerreiro (m) | krigare (en) | ['krigarə] |
| patriota (m) | patriot (en) | [patri'ʊt] |

| herói (m) | hjälte (en) | ['jɛlʲtə] |
| heroína (f) | hjältinna (en) | ['jɛlʲ,tina] |

| traidor (m) | förrädare (en) | [fœ'rɛːdarə] |
| trair (vt) | att förråda | [at fœ'roːda] |

| desertor (m) | desertör (en) | [desɛ'ʈøːr] |
| desertar (vt) | att desertera | [at desɛ'ʈera] |

mercenário (m)	legosoldat (en)	['lʲegʊ,sʊlʲ'dat]
recruta (m)	rekryt (en)	[rɛk'ryt]
voluntário (m)	frivillig (en)	['fri,vilig]

morto (m)	döda (en)	['døːda]
ferido (m)	sårad (en)	['soːrad]
prisioneiro (m) de guerra	fånge (en)	['foŋə]

155. Guerra. Ações militares. Parte 1

guerra (f)	krig (ett)	['krig]
guerrear (vt)	att vara i krig	[at 'vara i ˌkrig]
guerra (f) civil	inbördeskrig (ett)	['inbø:dɛsˌkrig]

perfidamente	lömsk, förrädisk	['lʲømsk], [fœ:'rɛdisk]
declaração (f) de guerra	krigsförklaring (en)	['krigsˌførˈklʲariŋ]
declarar (vt) guerra	att förklara	[at førˈklʲara]
agressão (f)	aggression (en)	[agrɛ'ʃʊn]
atacar (vt)	att angripa	[at 'anˌgripa]

invadir (vt)	att invadera	[at inva'dera]
invasor (m)	angripare (en)	['anˌgriparə]
conquistador (m)	erövrare (en)	[ɛ'rœvrarə]

defesa (f)	försvar (ett)	[fœ:'ʂvar]
defender (vt)	att försvara	[at fœ:'ʂvara]
defender-se (vr)	att försvara sig	[at fœ:'ʂvara sɛj]

inimigo (m)	fiende (en)	['fjɛndə]
adversário (m)	motståndare (en)	['mʊtˌstɔndarə]
inimigo	fientlig	['fjɛntlig]

| estratégia (f) | strategi (en) | [strate'ɧi:] |
| tática (f) | taktik (en) | [tak'tik] |

ordem (f)	order (en)	['ɔːdər]
comando (m)	order, kommando (en)	['ɔːdər], [kɔm'mandʊ]
ordenar (vt)	att beordra	[at be'oːdra]
missão (f)	uppdrag (ett)	['updrag]
secreto	hemlig	['hɛmlig]

batalha (f)	batalj (en)	[ba'talʲ]
batalha (f)	slag (ett)	['slʲag]
combate (m)	kamp (en)	['kamp]

ataque (m)	angrepp (ett)	['anˌgrɛp]
assalto (m)	stormning (en)	['stɔrmniŋ]
assaltar (vt)	att storma	[at 'stɔrma]
assédio, sítio (m)	belägring (en)	[be'lʲɛgriŋ]

| ofensiva (f) | offensiv (en) | ['ɔfɛnˌsiːv] |
| passar à ofensiva | att angripa | [at 'anˌgripa] |

| retirada (f) | reträtt (en) | [rɛ'træt] |
| retirar-se (vr) | att retirera | [at reti'rera] |

| cerco (m) | omringning (en) | ['ɔmˌriŋniŋ] |
| cercar (vt) | att omringa | [at 'ɔmˌriŋa] |

bombardeio (m)	bombning (en)	['bɔmbniŋ]
lançar uma bomba	att släppa en bomb	[at 'slʲepa en bɔmb]
bombardear (vt)	att bombardera	[at bɔmba'dera]
explosão (f)	explosion (en)	[ɛksplʲɔ'ʃʊn]

tiro (m)	skott (ett)	['skɔt]
disparar um tiro	att skjuta	[at 'ʃʉːta]
tiroteio (m)	skjutande (ett)	['ʃʉːtandə]

apontar para ...	att sikta på ...	[at 'sikta pɔ ...]
apontar (vt)	att rikta	[at 'rikta]
acertar (vt)	att träffa	[at 'trɛfa]

afundar (um navio)	att sänka	[at 'sɛŋka]
brecha (f)	hål (ett)	['hoːlʲ]
afundar-se (vr)	att sjunka	[at 'ʃuŋka]

frente (m)	front (en)	['frɔnt]
evacuação (f)	evakuering (en)	[ɛvakʉ'eːriŋ]
evacuar (vt)	att evakuera	[at ɛvakʉ'eːra]

trincheira (f)	skyttegrav (en)	['ʃʏtəˌgrav]
arame (m) farpado	taggtråd (en)	['tagˌtroːd]
obstáculo (m) anticarro	avspärning (en)	['avˌspɛrniŋ]
torre (f) de vigia	vakttorn (ett)	['vaktˌtʉːn̩]

hospital (m)	militärsjukhus (ett)	[mili'tæːrsˌhʉs]
ferir (vt)	att såra	[at 'soːra]
ferida (f)	sår (ett)	['soːr]
ferido (m)	sårad (en)	['soːrad]
ficar ferido	att bli sårad	[at bli 'soːrad]
grave (ferida ~)	allvarlig	[alʲ'vaːlʲig]

156. Armas

arma (f)	vapen (ett)	['vapən]
arma (f) de fogo	skjutvapen (ett)	['ʃʉːtˌvapən]
arma (f) branca	blank vapen (ett)	['blʲaŋk 'vapən]

arma (f) química	kemiskt vapen (ett)	['çemiskt 'vapən]
nuclear	kärn-	['çæːŋ-]
arma (f) nuclear	kärnvapen (ett)	['çæːŋˌvapən]

bomba (f)	bomb (en)	['bɔmb]
bomba (f) atómica	atombomb (en)	[a'tɔmˌbɔmb]

pistola (f)	pistol (en)	[pi'stʉlʲ]
caçadeira (f)	gevär (ett)	[je'væːr]
pistola-metralhadora (f)	maskinpistol (en)	[ma'ʃiːn pi'stʉlʲ]
metralhadora (f)	maskingevär (ett)	[ma'ʃiːn je'væːr]

boca (f)	mynning (en)	['mʏniŋ]
cano (m)	lopp (ett)	['lʲɔp]
calibre (m)	kaliber (en)	[ka'libər]

gatilho (m)	avtryckare (en)	['avˌtrʏkarə]
mira (f)	sikte (ett)	['siktə]
carregador (m)	magasin (ett)	[maga'sin]
coronha (f)	kolv (en)	['kɔlʲv]

| granada (f) de mão | handgranat (en) | ['hand gra‚nat] |
| explosivo (m) | sprängämne (ett) | ['sprɛŋ‚ɛmnə] |

bala (f)	kula (en)	['kʉːlʲa]
cartucho (m)	patron (en)	[pa'trʊn]
carga (f)	laddning (en)	['lʲadniŋ]
munições (f pl)	ammunition (en)	[amʉni'ɧʊn]

bombardeiro (m)	bombplan (ett)	['bɔmb‚plʲan]
avião (m) de caça	jaktplan (ett)	['jakt‚plʲan]
helicóptero (m)	helikopter (en)	[heli'kɔptər]

canhão (m) antiaéreo	luftvärnskanon (en)	['lʉftvæːŋs ka'nʊn]
tanque (m)	stridsvagn (en)	['strids‚vagn]
canhão (de um tanque)	kanon (en)	[ka'nʊn]

artilharia (f)	artilleri (ett)	[aːʈilʲe'riː]
canhão (m)	kanon (en)	[ka'nʊn]
fazer a pontaria	att rikta in	[at 'rikta in]

obus (m)	projektil (en)	[prʊŋek'tilʲ]
granada (f) de morteiro	granat (en)	[gra'nat]
morteiro (m)	granatkastare (en)	[gra'nat‚kastarə]
estilhaço (m)	splitter (ett)	['splitər]

submarino (m)	ubåt (en)	[ʉ:'boːt]
torpedo (m)	torped (en)	[tɔr'ped]
míssil (m)	robot, missil (en)	['rɔbɔt], [mi'silʲ]

carregar (uma arma)	att ladda	[at 'lʲada]
atirar, disparar (vi)	att skjuta	[at 'ɧʉːta]
apontar para ...	att sikta på ...	[at 'sikta pɔ ...]
baioneta (f)	bajonett (en)	[bajʉ'nɛt]

espada (f)	värja (en)	['væːrja]
sabre (m)	sabel (en)	['sabəlʲ]
lança (f)	spjut (ett)	['spjʉːt]
arco (m)	båge (en)	['boːgə]
flecha (f)	pil (en)	['pilʲ]
mosquete (m)	musköt (en)	[mu'skøːt]
besta (f)	armborst (ett)	['arm‚bɔːʂt]

157. Povos da antiguidade

primitivo	ur-	['ʉr-]
pré-histórico	förhistorisk	['førhi‚stʉrisk]
antigo	forntida, antikens	['fʉːn‚tida], [an'tikəns]

Idade (f) da Pedra	Stenåldern	['sten‚ɔːlʲdɛːŋ]
Idade (f) do Bronze	bronsålder (en)	['brɔns‚ɔːlʲdər]
período (m) glacial	istid (en)	['is‚tid]

| tribo (f) | stam (en) | ['stam] |
| canibal (m) | kannibal (en) | [kani'balʲ] |

caçador (m)	jägare (en)	['jɛːgarə]
caçar (vi)	att jaga	[at 'jaga]
mamute (m)	mammut (en)	[ma'mut]

caverna (f)	grotta (en)	['grɔta]
fogo (m)	eld (en)	['ɛlʲd]
fogueira (f)	bål (ett)	['boːlʲ]
pintura (f) rupestre	hällristning (en)	['hɛlʲˌristniŋ]

ferramenta (f)	redskap (ett)	['rɛdˌskap]
lança (f)	spjut (ett)	['spjɐːt]
machado (m) de pedra	stenyxa (en)	['stenˌyksa]
guerrear (vt)	att vara i krig	[at 'vara i ˌkrig]
domesticar (vt)	att tämja	[at 'tɛmja]

ídolo (m)	idol (en)	[i'dɔlʲ]
adorar, venerar (vt)	att dyrka	[at 'dyrka]
superstição (f)	vidskepelse (en)	['vidˌɧɛpəlʲsə]
ritual (m)	ritual (en)	[ritu'alʲ]

evolução (f)	evolution (en)	[ɛvɔlɐ'ɧʊn]
desenvolvimento (m)	utveckling (en)	['ɐtˌvɛkliŋ]
desaparecimento (m)	försvinnande (ett)	[fœːˈsvinandə]
adaptar-se (vr)	att anpassa sig	[at 'anˌpasa sɛj]

arqueologia (f)	arkeologi (en)	[ˌarkeʊlʲɔ'giː]
arqueólogo (m)	arkeolog (en)	[ˌarkeʊ'lʲɔg]
arqueológico	arkeologisk	[ˌarkeʊ'lʲɔgisk]

local (m) das escavações	utgrävningsplats (en)	['ɐtˌgrɛvniŋs 'plʲats]
escavações (f pl)	utgrävningar (pl)	['ɐtˌgrɛvniŋar]
achado (m)	fynd (ett)	['fʏnd]
fragmento (m)	fragment (ett)	[frag'mɛnt]

158. Idade média

povo (m)	folk (ett)	['fɔlʲk]
povos (m pl)	folk (pl)	['fɔlʲk]
tribo (f)	stam (en)	['stam]
tribos (f pl)	stammar (pl)	['stamar]

bárbaros (m pl)	barbarer (pl)	[bar'barər]
gauleses (m pl)	galler (pl)	['galʲer]
godos (m pl)	goter (pl)	['gʊtər]
eslavos (m pl)	slavar (pl)	['slʲavar]
víquingues (m pl)	vikingar (pl)	['vikiŋar]

| romanos (m pl) | romare (pl) | ['rʊmarə] |
| romano | romersk | ['rʊmɛsk] |

bizantinos (m pl)	bysantiner (pl)	[bysan'tinər]
Bizâncio	Bysans	['bysans]
bizantino	bysantinsk	[bysan'tinsk]
imperador (m)	kejsare (en)	['ɕejsarə]

líder (m)	hövding (en)	['hœvdiŋ]
poderoso	mäktig, kraftfull	['mɛktig], ['kraft,ful']
rei (m)	kung (en)	['kuŋ]
governante (m)	härskare (en)	['hæːʂkarə]
cavaleiro (m)	riddare (en)	['ridarə]
senhor feudal (m)	feodalherre (en)	[feʊ'dal',hærə]
feudal	feodal-	[feʊ'dal'-]
vassalo (m)	vasall (en)	[va'sal']
duque (m)	hertig (en)	['hɛːʈig]
conde (m)	greve (en)	['grevə]
barão (m)	baron (en)	[ba'rʊn]
bispo (m)	biskop (en)	['biskɔp]
armadura (f)	rustning (en)	['rustniŋ]
escudo (m)	sköld (en)	['ɧœl'd]
espada (f)	svärd (ett)	['svæːɖ]
viseira (f)	visir (ett)	[vi'sir]
cota (f) de malha	ringbrynja (en)	['riŋ,brʏnja]
cruzada (f)	korståg (ett)	['kɔːʂ,toːg]
cruzado (m)	korsfarare (en)	['kɔːʂ,fararə]
território (m)	territorium (ett)	[tɛri'tʊrium]
atacar (vt)	att angripa	[at 'an,gripa]
conquistar (vt)	att erövra	[at ɛ'rœvra]
ocupar, invadir (vt)	att ockupera	[at ɔkʉp'era]
assédio, sítio (m)	belägring (en)	[be'l'ɛgriŋ]
sitiado	belägrad	[be'l'ɛgrad]
assediar, sitiar (vt)	att belägra	[at be'l'ɛgra]
inquisição (f)	inkvisition (en)	[iŋkvisi'ɧʊn]
inquisidor (m)	inkvisitor (en)	[iŋkvi'sitʊr]
tortura (f)	tortyr (en)	[tɔː'ʈyr]
cruel	brutal	[brʉ'tal']
herege (m)	kättare (en)	['çætarə]
heresia (f)	kätteri (ett)	[çæte'riː]
navegação (f) marítima	sjöfart (en)	['ɧøːˌfaːt]
pirata (m)	pirat, sjörövare (en)	[pi'rat], ['ɧøːˌrøːvarə]
pirataria (f)	sjöröveri (ett)	['ɧøːˌrøːve'riː]
abordagem (f)	äntring (en)	['ɛntriŋ]
presa (f), butim (m)	byte (ett)	['bytə]
tesouros (m pl)	skatter (pl)	['skatər]
descobrimento (m)	upptäckt (en)	['up,tɛkt]
descobrir (novas terras)	att upptäcka	[at 'up,tɛka]
expedição (f)	expedition (en)	[ɛkspedi'ɧʊn]
mosqueteiro (m)	musketör (en)	[muskə'tøːr]
cardeal (m)	kardinal (en)	[kaːɖi'nal']
heráldica (f)	heraldik (en)	[heral'dik]
heráldico	heraldisk	[he'ral'disk]

159. Líder. Chefe. Autoridades

rei (m)	kung (en)	['kuŋ]
rainha (f)	drottning (en)	['drɔtniŋ]
real	kunglig	['kuŋlig]
reino (m)	kungarike (ett)	['kuŋaˌrikə]

príncipe (m)	prins (en)	['prins]
princesa (f)	prinsessa (en)	[prin'sɛsa]

presidente (m)	president (en)	[prɛsi'dɛnt]
vice-presidente (m)	vicepresident (en)	['visəˌprɛsi'dɛnt]
senador (m)	senator (en)	[se'natʊr]

monarca (m)	monark (en)	[mʊ'nark]
governante (m)	härskare (en)	['hæːʂkarə]
ditador (m)	diktator (en)	[dik'tatʊr]
tirano (m)	tyrann (en)	[ty'ran]
magnata (m)	magnat (en)	[mag'nat]

diretor (m)	direktör (en)	[dirɛk'tøːr]
chefe (m)	chef (en)	['ɧef]
dirigente (m)	föreståndare (en)	[førə'stɔndarə]
patrão (m)	boss (en)	['bɔs]
dono (m)	ägare (en)	['ɛːgarə]

líder, chefe (m)	ledare (en)	['lʲedarə]
chefe (~ de delegação)	ledare (en)	['lʲedarə]
autoridades (f pl)	myndigheter (pl)	['mʏndiˌhetər]
superiores (m pl)	överordnade (pl)	['øːvərˌɔːɖnadə]

governador (m)	guvernör (en)	[gʉvɛ:'ŋøːr]
cônsul (m)	konsul (en)	['kɔnsulʲ]
diplomata (m)	diplomat (en)	[diplʲo'mat]
Presidente (m) da Câmara	borgmästare (en)	['bɔrjˌmɛstarə]
xerife (m)	sheriff (en)	[ʃe'rif]

imperador (m)	kejsare (en)	['ɕejsarə]
czar (m)	tsar (en)	['tsar]
faraó (m)	farao (en)	['faraʊ]
cã (m)	kan (en)	['kan]

160. Viloação da lei. Criminosos. Parte 1

bandido (m)	bandit (en)	[ban'dit]
crime (m)	brott (ett)	['brɔt]
criminoso (m)	förbrytare (en)	[før'brytarə]

ladrão (m)	tjuv (en)	['ɕʉːv]
roubar (vt)	att stjäla	[at 'ɧɛːlʲa]
furto (m)	tjuveri (ett)	[ɕʉvə'riː]
furto (m)	stöld (en)	['stœlʲd]
raptar (ex. ~ uma criança)	att kidnappa	[at 'kidˌnapa]

| rapto (m) | kidnapping (en) | ['kid,napiŋ] |
| raptor (m) | kidnappare (en) | ['kid,naparə] |

| resgate (m) | lösesumma (en) | ['lʲø:sə,suma] |
| pedir resgate | att kräva lösesumma | [at 'krɛ:va 'lʲø:sə,suma] |

roubar (vt)	att råna	[at 'ro:na]
assalto, roubo (m)	rån (ett)	['ro:n]
assaltante (m)	rånare (en)	['ro:narə]

extorquir (vt)	att pressa ut	[at 'prɛsa ʉt]
extorsionário (m)	utpressare (en)	['ʉt,prɛsarə]
extorsão (f)	utpressning (en)	['ʉt,prɛsniŋ]

matar, assassinar (vt)	att mörda	[at 'mø:ɖa]
homicídio (m)	mord (ett)	['mʊ:ɖ]
homicida, assassino (m)	mördare (en)	['mø:ɖarə]

tiro (m)	skott (ett)	['skɔt]
dar um tiro	att skjuta	[at 'ɧʉ:ta]
matar a tiro	att skjuta ner	[at 'ɧʉ:ta ner]
atirar, disparar (vi)	att skjuta	[at 'ɧʉ:ta]
tiroteio (m)	skjutande (ett)	['ɧʉ:tandə]

incidente (m)	händelse (en)	['hɛndəlʲsə]
briga (~ de rua)	slagsmål (ett)	['slʲaks,mo:lʲ]
Socorro!	Hjälp!	['jɛlʲp]
vítima (f)	offer (ett)	['ɔfər]

danificar (vt)	att skada	[at 'skada]
dano (m)	skada (en)	['skada]
cadáver (m)	lik (ett)	['lik]
grave	allvarligt	[alʲ'va:lʲit]

atacar (vt)	att anfalla	[at 'anfalʲa]
bater (espancar)	att slå	[at 'slʲo:]
espancar (vt)	att prygla	[at 'prɣglʲa]
tirar, roubar (dinheiro)	att beröva	[at be'rø:va]
esfaquear (vt)	att skära ihjäl	[at 'ɧæ:ra i'jɛlʲ]
mutilar (vt)	att lemlästa	[at 'lem,lɛsta]
ferir (vt)	att såra	[at 'so:ra]

chantagem (f)	utpressning (en)	['ʉt,prɛsniŋ]
chantagear (vt)	att utpressa	[at 'ʉt,prɛsa]
chantagista (m)	utpressare (en)	['ʉt,prɛsarə]

extorsão (em troca de proteção)	utpressning (en)	['ʉt,prɛsniŋ]
extorsionário (m)	utpressare (en)	['ʉt,prɛsarə]
gângster (m)	gangster (en)	['gaŋstər]
máfia (f)	maffia (en)	['mafia]

carteirista (m)	ficktjuv (en)	['fik,çʉ:v]
assaltante, ladrão (m)	inbrottstjuv (en)	['inbrɔts,çʉ:v]
contrabando (m)	smuggling (en)	['smugliŋ]
contrabandista (m)	smugglare (en)	['smuglʲarə]

falsificação (f)	förfalskning (en)	[før'falˈsknɪŋ]
falsificar (vt)	att förfalska	[at før'falˈska]
falsificado	falsk	['falˈsk]

161. Viloação da lei. Criminosos. Parte 2

violação (f)	våldtäkt (en)	['vo:lʲˌtɛkt]
violar (vt)	att våldta	[at 'vo:lʲˌta]
violador (m)	våldtäktsman (en)	['vo:lʲtɛktsˌman]
maníaco (m)	maniker (en)	['manɪkər]

prostituta (f)	prostituerad (en)	[prɔstitʉ'ɛrad]
prostituição (f)	prostitution (en)	[prɔstitʉ'ɧʊn]
chulo (m)	hallik (en)	['halik]

toxicodependente (m)	narkoman (en)	[narkʊ'man]
traficante (m)	droglangare (en)	['drʊg,lʲaŋarə]

explodir (vt)	att spränga	[at 'sprɛŋa]
explosão (f)	explosion (en)	[ɛk.splʲo'ɧʊn]
incendiar (vt)	att sätta eld	[at 'sæta ˌɛlʲd]
incendiário (m)	mordbrännare (en)	['mʊ:d̥ˌbrɛnarə]

terrorismo (m)	terrorism (en)	[tɛrʊ'rism]
terrorista (m)	terrorist (en)	[tɛrʊ'rist]
refém (m)	gisslan (en)	['jislʲan]

enganar (vt)	att bedra	[at be'dra]
engano (m)	bedrägeri (en)	[bedrɛ:ge'ri:]
vigarista (m)	bedragare (en)	[be'dragarə]

subornar (vt)	att muta, att besticka	[at 'mʉ:ta], [at be'stika]
suborno (atividade)	muta (en)	['mʉ:ta]
suborno (dinheiro)	muta (en)	['mʉ:ta]

veneno (m)	gift (en)	['jift]
envenenar (vt)	att förgifta	[at før'jifta]
envenenar-se (vr)	att förgifta sig själv	[at før'jifta sɛj ɧɛlʲv]

suicídio (m)	självmord (ett)	['ɧɛlʲvˌmʊ:d̥]
suicida (m)	självmördare (en)	['ɧɛlʲvˌmø:d̥arə]

ameaçar (vt)	att hota	[at 'hʊta]
ameaça (f)	hot (ett)	['hʊt]
atentar contra a vida de …	att begå mordförsök	[at be'go 'mʊ:d̥fœ:ˌɕø:k]
atentado (m)	mordförsök (ett)	['mʊ:d̥fœ:ˌɕø:k]

roubar (o carro)	att stjäla	[at 'ɧɛ:lʲa]
desviar (o avião)	att kapa	[at 'kapa]

vingança (f)	hämnd (en)	['hɛmnd]
vingar (vt)	att hämnas	[at 'hɛmnas]
torturar (vt)	att tortera	[at tɔ:'tera]
tortura (f)	tortyr (en)	[tɔ:'tyr]

atormentar (vt)	att plåga	[at 'plʲoːga]
pirata (m)	pirat, sjörövare (en)	[piˈrat], [ˈɧøːˌrøːvarə]
desordeiro (m)	buse (en)	[ˈbʉːsə]
armado	beväpnad	[beˈvɛpnad]
violência (f)	våld (ett)	[ˈvoːlʲd]
ilegal	illegal	[ˈilʲeˌgalʲ]

espionagem (f)	spioneri (ett)	[spiʊneˈriː]
espionar (vi)	att spionera	[at spiʊˈnera]

162. Polícia. Lei. Parte 1

justiça (f)	rättvisa (en)	[ˈrætˌvisa]
tribunal (m)	rättssal (en)	[ˈrætˌsalʲ]

juiz (m)	domare (en)	[ˈdʊmarə]
jurados (m pl)	jurymedlemmer (pl)	[ˈjʉriˌmedleˈmər]
tribunal (m) do júri	juryrättegång (en)	[ˈjʉriˌræteˈgoŋ]
julgar (vt)	att döma	[at ˈdøːma]

advogado (m)	advokat (en)	[advʊˈkat]
réu (m)	anklagad (en)	[ˈaŋˌklʲagad]
banco (m) dos réus	anklagades bänk (en)	[ˈaŋˌklʲagadəs ˌbɛŋk]

acusação (f)	anklagelse (en)	[ˈaŋˌklʲagəlʲsə]
acusado (m)	den anklagade	[dɛn ˈaŋˌklʲagadə]

sentença (f)	dom (en)	[ˈdɔm]
sentenciar (vt)	att döma	[at ˈdøːma]

culpado (m)	skyldig (en)	[ˈɧylʲdig]
punir (vt)	att straffa	[at ˈstrafa]
punição (f)	straff (ett)	[ˈstraf]

multa (f)	bot (en)	[ˈbʊt]
prisão (f) perpétua	livstids fängelse (ett)	[ˈlivstids ˈfɛŋəlʲsə]
pena (f) de morte	dödsstraff (ett)	[ˈdøːdˌstraf]
cadeira (f) elétrica	elektrisk stol (en)	[ɛˈlʲektrisk ˌstʊlʲ]
forca (f)	galge (en)	[ˈgaljə]

executar (vt)	att avrätta	[at ˈavˌrætta]
execução (f)	avrättning (en)	[ˈavˌrætniŋ]

prisão (f)	fängelse (ett)	[ˈfɛŋəlʲsə]
cela (f) de prisão	cell (en)	[ˈsɛlʲ]

escolta (f)	eskort (en)	[ɛsˈkɔːt]
guarda (m) prisional	fångvaktare (en)	[ˈfoŋˌvaktarə]
preso (m)	fånge (en)	[ˈfoŋə]

algemas (f pl)	handbojor (pl)	[ˈhandˌbɔjʊr]
algemar (vt)	att sätta handbojor	[at ˈsæta ˈhandˌbɔjʊr]
fuga, evasão (f)	flukt (en)	[ˈflʉkt]
fugir (vi)	att rymma	[at ˈrʏma]

desaparecer (vi)	att försvinna	[at fœː'ʂvina]
soltar, libertar (vt)	att frige	[at 'frije]
amnistia (f)	amnesti (en)	[amnɛs'tiː]

polícia (instituição)	polis (en)	[pʊ'lis]
polícia (m)	polis (en)	[pʊ'lis]
esquadra (f) de polícia	polisstation (en)	[pʊ'lisˌsta'ɧʊn]
cassetete (m)	gummibatong (en)	['ɡumibaˌtʊŋ]
megafone (m)	megafon (en)	[mega'fɔn]

carro (m) de patrulha	patrullbil (en)	[pat'rulʲˌbil]
sirene (f)	siren (en)	[si'ren]
ligar a sirene	att slå på sirenen	[at slʲoː pɔ si'renən]
toque (m) da sirene	siren tjut (ett)	[si'ren ˌɕɵːt]

cena (f) do crime	brottsplats (en)	['brɔts plʲats]
testemunha (f)	vittne (ett)	['vitnə]
liberdade (f)	frihet (en)	['friˌhet]
cúmplice (m)	medskyldig (en)	['mɛdˌɧylʲdig]
escapar (vi)	att fly	[at flʲy]
traço (não deixar ~s)	spår (ett)	['spoːr]

163. Polícia. Lei. Parte 2

procura (f)	undersökning (en)	['undəˌsœkniŋ]
procurar (vt)	att söka efter ...	[at 'søːka ˌɛftər ...]
suspeita (f)	misstanke (en)	['misˌtaŋkə]
suspeito	misstänksam	['mistɛŋksam]
parar (vt)	att stanna	[at 'stana]
deter (vt)	att anhålla	[at 'anˌhoːlʲa]

caso (criminal)	sak, rättegång (en)	[sak], ['rætəˌgɔŋ]
investigação (f)	undersökning (en)	['undəˌsœkniŋ]
detetive (m)	detektiv (en)	[detɛk'tiv]
investigador (m)	undersökare (en)	['undəˌsøːkarə]
versão (f)	version (en)	[vɛr'ɧʊn]

motivo (m)	motiv (ett)	[mʊ'tiv]
interrogatório (m)	förhör (ett)	[før'høːr]
interrogar (vt)	att förhöra	[at før'høːra]
questionar (vt)	att avhöra	[at 'avˌhøːra]
verificação (f)	kontroll (en)	[kɔn'trolʲ]

batida (f) policial	razzia (en)	['ratsia]
busca (f)	rannsakan (en)	['ranˌsakan]
perseguição (f)	jakt (en)	['jakt]
perseguir (vt)	att förfölja	[at før'fœlja]
seguir (vt)	att spåra	[at 'spoːra]

prisão (f)	arrest (en)	[a'rɛst]
prender (vt)	att arrestera	[at arɛ'stera]
pegar, capturar (vt)	att fånga	[at 'fɔŋa]
captura (f)	gripande (en)	['gripandə]
documento (m)	dokument (ett)	[dɔku'mɛnt]

prova (f)	bevis (ett)	[be'vis]
provar (vt)	att bevisa	[at be'visa]
pegada (f)	fotspår (ett)	['fʊt͵spoːr]
impressões (f pl) digitais	fingeravtryck (pl)	['fiŋer͵avtrʏk]
prova (f)	bevis (ett)	[be'vis]
álibi (m)	alibi (ett)	['alibi]
inocente	oskyldig	[ʊ:'ɧylⁱdig]
injustiça (f)	orättfärdighet (en)	['ʊræt͵fæ:ɖihet]
injusto	orättfärdig	['ʊræt͵fæ:ɖig]
criminal	kriminell	[krimi'nɛlⁱ]
confiscar (vt)	att konfiskera	[at kɔnfi'skera]
droga (f)	drog, narkotika (en)	['drʊg], [nar'kotika]
arma (f)	vapen (ett)	['vapən]
desarmar (vt)	att avväpna	[at 'av͵vɛpna]
ordenar (vt)	att befalla	[at be'falⁱa]
desaparecer (vi)	att försvinna	[at fœ:'ʂvina]
lei (f)	lag (en)	['lⁱag]
legal	laglig	['lⁱaglig]
ilegal	olovlig	[ʊ:'lⁱovlig]
responsabilidade (f)	ansvar (ett)	['an͵svar]
responsável	ansvarig	['an͵svarig]

NATUREZA

A Terra. Parte 1

164. Espaço sideral

cosmos (m)	rymden, kosmos (ett)	[rʏmden], ['kosmɔs]
cósmico	rymd-	['rʏmd-]
espaço (m) cósmico	yttre rymd (en)	['ytrə ˌrʏmd]
mundo (m)	värld (en)	['væ:ɖ]
universo (m)	universum (ett)	[uni'vɛ:ʂum]
galáxia (f)	galax (en)	[ga'lʲaks]
estrela (f)	stjärna (en)	['ɧæ:ɳa]
constelação (f)	stjärnbild (en)	['ɧæ:ɳˌbilʲd]
planeta (m)	planet (en)	[plʲa'net]
satélite (m)	satellit (en)	[satɛ'li:t]
meteorito (m)	meteorit (en)	[meteʊ'rit]
cometa (m)	komet (en)	[kʊ'met]
asteroide (m)	asteroid (en)	[asterʊ'id]
órbita (f)	bana (en)	['bana]
girar (vi)	att rotera	[at rʊ'tera]
atmosfera (f)	atmosfär (en)	[atmʊ'sfæ:r]
Sol (m)	Solen	['sʊlʲən]
Sistema (m) Solar	solsystem (ett)	['sʊlʲ ˌsʏ'stem]
eclipse (m) solar	solförmörkelse (en)	['sʊlʲfør'mœ:rkəlʲsə]
Terra (f)	Jorden	['jʊ:ɖən]
Lua (f)	Månen	['mo:nən]
Marte (m)	Mars	['ma:ʂ]
Vénus (f)	Venus	['ve:nus]
Júpiter (m)	Jupiter	['jupitər]
Saturno (m)	Saturnus	[sa'tu:ɳus]
Mercúrio (m)	Merkurius	[mɛr'kɵrius]
Urano (m)	Uranus	[ɵ'ranus]
Neptuno (m)	Neptunus	[nep'tɵnus]
Plutão (m)	Pluto	['plɵtʊ]
Via Láctea (f)	Vintergatan	['vintəˌgatan]
Ursa Maior (f)	Stora bjornen	['stʊra 'bjʊ:ɳən]
Estrela Polar (f)	Polstjärnan	['pʊlʲˌɧæ:ɳan]
marciano (m)	marsian (en)	[ma:ʂi'an]
extraterrestre (m)	utomjording (en)	['ɵtɔmˌjʊ:ɖisk]

| alienígena (m) | rymdväsen (ett) | ['rʏmdˌvɛsən] |
| disco (m) voador | flygande tefat (ett) | ['flʲyɡandə 'tefat] |

nave (f) espacial	rymdskepp (ett)	['rʏmdˌhɛp]
estação (f) orbital	rymdstation (en)	['rʏmd staˈhʊn]
lançamento (m)	start (en)	['staːt]

motor (m)	motor (en)	['mʊtʊr]
bocal (m)	dysa (en)	['dysa]
combustível (m)	bränsle (ett)	['brɛnslʲe]

cabine (f)	cockpit, flygdäck (en)	['kɔkpit], ['flʏɡˌdɛk]
antena (f)	antenn (en)	[an'tɛn]
vigia (f)	fönster (ett)	['fœnstər]
bateria (f) solar	solbatteri (ett)	['sʊlʲˌbatɛ'riː]
traje (m) espacial	rymddräkt (en)	['rʏmdˌdrɛkt]

| imponderabilidade (f) | tyngdlöshet (en) | ['tʏŋdlʲøsˌhet] |
| oxigénio (m) | syre, oxygen (ett) | ['syrə], ['oksygən] |

| acoplagem (f) | dockning (en) | ['dɔkniŋ] |
| fazer uma acoplagem | att docka | [at 'dɔka] |

observatório (m)	observatorium (ett)	[ɔbsɛrva'tʊrium]
telescópio (m)	teleskop (ett)	[telʲe'skɔp]
observar (vt)	att observera	[at ɔbsɛr'vera]
explorar (vt)	att utforska	[at 'ʉtˌfɔːʂka]

165. A Terra

Terra (f)	Jorden	['jʊːdən]
globo terrestre (Terra)	jordklot (ett)	['jʊːd̪ˌklʲʊt]
planeta (m)	planet (en)	[plʲaˈnet]

atmosfera (f)	atmosfär (en)	[atmʊ'sfæːr]
geografia (f)	geografi (en)	[jeʊgra'fiː]
natureza (f)	natur (en)	[na'tʉːr]

globo (mapa esférico)	glob (en)	['glʲʊb]
mapa (m)	karta (en)	['kaːʈa]
atlas (m)	atlas (en)	['atlʲas]

| Europa (f) | Europa | [eu'rʊpa] |
| Ásia (f) | Asien | ['asiən] |

| África (f) | Afrika | ['afrika] |
| Austrália (f) | Australien | [au'straliən] |

América (f)	Amerika	[a'merika]
América (f) do Norte	Nordamerika	['nʊːd̪ a'merika]
América (f) do Sul	Sydamerika	['syd a'merika]

| Antártida (f) | Antarktis | [an'tarktis] |
| Ártico (m) | Arktis | ['arktis] |

166. Pontos cardeais

norte (m)	norr	['nɔr]
para norte	norrut	['nɔrʉt]
no norte	i norr	[i 'nɔr]
do norte	nordlig	['nuːdlig]
sul (m)	söder (en)	['søːdər]
para sul	söderut	['søːdərʉt]
no sul	i söder	[i 'søːdər]
do sul	syd-, söder	['syd-], ['søːdər]
oeste, ocidente (m)	väster (en)	['vɛstər]
para oeste	västerut	['vɛstərʉt]
no oeste	i väst	[i vɛst]
ocidental	västra	['vɛstra]
leste, oriente (m)	öster (en)	['œstər]
para leste	österut	['œstərʉt]
no leste	i öst	[i 'œst]
oriental	östra	['œstra]

167. Mar. Oceano

mar (m)	hav (ett)	['hav]
oceano (m)	ocean (en)	[ʉsə'an]
golfo (m)	bukt (en)	['bukt]
estreito (m)	sund (ett)	['sund]
terra (f) firme	fastland (ett)	['fast‚lʲand]
continente (m)	fastland (ett), kontinent (en)	['fast‚lʲand], [kɔnti'nɛnt]
ilha (f)	ö (en)	['øː]
península (f)	halvö (en)	['halʲv‚øː]
arquipélago (m)	skärgård, arkipelag (en)	['ʃæːr‚goːd], [arkipe'lʲag]
baía (f)	bukt (en)	['bukt]
porto (m)	hamn (en)	['hamn]
lagoa (f)	lagun (en)	[lʲa'gʉːn]
cabo (m)	udde (en)	['udə]
atol (m)	atoll (en)	[a'tɔlʲ]
recife (m)	rev (ett)	['rev]
coral (m)	korall (en)	[kɔ'ralʲ]
recife (m) de coral	korallrev (ett)	[kɔ'ralʲ‚rev]
profundo	djup	['jʉːp]
profundidade (f)	djup (ett)	['jʉːp]
abismo (m)	avgrund (en)	['av‚grund]
fossa (f) oceânica	djuphavsgrav (en)	['jʉːphavs‚grav]
corrente (f)	ström (en)	['strøːm]
banhar (vt)	att omge	[at 'ɔmje]
litoral (m)	kust (en)	['kust]

costa (f)	kust (en)	['kust]
maré (f) alta	flod (en)	['flʲʊd]
refluxo (m), maré (f) baixa	ebb (en)	['ɛb]
restinga (f)	sandbank (en)	['sandˌbaŋk]
fundo (m)	botten (en)	['bɔtən]

onda (f)	våg (en)	['voːg]
crista (f) da onda	vågkam (en)	['voːgˌkam]
espuma (f)	skum (ett)	['skum]

tempestade (f)	storm (en)	['stɔrm]
furacão (m)	orkan (en)	[ɔr'kan]
tsunami (m)	tsunami (en)	[tsu'nami]
calmaria (f)	stiltje (en)	['stilʲtjə]
calmo	stilla	['stilʲa]

| polo (m) | pol (en) | ['pʊlʲ] |
| polar | pol-, polar- | ['pʊlʲ-], [pʊ'lʲar-] |

latitude (f)	latitud (en)	[lʲati'tɵːd]
longitude (f)	longitud (en)	[lʲɔŋi'tɵːd]
paralela (f)	breddgrad (en)	['brɛdˌgrad]
equador (m)	ekvator (en)	[ɛ'kvatʊr]

céu (m)	himmel (en)	['himəlʲ]
horizonte (m)	horisont (en)	[hʊri'sɔnt]
ar (m)	luft (en)	['lʊft]

farol (m)	fyr (en)	['fyr]
mergulhar (vi)	att dyka	[at 'dyka]
afundar-se (vr)	att sjunka	[at 'ɧuŋka]
tesouros (m pl)	skatter (pl)	['skatər]

168. Montanhas

montanha (f)	berg (ett)	['bɛrj]
cordilheira (f)	bergskedja (en)	['bɛrjˌɕedja]
serra (f)	bergsrygg (en)	['bɛrjsˌrɤg]

cume (m)	topp (en)	['tɔp]
pico (m)	tinne (en)	['tinə]
sopé (m)	fot (en)	['fʊt]
declive (m)	sluttning (en)	['slɵːtniŋ]

vulcão (m)	vulkan (en)	[vulʲ'kan]
vulcão (m) ativo	verksam vulkan (en)	['vɛrksam vulʲ'kan]
vulcão (m) extinto	slocknad vulkan (en)	['slʲɔknad vulʲ'kan]

erupção (f)	utbrott (ett)	['ɵtˌbrɔt]
cratera (f)	krater (en)	['kratər]
magma (m)	magma (en)	['magma]
lava (f)	lava (en)	['lʲava]
fundido (lava ~a)	glödgad	['glʲœdgad]
desfiladeiro (m)	kanjon (en)	['kanjɔn]

garganta (f)	klyfta (en)	['klʲyfta]
fenda (f)	skreva (en)	['skreva]
precipício (m)	avgrund (en)	['av͡grʉnd]

passo, colo (m)	pass (ett)	['pas]
planalto (m)	platå (en)	[plʲa'to:]
falésia (f)	klippa (en)	['klipa]
colina (f)	kulle, backe (en)	['kulʲe], ['bake]

glaciar (m)	glaciär, jökel (en)	[glʲas'jæ:r], ['jø:kelʲ]
queda (f) d'água	vattenfall (ett)	['vaten͡falʲ]
géiser (m)	gejser (en)	['gɛjser]
lago (m)	sjö (en)	['ɧø:]

planície (f)	slätt (en)	['slʲæt]
paisagem (f)	landskap (ett)	['lʲan͡skap]
eco (m)	eko (ett)	['ɛkʉ]

alpinista (m)	alpinist (en)	['alʲpi͡nist]
escalador (m)	bergsbestigare (en)	['bɛrjs͡be'stigare]
conquistar (vt)	att erövra	[at ɛ'rœvra]
subida, escalada (f)	bestigning (en)	[be'stigniŋ]

169. Rios

rio (m)	älv, flod (en)	['ɛlʲv], ['flʲʉd]
fonte, nascente (f)	källa (en)	['çɛlʲa]
leito (m) do rio	flodbädd (en)	['flʲʉd͡bɛd]
bacia (f)	flodbassäng (en)	['flʲʉd͡ba'sɛŋ]
desaguar no ...	att mynna ut ...	[at 'mʏna ʉt ...]

| afluente (m) | biflod (en) | ['bi͡flʲʉd] |
| margem (do rio) | strand (en) | ['strand] |

corrente (f)	ström (en)	['strø:m]
rio abaixo	nedströms	['nɛd͡strœms]
rio acima	motströms	['mʉt͡strœms]

inundação (f)	översvämning (en)	['ø:ve͡svɛmniŋ]
cheia (f)	flöde (ett)	['flʲø:de]
transbordar (vi)	att flöda över	[at 'flʲø:da ͡ø:ver]
inundar (vt)	att översvämma	[at 'ø:ve͡svɛma]

| banco (m) de areia | grund (ett) | ['grʉnd] |
| rápidos (m pl) | forsar (pl) | [fo'ʂar] |

barragem (f)	damm (en)	['dam]
canal (m)	kanal (en)	[ka'nalʲ]
reservatório (m) de água	reservoar (ett)	[resɛrvʉ'a:r]
eclusa (f)	sluss (en)	['slʉ:s]

corpo (m) de água	vattensamling (en)	['vaten͡samliŋ]
pântano (m)	myr, mosse (en)	['myr], ['mʉse]
tremedal (m)	gungfly (ett)	['guŋ͡fly]

remoinho (m)	strömvirvel (en)	['strø:m͵virvəl]
arroio, regato (m)	bäck (en)	['bɛk]
potável	dricks-	['driks-]
doce (água)	söt-, färsk-	['sø:t-], ['fæ:ʂk-]
gelo (m)	is (en)	['is]
congelar-se (vr)	att frysa till	[at 'frysa til]

170. Floresta

floresta (f), bosque (m)	skog (en)	['skʊg]
florestal	skogs-	['skʊgs-]
mata (f) cerrada	tät skog (en)	['tɛt ͵skʊg]
arvoredo (m)	lund (en)	['lʉnd]
clareira (f)	glänta (en)	['glɛnta]
matagal (m)	snår (ett)	['sno:r]
mato (m)	buskterräng (en)	['busk tɛ'rɛŋ]
vereda (f)	stig (en)	['stig]
ravina (f)	ravin (en)	[ra'vin]
árvore (f)	träd (ett)	['trɛ:d]
folha (f)	löv (ett)	['lø:v]
folhagem (f)	löv, lövverk (ett)	['lø:v], ['lø:værk]
queda (f) das folhas	lövfällning (en)	['lø:v͵fɛlniŋ]
cair (vi)	att falla	[at 'fala]
topo (m)	trädtopp (en)	['trɛ:͵tɔp]
ramo (m)	gren, kvist (en)	['gren], ['kvist]
galho (m)	gren (en)	['gren]
botão, rebento (m)	knopp (en)	['knɔp]
agulha (f)	nål (en)	['no:l]
pinha (f)	kotte (en)	['kɔtə]
buraco (m) de árvore	trädhål (ett)	['trɛ:d͵ho:l]
ninho (m)	bo (ett)	['bʊ]
toca (f)	lya, håla (en)	['lya], ['ho:la]
tronco (m)	stam (en)	['stam]
raiz (f)	rot (en)	['rʊt]
casca (f) de árvore	bark (en)	['bark]
musgo (m)	mossa (en)	['mɔsa]
arrancar pela raiz	att rycka upp med rötterna	[at 'rʏka up me 'rœttɛ:ŋa]
cortar (vt)	att fälla	[at 'fɛla]
desflorestar (vt)	att hugga ner	[at 'huga ner]
toco, cepo (m)	stubbe (en)	['stubə]
fogueira (f)	bål (ett)	['bo:l]
incêndio (m) florestal	skogsbrand (en)	['skʊgs͵brand]
apagar (vt)	att släcka	[at 'slɛka]

guarda-florestal (m)	skogsvakt (en)	['skʊgsˌvakt]
proteção (f)	värn, skydd (ett)	['væːn], [ʃyd]
proteger (a natureza)	att skydda	[at 'ʃyda]
caçador (m) furtivo	tjuvskytt (en)	['ɕʉːvˌʃyt]
armadilha (f)	sax (en)	['saks]

| colher (cogumelos, bagas) | att plocka | [at 'plʲɔka] |
| perder-se (vr) | att gå vilse | [at 'goː 'vilʲsə] |

171. Recursos naturais

recursos (m pl) naturais	naturresurser (pl)	[na'tʉːr re'surʂər]
minerais (m pl)	mineraler (pl)	[mine'ralʲər]
depósitos (m pl)	fyndigheter (pl)	['fʏndiˌhetər]
jazida (f)	fält (ett)	['fɛlʲt]

extrair (vt)	att utvinna	[at 'ʉtˌvina]
extração (f)	utvinning (en)	['ʉtˌviniŋ]
minério (m)	malm (en)	['malʲm]
mina (f)	gruva (en)	['grʉva]
poço (m) de mina	gruvschakt (ett)	['grʉːvˌʃakt]
mineiro (m)	gruvarbetare (en)	['grʉːvˌar'betarə]

| gás (m) | gas (en) | ['gas] |
| gasoduto (m) | gasledning (en) | ['gasˌlʲedniŋ] |

petróleo (m)	olja (en)	['ɔlja]
oleoduto (m)	oljeledning (en)	['ɔljəˌlʲedniŋ]
poço (m) de petróleo	oljekälla (en)	['ɔljəˌɕæla]
torre (f) petrolífera	borrtorn (ett)	['borˌtʊːn]
petroleiro (m)	tankfartyg (ett)	['taŋkˌfaːˈtyg]

areia (f)	sand (en)	['sand]
calcário (m)	kalksten (en)	[kalʲkˌsten]
cascalho (m)	grus (ett)	['grʉːs]
turfa (f)	torv (en)	['tɔrv]
argila (f)	lera (en)	['lʲera]
carvão (m)	kol (ett)	['kɔlʲ]

ferro (m)	järn (ett)	['jæːn]
ouro (m)	guld (ett)	['gulʲd]
prata (f)	silver (ett)	['silʲvər]
níquel (m)	nickel (en)	['nikəlʲ]
cobre (m)	koppar (en)	['kopar]

zinco (m)	zink (en)	['siŋk]
manganês (m)	mangan (en)	[man'gan]
mercúrio (m)	kvicksilver (ett)	['kvikˌsilʲvər]
chumbo (m)	bly (ett)	['blʲy]

mineral (m)	mineral (ett)	[mine'ralʲ]
cristal (m)	kristall (en)	[kri'stalʲ]
mármore (m)	marmor (en)	['marmʊr]
urânio (m)	uran (ett)	[ʉ'ran]

A Terra. Parte 2

172. Tempo

tempo (m)	väder (ett)	['vɛːdər]
previsão (f) do tempo	väderprognos (en)	['vɛːdər,prɔg'nɔːs]
temperatura (f)	temperatur (en)	[tɛmpəra'tʉːr]
termómetro (m)	termometer (en)	[tɛrmʉ'metər]
barómetro (m)	barometer (en)	[barʉ'metər]
húmido	fuktig	['fuːktig]
humidade (f)	fuktighet (en)	['fuːktig,het]
calor (m)	hetta (en)	['hɛta]
cálido	het	['het]
está muito calor	det är hett	[dɛ æːr 'hɛt]
está calor	det är varmt	[dɛ æːr varmt]
quente	varm	['varm]
está frio	det är kallt	[dɛ æːr 'kalʲt]
frio	kall	['kalʲ]
sol (m)	sol (en)	['sʊlʲ]
brilhar (vi)	att skina	[at 'ɧina]
de sol, ensolarado	solig	['sʊlig]
nascer (vi)	att gå upp	[at 'goː 'up]
pôr-se (vr)	att gå ner	[at 'goː ,ner]
nuvem (f)	moln (ett), sky (en)	['mɔlʲn], ['ɧy]
nublado	molnig	['mɔlʲnig]
nuvem (f) preta	regnmoln (ett)	['rɛgn,mɔlʲn]
escuro, cinzento	mörk, mulen	['mœːrk], ['mʉːlʲen]
chuva (f)	regn (ett)	['rɛgn]
está a chover	det regnar	[dɛ 'rɛgnar]
chuvoso	regnväders-	['rɛgn,vɛdəʂ-]
chuviscar (vi)	att duggregna	[at 'dug,rɛgna]
chuva (f) torrencial	hällande regn (ett)	['hɛlʲandə 'rɛgn]
chuvada (f)	spöregn (ett)	['spøː,rɛgn]
forte (chuva)	kraftigt, häftigt	['kraftigt], ['hɛftigt]
poça (f)	pöl, vattenpuss (en)	['pøːlʲ], ['vatən,pus]
molhar-se (vr)	att bli våt	[at bli 'voːt]
nevoeiro (m)	dimma (en)	['dima]
de nevoeiro	dimmig	['dimig]
neve (f)	snö (en)	['snøː]
está a nevar	det snöar	[dɛ 'snøːar]

173. Tempo extremo. Catástrofes naturais

trovoada (f)	åskväder (ett)	['ɔsk‚vɛdər]
relâmpago (m)	blixt (en)	['blikst]
relampejar (vi)	att blixtra	[at 'blikstra]
trovão (m)	åska (en)	['ɔska]
trovejar (vi)	att åska	[at 'ɔska]
está a trovejar	det åskar	[dɛ 'ɔskar]
granizo (m)	hagel (ett)	['hagəlʲ]
está a cair granizo	det haglar	[dɛ 'haglʲar]
inundar (vt)	att översvämma	[at 'øːvə‚svɛma]
inundação (f)	översvämning (en)	['øːvə‚svɛmniŋ]
terremoto (m)	jordskalv (ett)	['juːd‚skalv]
abalo, tremor (m)	skalv (ett)	['skalʲv]
epicentro (m)	epicentrum (ett)	[ɛpi'sɛntrum]
erupção (f)	utbrott (ett)	['ʉt‚brɔt]
lava (f)	lava (en)	['lʲava]
turbilhão (m)	tromb (en)	['trɔmb]
tornado (m)	tornado (en)	[tʉ'ɳadʉ]
tufão (m)	tyfon (en)	[ty'fɔn]
furacão (m)	orkan (en)	[ɔr'kan]
tempestade (f)	storm (en)	['stɔrm]
tsunami (m)	tsunami (en)	[tsu'nami]
ciclone (m)	cyklon (en)	[tsʏ'klʲɔn]
mau tempo (m)	oväder (ett)	[ʉ'vɛːdər]
incêndio (m)	brand (en)	['brand]
catástrofe (f)	katastrof (en)	[kata'strɔf]
meteorito (m)	meteorit (en)	[metɛʉ'rit]
avalanche (f)	lavin (en)	[lʲa'vin]
deslizamento (m) de neve	snöskred, snöras (ett)	['snøː‚skred], ['snøː‚ras]
nevasca (f)	snöstorm (en)	['snøː‚stɔrm]
tempestade (f) de neve	snöstorm (en)	['snøː‚stɔrm]

Fauna

174. Mamíferos. Predadores

predador (m)	rovdjur (ett)	['rʊvˌjʉ:r]
tigre (m)	tiger (en)	['tigər]
leão (m)	lejon (ett)	['lʲejɔn]
lobo (m)	ulv (en)	['ulʲv]
raposa (f)	räv (en)	['rɛ:v]

jaguar (m)	jaguar (en)	[jaguar]
leopardo (m)	leopard (en)	[lʲeʊ'pa:d]
chita (f)	gepard (en)	[je'pa:d]

pantera (f)	panter (en)	['pantər]
puma (m)	puma (en)	['pʉ:ma]
leopardo-das-neves (m)	snöleopard (en)	['snø: lʲeʊ'pa:d]
lince (m)	lodjur (ett), lo (en)	['lʲʊjʉ:r], ['lʲʊ]

coiote (m)	koyot, prärievarg (en)	[kɔ'jʊt], ['præ:rieˌvarj]
chacal (m)	sjakal (en)	[ɧa'kalʲ]
hiena (f)	hyena (en)	[hy'ena]

175. Animais selvagens

animal (m)	djur (ett)	['jʉ:r]
besta (f)	best (en), djur (ett)	['bɛst], ['jʉ:r]

esquilo (m)	ekorre (en)	['ɛkɔrə]
ouriço (m)	igelkott (en)	['igəlʲˌkɔt]
lebre (f)	hare (en)	['harə]
coelho (m)	kanin (en)	[ka'nin]

texugo (m)	grävling (en)	['grɛvliŋ]
guaxinim (m)	tvättbjörn (en)	['tvætˌbjø:n]
hamster (m)	hamster (en)	['hamstər]
marmota (f)	murmeldjur (ett)	['murməlʲjʉ:r]

toupeira (f)	mullvad (en)	['mulʲˌvad]
rato (m)	mus (en)	['mʉ:s]
ratazana (f)	råtta (en)	['rɔta]
morcego (m)	fladdermus (en)	['flʲadərˌmʉ:s]

arminho (m)	hermelin (en)	[hɛrme'lin]
zibelina (f)	sobel (en)	['sɔbəlʲ]
marta (f)	mård (en)	['mo:d]
doninha (f)	vessla (en)	['vɛslʲa]
vison (m)	mink (en)	['miŋk]

| castor (m) | bäver (en) | ['bɛːvər] |
| lontra (f) | utter (en) | ['ʉːtər] |

cavalo (m)	häst (en)	['hɛst]
alce (m)	älg (en)	['ɛlj]
veado (m)	hjort (en)	['jʉːt]
camelo (m)	kamel (en)	[ka'melʲ]

bisão (m)	bison (en)	['bisɔn]
auroque (m)	uroxe (en)	['ʉˌroksə]
búfalo (m)	buffel (en)	['bufəlʲ]

zebra (f)	sebra (en)	['sebra]
antílope (m)	antilop (en)	[anti'lʲʉp]
corça (f)	rådjur (ett)	['rɔːjʉːr]
gamo (m)	dovhjort (en)	['dɔvˌjʉːt]
camurça (f)	gems (en)	['jɛms]
javali (m)	vildsvin (ett)	['vilʲdˌsvin]

baleia (f)	val (en)	['valʲ]
foca (f)	säl (en)	['sɛːlʲ]
morsa (f)	valross (en)	['valʲˌrɔs]
urso-marinho (m)	pälssäl (en)	['pɛlʲsˌsɛlʲ]
golfinho (m)	delfin (en)	[dɛlʲ'fin]

urso (m)	björn (en)	['bjøːɳ]
urso (m) branco	isbjörn (en)	['isˌbjøːɳ]
panda (m)	panda (en)	['panda]

macaco (em geral)	apa (en)	['apa]
chimpanzé (m)	schimpans (en)	[ɧim'pans]
orangotango (m)	orangutang (en)	[ʉ'raŋgʉˌtaŋ]
gorila (m)	gorilla (en)	[gɔ'rilʲa]
macaco (m)	makak (en)	[ma'kak]
gibão (m)	gibbon (en)	[gi'bʉn]

elefante (m)	elefant (en)	[ɛlʲe'fant]
rinoceronte (m)	noshörning (en)	['nʉsˌhøːɳiɳ]
girafa (f)	giraff (en)	[ɧi'raf]
hipopótamo (m)	flodhäst (en)	['flʲʉdˌhɛst]

| canguru (m) | känguru (en) | ['ɕɛngurʉ] |
| coala (m) | koala (en) | [kʉ'alʲa] |

mangusto (m)	mangust, mungo (en)	['mangust], ['muŋgʉ]
chinchila (m)	chinchilla (en)	[ʃin'ʃilʲa]
doninha-fedorenta (f)	skunk (en)	['skuŋk]
porco-espinho (m)	piggsvin (ett)	['pigˌsvin]

176. Animais domésticos

gata (f)	katt (en)	['kat]
gato (m) macho	hankatt (en)	['hanˌkat]
cão (m)	hund (en)	['hund]

cavalo (m)	häst (en)	['hɛst]
garanhão (m)	hingst (en)	['hiŋst]
égua (f)	sto (ett)	['stʊ:]

vaca (f)	ko (en)	['kɔ:]
touro (m)	tjur (en)	['ɕʉ:r]
boi (m)	oxe (en)	['ʊksə]

ovelha (f)	får (ett)	['fo:r]
carneiro (m)	bagge (en)	['bagə]
cabra (f)	get (en)	['jet]
bode (m)	getabock (en)	['jeta‚bɔk]

burro (m)	åsna (en)	['ɔsna]
mula (f)	mula (en)	['mʉlʲa]

porco (m)	svin (ett)	['svin]
leitão (m)	griskulting (en)	['gris‚kulʲtiŋ]
coelho (m)	kanin (en)	[ka'nin]

galinha (f)	höna (en)	['hø:na]
galo (m)	tupp (en)	['tup]

pata (f)	anka (en)	['aŋka]
pato (macho)	andrik, andrake (en)	['andrik], ['andrakə]
ganso (m)	gås (en)	['go:s]

peru (m)	kalkontupp (en)	[kalʲ'kʊn‚tup]
perua (f)	kalkonhöna (en)	[kalʲ'kʊn‚hø:na]

animais (m pl) domésticos	husdjur (pl)	['hʉs‚jʉ:r]
domesticado	tam	['tam]
domesticar (vt)	att tämja	[at 'tɛmja]
criar (vt)	att avla, att föda upp	[at 'avlʲa], [at 'fø:da up]

quinta (f)	farm, lantgård (en)	[farm], ['lʲant‚go:ɖ]
aves (f pl) domésticas	fjäderfä (ett)	['fjɛ:dər‚fɛ:]
gado (m)	boskap (en)	['bʊskap]
rebanho (m), manada (f)	hjord (en)	['jʊ:ɖ]

estábulo (m)	stall (ett)	['stalʲ]
pocilga (f)	svinstia (en)	['svin‚stia]
estábulo (m)	ladugård (en), kostall (ett)	['lʲadʉ‚go:ɖ], ['kostalʲ]
coelheira (f)	kaninbur (en)	[ka'nin‚bʉ:r]
galinheiro (m)	hönshus (ett)	['hø:ns‚hʉs]

177. Cães. Raças de cães

cão (m)	hund (en)	['hund]
cão pastor (m)	vallhund (en)	['valʲ‚hund]
pastor-alemão (m)	tysk schäferhund (en)	['tʏsk 'ʃɛfər‚hund]
caniche (m)	pudel (en)	['pʉ:dəlʲ]
teckel (m)	tax (en)	['taks]
buldogue (m)	bulldogg (en)	['bulʲ‚dɔg]

boxer (m)	boxare (en)	['bʊksarə]
mastim (m)	mastiff (en)	[mas'tif]
rottweiler (m)	rottweiler (en)	['rɔt,vejlʲer]
dobermann (m)	dobermann (en)	['dɔbɛrman]

basset (m)	basset (en)	['basɛt]
pastor inglês (m)	bobtail (en)	['bʊbtɛjlʲ]
dálmata (m)	dalmatiner (en)	[dalʲma'tinər]
cocker spaniel (m)	cocker spaniel (en)	['kɔker ˌspaniəlʲ]

| terra-nova (m) | newfoundland (en) | [nju'faʊndˌlʲend] |
| são-bernardo (m) | sankt bernhardshund (en) | ['saŋkt 'bɛːŋaːd̥sˌhund] |

husky (m)	husky (en)	['haski]
Chow-chow (m)	chow chow (en)	['ʧaʊ ʧaʊ]
spitz alemão (m)	spets (en)	['spets]
carlindogue (m)	mops (en)	['mɔps]

178. Sons produzidos pelos animais

latido (m)	skall (ett)	['skalʲ]
latir (vi)	att skälla	[at 'ɦɛlʲa]
miar (vi)	att jama	[at 'jama]
ronronar (vi)	att spinna	[at 'spina]

mugir (vaca)	att råma	[at 'roːma]
bramir (touro)	att ryta	[at 'ryta]
rosnar (vi)	att morra	[at 'moːra]

uivo (m)	yl (ett)	['ylʲ]
uivar (vi)	att yla	[at 'ylʲa]
ganir (vi)	att gnälla	[at 'gnɛlʲa]

balir (vi)	att bräka	[at 'brɛːka]
grunhir (porco)	att grymta	[at 'grʏmta]
guinchar (vi)	att skrika	[at 'skrika]

coaxar (sapo)	att kväka	[at 'kvɛːka]
zumbir (inseto)	att surra	[at 'sura]
estridular, ziziar (vi)	att gnissla	[at 'gnislʲa]

179. Pássaros

pássaro (m), ave (f)	fågel (en)	['foːɡəlʲ]
pombo (m)	duva (en)	['dʉːva]
pardal (m)	sparv (en)	['sparv]
chapim-real (m)	talgoxe (en)	['taljʊksə]
pega-rabuda (f)	skata (en)	['skata]

corvo (m)	korp (en)	['kɔrp]
gralha (f) cinzenta	kråka (en)	['kroːka]
gralha-de-nuca-cinzenta (f)	kaja (en)	['kaja]

gralha-calva (f)	råka (en)	['ro:ka]
pato (m)	anka (en)	['aŋka]
ganso (m)	gås (en)	['go:s]
faisão (m)	fasan (en)	[fa'san]

águia (f)	örn (en)	['ø:ɳ]
açor (m)	hök (en)	['hø:k]
falcão (m)	falk (en)	['falʲk]

abutre (m)	gam (en)	['gam]
condor (m)	kondor (en)	['kɔn‚dor]

cisne (m)	svan (en)	['svan]
grou (m)	trana (en)	['trana]
cegonha (f)	stork (en)	['stɔrk]

papagaio (m)	papegoja (en)	[pape'gɔja]
beija-flor (m)	kolibri (en)	['kɔlibri]
pavão (m)	påfågel (en)	['po:‚fo:gəlʲ]

avestruz (m)	struts (en)	['struts]
garça (f)	häger (en)	['hɛ:gər]

flamingo (m)	flamingo (en)	[flʲa'mingɔ]
pelicano (m)	pelikan (en)	[peli'kan]

rouxinol (m)	näktergal (en)	['nɛktə‚galʲ]
andorinha (f)	svala (en)	['svalʲa]

tordo-zornal (m)	trast (en)	['trast]
tordo-músico (m)	sångtrast (en)	['sɔŋ‚trast]
melro-preto (m)	koltrast (en)	['kɔlʲ‚trast]

andorinhão (m)	tornseglare, tornsvala (en)	['tʊ:ɳ‚seglarə], ['tʊ:ɳ‚svalʲa]
cotovia (f)	lärka (en)	['lʲæ:rka]
codorna (f)	vaktel (en)	['vaktəlʲ]

pica-pau (m)	hackspett (en)	['hak‚spet]
cuco (m)	gök (en)	['jø:k]
coruja (f)	uggla (en)	['uglʲa]
corujão, bufo (m)	berguv (en)	['bɛrj‚u:v]
tetraz-grande (m)	tjäder (en)	['ɕɛ:dər]

tetraz-lira (m)	orre (en)	['ɔrə]
perdiz-cinzenta (f)	rapphöna (en)	['rap‚hø:na]

estorninho (m)	stare (en)	['starə]
canário (m)	kanariefågel (en)	[ka'nariə‚fo:gəlʲ]
galinha-do-mato (f)	järpe (en)	['jæ:rpə]

tentilhão (m)	bofink (en)	['bʊ‚fiŋk]
dom-fafe (m)	domherre (en)	['dʊmhɛrə]

gaivota (f)	mås (en)	['mo:s]
albatroz (m)	albatross (en)	['alʲba‚trɔs]
pinguim (m)	pingvin (en)	[piɲ'vin]

180. Pássaros. Canto e sons

cantar (vi)	att sjunga	[at 'ɧuːŋa]
gritar (vi)	att skrika	[at 'skrika]
cantar (o galo)	att gala	[at 'galʲa]
cocorocó (m)	kuckeliku	[kʉkeliˈkʉː]
cacarejar (vi)	att kackla	[at 'kaklʲa]
crocitar (vi)	att kraxa	[at 'kraksa]
grasnar (vi)	att snattra	[at 'snatra]
piar (vi)	att pipa	[at 'pipa]
chilrear, gorjear (vi)	att kvittra	[at 'kvitra]

181. Peixes. Animais marinhos

brema (f)	brax (en)	['braks]
carpa (f)	karp (en)	['karp]
perca (f)	ábborre (en)	['abɔrə]
siluro (m)	mal (en)	['malʲ]
lúcio (m)	gädda (en)	['jɛda]
salmão (m)	lax (en)	['lʲaks]
esturjão (m)	stör (en)	['støːr]
arenque (m)	sill (en)	['silʲ]
salmão (m)	atlanterhavslax (en)	[atˈlantərhavˌlʲaks]
cavala, sarda (f)	makrill (en)	['makrilʲ]
solha (f)	rödspätta (en)	['røːdˌspæta]
lúcio perca (m)	gös (en)	['jøːs]
bacalhau (m)	torsk (en)	['tɔːʂk]
atum (m)	tonfisk (en)	['tʊnˌfisk]
truta (f)	öring (en)	['øːriŋ]
enguia (f)	ål (en)	['oːlʲ]
raia elétrica (f)	elektrisk rocka (en)	[ɛ'lʲektriskˌrɔka]
moreia (f)	muräna (en)	[mʉ'rɛna]
piranha (f)	piraya (en)	[pi'raja]
tubarão (m)	haj (en)	['haj]
golfinho (m)	delfin (en)	[dɛlʲ'fin]
baleia (f)	val (en)	['valʲ]
caranguejo (m)	krabba (en)	['kraba]
medusa, alforreca (f)	manet, medusa (en)	[ma'net], [me'dʉsa]
polvo (m)	bläckfisk (en)	['blʲɛkˌfisk]
estrela-do-mar (f)	sjöstjärna (en)	['ɧøːˌɧæːŋa]
ouriço-do-mar (m)	sjöpiggsvin (ett)	['ɧøːˌpigsvin]
cavalo-marinho (m)	sjöhäst (en)	['ɧøːˌhɛst]
ostra (f)	ostron (ett)	['ʊstrʊn]
camarão (m)	räka (en)	['rɛːka]

| lavagante (m) | hummer (en) | ['humər] |
| lagosta (f) | languster (en) | [lʲaŋ'gustər] |

182. Amfíbios. Répteis

| serpente, cobra (f) | orm (en) | ['ʊrm] |
| venenoso | giftig | ['jiftig] |

víbora (f)	huggorm (en)	['hʉg,ʊrm]
cobra-capelo, naja (f)	kobra (en)	['kɔbra]
pitão (m)	pytonorm (en)	[py'tɔn,ʊrm]
jiboia (f)	boaorm (en)	['bʊa,ʊrm]

cobra-de-água (f)	snok (en)	['snʊk]
cascavel (f)	skallerorm (en)	['skalʲer,ʊrm]
anaconda (f)	anaconda (en)	[ana'kɔnda]

lagarto (m)	ödla (en)	['ødlʲa]
iguana (f)	iguana (en)	[igu'ana]
varano (m)	varan (en)	[va'ran]
salamandra (f)	salamander (en)	[salʲa'mandər]
camaleão (m)	kameleont (en)	[kamelʲe'ɔnt]
escorpião (m)	skorpion (en)	[skɔrpi'ʊn]

tartaruga (f)	sköldpadda (en)	['ɧœlʲd,pada]
rã (f)	groda (en)	['grʊda]
sapo (m)	padda (en)	['pada]
crocodilo (m)	krokodil (en)	[krɔkɔ'dilʲ]

183. Insetos

inseto (m)	insekt (en)	['insɛkt]
borboleta (f)	fjäril (en)	['fʲæːrilʲ]
formiga (f)	myra (en)	['myra]
mosca (f)	fluga (en)	['flʉːga]
mosquito (m)	mygga (en)	['mʏga]
escaravelho (m)	skalbagge (en)	['skalʲ,bagə]

vespa (f)	geting (en)	['jɛtiŋ]
abelha (f)	bi (ett)	['bi]
mamangava (f)	humla (en)	['humlʲa]
moscardo (m)	styngfluga (en)	['stʏŋ,flʉːga]

| aranha (f) | spindel (en) | ['spindəlʲ] |
| teia (f) de aranha | spindelnät (ett) | ['spindəl,nɛːt] |

libélula (f)	trollslända (en)	['trɔlʲ,slʲɛnda]
gafanhoto-do-campo (m)	gräshoppa (en)	['grɛs,hɔpa]
traça (f)	nattfjäril (en)	['nat,fʲæːrilʲ]

| barata (f) | kackerlacka (en) | ['kakɛːˌl̩aka] |
| carraça (f) | fästing (en) | ['fɛstiŋ] |

| pulga (f) | loppa (en) | ['lʲɔpa] |
| borrachudo (m) | knott (ett) | ['knot] |

gafanhoto (m)	vandringsgräshoppa (en)	['vandrɪŋˌgrɛs'hɔparə]
caracol (m)	snigel (en)	['snigəlʲ]
grilo (m)	syrsa (en)	['syʂa]
pirilampo (m)	lysmask (en)	['lʲys̩mask]
joaninha (f)	nyckelpiga (en)	['nʏkəlʲˌpiga]
besouro (m)	ollonborre (en)	['ɔlʲɔnˌbɔrə]

sanguessuga (f)	igel (en)	['iːgəlʲ]
lagarta (f)	fjärilslarv (en)	['fjæːrilʲsˌlʲarv]
minhoca (f)	daggmask (en)	['dagˌmask]
larva (f)	larv (en)	['lʲarv]

184. Animais. Partes do corpo

bico (m)	näbb (ett)	['nɛb]
asas (f pl)	vingar (pl)	['viŋar]
pata (f)	fot (en)	['fʊt]
plumagem (f)	fjäderdräkt (en)	['fjɛːdəˌdrɛkt]
pena, pluma (f)	fjäder (en)	['fjɛːdər]
crista (f)	tofs (en)	['tɔfs]

brânquias, guelras (f pl)	gälar (pl)	['jɛːˌlʲar]
ovas (f pl)	rom (en), ägg (pl)	['rɔm], ['ɛg]
larva (f)	larv (en)	['lʲarv]
barbatana (f)	fena (en)	['fena]
escama (f)	fjäll (ett)	['fʲælʲ]

canino (m)	hörntand (en)	['hø:n̩ˌtand]
pata (f)	tass (en)	['tas]
focinho (m)	mule (en)	['mʉlʲe]
boca (f)	gap (ett)	['gap]
cauda (f), rabo (m)	svans (en)	['svans]
bigodes (m pl)	morrhår (ett)	['mɔrˌhɔ:r]

| casco (m) | klöv, hov (en) | ['klø:v], ['hɔ:v] |
| corno (m) | horn (ett) | ['hʊ:n̩] |

carapaça (f)	ryggsköld (en)	['rʏgˌɧœlʲd]
concha (f)	skal (ett)	['skalʲ]
casca (f) de ovo	äggskal (ett)	['ɛgˌskalʲ]

| pelo (m) | päls (en) | ['pɛlʲs] |
| pele (f), couro (m) | skinn (ett) | ['ɧin] |

185. Animais. Habitats

hábitat	habitat	[habi'tat]
migração (f)	migration (en)	[migra'ɧʊn]
montanha (f)	berg (ett)	['bɛrj]

recife (m)	rev (ett)	['rev]
falésia (f)	klippa (en)	['klipa]
floresta (f)	skog (en)	['skʊg]
selva (f)	djungel (en)	['juŋəlʲ]
savana (f)	savann (en)	[sa'van]
tundra (f)	tundra (en)	['tundra]
estepe (f)	stäpp (en)	['stɛp]
deserto (m)	öken (en)	['ø:kən]
oásis (m)	oas (en)	[ɔ'as]
mar (m)	hav (ett)	['hav]
lago (m)	sjö (en)	['ɧø:]
oceano (m)	ocean (en)	[ʊsə'an]
pântano (m)	träsk (ett), myr (en)	['trɛsk], ['myr]
de água doce	sötvattens-	['sø:t͵vatəns-]
lagoa (f)	damm (en)	['dam]
rio (m)	älv, flod (en)	['ɛlʲv], ['flʲʊd]
toca (f) do urso	ide (ett)	['ide]
ninho (m)	bo (ett)	['bʊ]
buraco (m) de árvore	trädhål (ett)	['trɛ:d͵ho:lʲ]
toca (f)	lya, håla (en)	['lʲya], ['ho:lʲa]
formigueiro (m)	myrstack (en)	['my͵stak]

Flora

186. Árvores

árvore (f)	träd (ett)	['trɛ:d]
decídua	löv-	['lʲø:v-]
conífera	barr-	['bar-]
perene	eviggrönt	['ɛvi‚grœnt]
macieira (f)	äppelträd (ett)	['ɛpelʲˌtrɛd]
pereira (f)	päronträd (ett)	['pæ:rɔnˌtrɛd]
cerejeira (f)	fågelbärsträd (ett)	['fo:gəlʲbæ:ʂˌtrɛd]
ginjeira (f)	körsbärsträd (ett)	['çø:ʂbæ:ʂˌtrɛd]
ameixeira (f)	plommonträd (ett)	['plʲumɔnˌtrɛd]
bétula (f)	björk (en)	['bjœrk]
carvalho (m)	ek (en)	['ɛk]
tília (f)	lind (en)	['lind]
choupo-tremedor (m)	asp (en)	['asp]
bordo (m)	lönn (en)	['lʲøn]
espruce-europeu (m)	gran (en)	['gran]
pinheiro (m)	tall (en)	['talʲ]
alerce, lariço (m)	lärk (en)	['lʲæ:rk]
abeto (m)	silvergran (en)	['silʲvərˌgran]
cedro (m)	ceder (en)	['sedər]
choupo, álamo (m)	poppel (en)	['pɔpəlʲ]
tramazeira (f)	rönn (en)	['rœn]
salgueiro (m)	pil (en)	['pilʲ]
amieiro (m)	al (en)	['alʲ]
faia (f)	bok (en)	['bʊk]
ulmeiro (m)	alm (en)	['alʲm]
freixo (m)	ask (en)	['ask]
castanheiro (m)	kastanjeträd (ett)	[ka'stanjəˌtrɛd]
magnólia (f)	magnolia (en)	[maŋ'nʊlia]
palmeira (f)	palm (en)	['palʲm]
cipreste (m)	cypress (en)	[sʏ'prɛs]
mangue (m)	mangroveträd (ett)	[maŋ'rɔvəˌtrɛd]
embondeiro, baobá (m)	apbrödsträd (ett)	['apbrødsˌtrɛd]
eucalipto (m)	eukalyptus (en)	[euka'lʲyptʉs]
sequoia (f)	sequoia (en)	[sek'vɔja]

187. Arbustos

arbusto (m)	buske (en)	['buskə]
arbusto (m), moita (f)	buske (en)	['buskə]

videira (f)	vinranka (en)	['vin‚raŋka]
vinhedo (m)	vingård (en)	['vin‚go:d]

framboeseira (f)	hallonsnår (ett)	['halᴵɔn‚sno:r]
groselheira-preta (f)	svarta vinbär (ett)	['sva:ʈa 'vinbæ:r]
groselheira-vermelha (f)	röd vinbärsbuske (en)	['rø:d 'vinbæ:ʂ‚buskə]
groselheira (f) espinhosa	krusbärsbuske (en)	['krʉ:sbæ:ʂ‚buskə]

acácia (f)	akacia (en)	[a'kasia]
bérberis (f)	berberis (en)	['bɛrberis]
jasmim (m)	jasmin (en)	[has'min]

junípero (m)	en (en)	['en]
roseira (f)	rosenbuske (en)	['rʊsən‚buskə]
roseira (f) brava	stenros, hundros (en)	['stenrʊs], ['hundrʊs]

188. Cogumelos

cogumelo (m)	svamp (en)	['svamp]
cogumelo (m) comestível	matsvamp (en)	['mat‚svamp]
cogumelo (m) venenoso	giftig svamp (en)	['jiftig ‚svamp]
chapéu (m)	hatt (en)	['hat]
pé, caule (m)	fot (en)	['fʊt]

boleto (m)	stensopp (en)	['sten‚sɔp]
boleto (m) alaranjado	aspsopp (en)	['asp‚sɔp]
míscaro (m) das bétulas	björksopp (en)	['bjœrk‚sɔp]
cantarela (f)	kantarell (en)	[kanta'rɛlᴵ]
rússula (f)	kremla (en)	['krɛmlᴵa]

morchella (f)	murkla (en)	['mʉ:rklᴵa]
agário-das-moscas (m)	flugsvamp (en)	['flʉ:g‚svamp]
cicuta (f) verde	lömsk flugsvamp (en)	['lᴵømsk 'flʉ:g‚svamp]

189. Frutos. Bagas

fruta (f)	frukt (en)	['frʉkt]
frutas (f pl)	frukter (pl)	['frʉktər]
maçã (f)	äpple (ett)	['ɛplᴵe]
pera (f)	päron (ett)	['pæ:rɔn]
ameixa (f)	plommon (ett)	['plᴵʊmɔn]

morango (m)	jordgubbe (en)	['jʉ:d‚gubə]
ginja (f)	körsbär (ett)	['çø:ʂ‚bæ:r]
cereja (f)	fågelbär (ett)	['fo:gəlᴵ‚bæ:r]
uva (f)	druva (en)	['drʉ:va]

framboesa (f)	hallon (ett)	['halᴵɔn]
groselha (f) preta	svarta vinbär (ett)	['sva:ʈa 'vinbæ:r]
groselha (f) vermelha	röda vinbär (ett)	['rø:da 'vinbæ:r]
groselha (f) espinhosa	krusbär (ett)	['krʉ:s‚bæ:r]
oxicoco (m)	tranbär (ett)	['tran‚bæ:r]

laranja (f)	apelsin (en)	[apɛlʲ'sin]
tangerina (f)	mandarin (en)	[manda'rin]
ananás (m)	ananas (en)	['ananas]
banana (f)	banan (en)	['banan]
tâmara (f)	dadel (en)	['dadəlʲ]

limão (m)	citron (en)	[si'trʊn]
damasco (m)	aprikos (en)	[apri'kʊs]
pêssego (m)	persika (en)	['pɛʂika]
kiwi (m)	kiwi (en)	['kivi]
toranja (f)	grapefrukt (en)	['grɛjp‚frʉkt]

baga (f)	bär (ett)	['bæ:r]
bagas (f pl)	bär (pl)	['bæ:r]
arando (m) vermelho	lingon (ett)	['liŋɔn]
morango-silvestre (m)	skogssmultron (ett)	['skʊgs‚smulʲtrɔ:n]
mirtilo (m)	blåbär (ett)	['blʲo:‚bæ:r]

190. Flores. Plantas

| flor (f) | blomma (en) | ['blʲʊma] |
| ramo (m) de flores | bukett (en) | [bʉ'kɛt] |

rosa (f)	ros (en)	['rʊs]
tulipa (f)	tulpan (en)	[tulʲ'pan]
cravo (m)	nejlika (en)	['nɛjlika]
gladíolo (m)	gladiolus (en)	[glʲadi'ɔlʉ:s]

centáurea (f)	blåklint (en)	['blʲo:‚klint]
campânula (f)	blåklocka (en)	['blʲo:‚klʲɔka]
dente-de-leão (m)	maskros (en)	['maskrʊs]
camomila (f)	kamomill (en)	[kamɔ'milʲ]

aloé (m)	aloe (en)	['alʲʊe]
cato (m)	kaktus (en)	['kaktʊs]
fícus (m)	fikus (en)	['fikus]

lírio (m)	lilja (en)	['lilja]
gerânio (m)	geranium (en)	[je'ranium]
jacinto (m)	hyacint (en)	[hya'sint]

mimosa (f)	mimosa (en)	[mi'mɔ:sa]
narciso (m)	narciss (en)	[nar'sis]
capuchinha (f)	blomsterkrasse (en)	['blʲɔmstər‚krasə]

orquídea (f)	orkidé (en)	[ɔrki'de:]
peónia (f)	pion (en)	[pi'ʊn]
violeta (f)	viol (en)	[vi'ʊlʲ]

amor-perfeito (m)	styvmorsviol (en)	['styvmʊrs vi'ʊlʲ]
não-me-esqueças (m)	förgätmigej (en)	[fø‚rʲæt mi 'gej]
margarida (f)	tusensköna (en)	['tʉ:sən‚ɧø:na]
papoula (f)	vallmo (en)	['valʲmʊ]
cânhamo (m)	hampa (en)	['hampa]

hortelã (f)	mynta (en)	['mʏnta]
lírio-do-vale (m)	liljekonvalje (en)	['lilje kʊn 'valjə]
campânula-branca (f)	snödropp (en)	['snøːˌdrɔp]

urtiga (f)	nässla (en)	['nɛslʲa]
azeda (f)	syra (en)	['syra]
nenúfar (m)	näckros (en)	['nɛkrʊs]
feto (m), samambaia (f)	ormbunke (en)	['ʊrmˌbuŋkə]
líquen (m)	lav (en)	['lʲav]

estufa (f)	drivhus (ett)	['drivˌhʉs]
relvado (m)	gräsplan, gräsmatta (en)	['grɛsˌplan], ['grɛsˌmata]
canteiro (m) de flores	blomsterrabatt (en)	['blʲɔmstərˌrabat]

planta (f)	växt (en)	['vɛkst]
erva (f)	gräs (ett)	['grɛːs]
folha (f) de erva	grässtrå (ett)	['grɛːsˌstroː]

folha (f)	löv (ett)	['lʲøːv]
pétala (f)	kronblad (ett)	['krɔnˌblʲad]
talo (m)	stjälk (en)	['fjɛlʲk]
tubérculo (m)	rotknöl (en)	['rʊtˌknøːlʲ]

| broto, rebento (m) | ung planta (en) | ['uŋ 'planta] |
| espinho (m) | törne (ett) | ['tøːŋə] |

florescer (vi)	att blomma	[at 'blʲʊma]
murchar (vi)	att vissna	[at 'visna]
cheiro (m)	lukt (en)	['lʉkt]
cortar (flores)	att skära av	[at 'fjæːra av]
colher (uma flor)	att plocka	[at 'plʲɔka]

191. Cereais, grãos

grão (m)	korn, spannmål (ett)	['kʊːŋ], ['spanˌmoːlʲ]
cereais (plantas)	spannmål (ett)	['spanˌmoːlʲ]
espiga (f)	ax (ett)	['aks]

trigo (m)	vete (ett)	['vetə]
centeio (m)	råg (en)	['roːg]
aveia (f)	havre (en)	['havrə]

| milho-miúdo (m) | hirs (en) | ['hyʂ] |
| cevada (f) | korn (ett) | ['kʊːŋ] |

milho (m)	majs (en)	['majs]
arroz (m)	ris (ett)	['ris]
trigo-sarraceno (m)	bovete (ett)	['bʊˌvetə]

ervilha (f)	ärt (en)	['æːt]
feijão (m)	böna (en)	['bøna]
soja (f)	soja (en)	['sɔja]
lentilha (f)	lins (en)	['lins]
fava (f)	bönor (pl)	['bønʊr]

GEOGRAFIA REGIONAL

Países. Nacionalidades

192. Política. Governo. Parte 1

política (f)	politik (en)	[puli'tik]
político	politisk	[pu'litisk]
político (m)	politiker (en)	[pu'litikər]
estado (m)	stat (en)	['stat]
cidadão (m)	medborgare (en)	['mɛd‚borjarə]
cidadania (f)	medborgarskap (ett)	[mɛd'borja‚skap]
brasão (m) de armas	riksvapen (ett)	['riks‚vapən]
hino (m) nacional	nationalhymn (en)	[natʃu'nalʲ‚hʏmn]
governo (m)	regering (en)	[re'jeriŋ]
Chefe (m) de Estado	statschef (en)	['stats‚ʃef]
parlamento (m)	parlament (ett)	[parla'mɛnt]
partido (m)	parti (ett)	[pa:'ʈi:]
capitalismo (m)	kapitalism (en)	[kapita'lism]
capitalista	kapitalistisk	[kapita'listisk]
socialismo (m)	socialism (en)	[sɔsia'lism]
socialista	socialistisk	[sɔsia'listisk]
comunismo (m)	kommunism (en)	[kɔmu'nism]
comunista	kommunistisk	[kɔmu'nistisk]
comunista (m)	kommunist (en)	[kɔmu'nist]
democracia (f)	demokrati (en)	[demʊkra'ti:]
democrata (m)	demokrat (en)	[demʊ'krat]
democrático	demokratisk	[demʊ'kratisk]
Partido (m) Democrático	Demokratiska partiet	[demɔ'kratiska pa:'ʈi:et]
liberal (m)	liberal (en)	[libə'ralʲ]
liberal	liberal-	[libə'ralʲ-]
conservador (m)	konservativ (en)	[kɔn'sɛrva‚tiv]
conservador	konservativ	[kɔn'sɛrva‚tiv]
república (f)	republik (en)	[repu'blik]
republicano (m)	republikan (en)	[republi'kan]
Partido (m) Republicano	republikanskt parti (ett)	[republi'kansk pa:'ʈi:]
eleições (f pl)	val (ett)	['valʲ]
eleger (vt)	att välja	[at 'vɛlja]

| eleitor (m) | väljare (en) | ['vɛljarə] |
| campanha (f) eleitoral | valkampanj (en) | ['valᴵkam‚panᴵ] |

votação (f)	omröstning (en)	['ɔm‚rœstniŋ]
votar (vi)	att rösta	[at 'rœsta]
direito (m) de voto	rösträtt (en)	['rœst‚ræt]

candidato (m)	kandidat (en)	[kandi'dat]
candidatar-se (vi)	att kandidera	[at kandi'dera]
campanha (f)	kampanj (en)	[kam'panᴵ]

| da oposição | oppositions- | [ɔpɔsi'fʊns-] |
| oposição (f) | opposition (en) | [ɔpɔsi'fʊn] |

visita (f)	besök (ett)	[be'søːk]
visita (f) oficial	officiellt besök (ett)	[ɔfi'sjɛlᴵt be'søːk]
internacional	internationell	['intɛːŋatʃʊ‚nɛlᴵ]

| negociações (f pl) | förhandlingar (pl) | [før'handliŋar] |
| negociar (vi) | att förhandla | [at før'handlᴵa] |

193. Política. Governo. Parte 2

sociedade (f)	samhälle (ett)	['sam‚hɛlᴵe]
constituição (f)	konstitution (en)	[kɔnstitu'fʊn]
poder (ir para o ~)	makt (en)	['makt]
corrupção (f)	korruption (en)	[kɔrup'fʊn]

| lei (f) | lag (en) | ['lᴵag] |
| legal | laglig | ['lᴵaglig] |

| justiça (f) | rättvisa (en) | ['ræt‚visa] |
| justo | rättvis, rättfärdig | ['rætvis], ['ræt‚fæːɖig] |

comité (m)	kommitté (en)	[kɔmi'teː]
projeto-lei (m)	lagförslag (ett)	['lag‚fœː'şlag]
orçamento (m)	budget (en)	['budjet]
política (f)	policy (en)	['pɔlisi]
reforma (f)	reform (en)	[re'fɔrm]
radical	radikal	[radi'kalᴵ]

força (f)	kraft (en)	['kraft]
poderoso	mäktig, kraftfull	['mɛktig], ['kraft‚fulᴵ]
partidário (m)	anhängare (en)	['an‚hɛːŋarə]
influência (f)	inflytande (ett)	['in‚flᴵytandə]

regime (m)	regim (en)	[re'fim]
conflito (m)	konflikt (en)	[kɔn'flikt]
conspiração (f)	sammansvärning (en)	['samans‚væːŋiŋ]
provocação (f)	provokation (en)	[prɔvʊka'fʊn]

derrubar (vt)	att störta	[at 'støːʈa]
derrube (m), queda (f)	störtande (ett)	['støːʈandə]
revolução (f)	revolution (en)	[revʊlu'fʊn]

| golpe (m) de Estado | statskupp (en) | ['stats‚kup] |
| golpe (m) militar | militärkupp (en) | [mili'tæ:r‚kup] |

crise (f)	kris (en)	['kris]
recessão (f) económica	ekonomisk nedgång (en)	[εku'nɔmisk 'ned‚gɔŋ]
manifestante (m)	demonstrant (en)	[demɔn'strant]
manifestação (f)	demonstration (en)	[demɔnstra'ɧʊn]
lei (f) marcial	krigstillstånd (ett)	['krigs‚til'stɔnd]
base (f) militar	militärbas (en)	[mili'tæ:r‚bas]

| estabilidade (f) | stabilitet (en) | [stabili'tet] |
| estável | stabil | [sta'bilʲ] |

| exploração (f) | utsugning (en) | ['ʉt‚sʉgniŋ] |
| explorar (vt) | att utnyttja | [at 'ʉt‚nytja] |

racismo (m)	rasism (en)	[ra'sism]
racista (m)	rasist (en)	[ra'sist]
fascismo (m)	fascism (en)	[fa'ɕism]
fascista (m)	fascist (en)	[fa'ɕist]

194. Países. Diversos

estrangeiro (m)	utlänning (en)	['ʉt‚lʲεniŋ]
estrangeiro	utländsk	['ʉt‚lʲεŋsk]
no estrangeiro	utomlands	['ʉtɔm‚lʲands]

emigrante (m)	emigrant (en)	[εmi'grant]
emigração (f)	emigration (en)	[εmigra'ɧʊn]
emigrar (vi)	att emigrera	[at εmi'grera]

Ocidente (m)	Västen	['vεstən]
Oriente (m)	Östen	['œstən]
Extremo Oriente (m)	Fjärran Östern	['fʲæ:ran 'œstε:ɳ]

civilização (f)	civilisation (en)	[sivilisa'ɧʊn]
humanidade (f)	mänsklighet (en)	['mεnsklig‚het]
mundo (m)	värld (en)	['væ:ɖ]
paz (f)	fred (en)	['fred]
mundial	världs-	['væ:ɖs-]

pátria (f)	hemland (ett)	['hεm‚lʲand]
povo (m)	folk (ett)	['folʲk]
população (f)	befolkning (en)	[be'folʲkniŋ]
gente (f)	folk (ett)	['folʲk]
nação (f)	nation (en)	[nat'ɧʊn]
geração (f)	generation (en)	[jenera'ɧʊn]

território (m)	territorium (ett)	[tεri'tʊrium]
região (f)	region (en)	[regi'ʊn]
estado (m)	delstat (en)	['dεlʲ‚stat]

| tradição (f) | tradition (en) | [tradi'ɧʊn] |
| costume (m) | sedvänja (en) | ['sed‚vεnja] |

179

ecologia (f)	ekologi (en)	[ɛkulˈɔ'gi:]
índio (m)	indian (en)	[indi'an]
cigano (m)	zigenare (en)	[si'jenarə]
cigana (f)	zigenska (en)	[si'jenska]
cigano	zigensk	[si'jensk]

império (m)	kejsardöme, rike (ett)	['cɛjsardømə], ['rikə]
colónia (f)	koloni (en)	[kulˈɔ'ni:]
escravidão (f)	slaveri (ett)	[slˈave'ri:]
invasão (f)	invasion (en)	[inva'ɧun]
fome (f)	hungersnöd (en)	['huŋɛʂˌnø:d]

195. Grupos religiosos mais importantes. Confissões

| religião (f) | religion (en) | [reli'jun] |
| religioso | religiös | [reli'ɧø:s] |

crença (f)	tro (en)	['tru]
crer (vt)	att tro	[at 'tru]
crente (m)	troende (en)	['truəndə]

| ateísmo (m) | ateism (en) | [ate'ism] |
| ateu (m) | ateist (en) | [ate'ist] |

cristianismo (m)	kristendom (en)	['kristənˌdum]
cristão (m)	kristen (en)	['kristən]
cristão	kristen	['kristən]

catolicismo (m)	katolicism (en)	[katuli'sism]
católico (m)	katolik (en)	[katu'lik]
católico	katolsk	[ka'tulˈsk]

protestantismo (m)	protestantism (en)	[prutɛstan'tism]
Igreja (f) Protestante	den protestantiska kyrkan	[dɛn prutɛ'stantiska 'cyrkan]
protestante (m)	protestant (en)	[prutɛ'stant]

ortodoxia (f)	ortodoxi (en)	[ɔ:ʈɔdɔ'ksi:]
Igreja (f) Ortodoxa	den ortodoxa kyrkan	[dɛn ɔ:ʈɔ'dɔːksa 'cyrkan]
ortodoxo (m)	ortodox (en)	[ɔ:ʈɔ'dɔːks]

presbiterianismo (m)	presbyterianism (en)	[prɛsbyteria'nism]
Igreja (f) Presbiteriana	den presbyterianska kyrkan	[dɛn prɛsbyteri'anska 'cyrkan]
presbiteriano (m)	presbyter (en)	[prɛ'sbytər]

| Igreja (f) Luterana | lutherdom (en) | ['lutərdum] |
| luterano (m) | lutheran (en) | [lute'ran] |

| Igreja (f) Batista | baptism (en) | [bap'tism] |
| batista (m) | baptist (en) | [bap'tist] |

Igreja (f) Anglicana	den anglikanska kyrkan	[dɛn aŋli'kanska 'cyrkan]
anglicano (m)	anglikan (en)	['aŋliˌkan]
mormonismo (m)	mormonism (en)	[mɔrmu'nism]

mórmon (m)	mormon (en)	[mɔr'mʊn]
Judaísmo (m)	judendom (en)	['jʉdənˌdʊm]
judeu (m)	jude (en)	['jʉdə]

| budismo (m) | Buddism (en) | [bu'dism] |
| budista (m) | buddist (en) | [bu'dist] |

| hinduísmo (m) | hinduism (en) | [hindʉ'i:sm] |
| hindu (m) | hindu (en) | [hin'dʉ:] |

Islão (m)	islam (en)	[is'lʲam]
muçulmano (m)	muselman (en)	[mʉsɛlʲ'man]
muçulmano	muselmansk	[mʉsɛlʲ'mansk]

| Xiismo (m) | shiism (en) | [ʃi'ism] |
| xiita (m) | shiit (en) | [ʃi'it] |

| sunismo (m) | sunnism (en) | [su'ni:sm] |
| sunita (m) | sunnit (en) | [su'nit] |

196. Religiões. Padres

| padre (m) | präst (en) | ['prɛst] |
| Papa (m) | Påven | ['po:vən] |

monge (m)	munk (en)	['muŋk]
freira (f)	nunna (en)	['nuna]
pastor (m)	pastor (en)	['pastʊr]

abade (m)	abbé (en)	[a'be:]
vigário (m)	kyrkoherde (en)	['ɕyrkʊˌhɛ:ɖə]
bispo (m)	biskop (en)	['biskɔp]
cardeal (m)	kardinal (en)	[ka:ɖi'nalʲ]

pregador (m)	predikant (en)	[predi'kant]
sermão (m)	predikan (en)	[pre'dikan]
paroquianos (pl)	sockenbor (pl)	['sɔkənˌbʊr]

| crente (m) | troende (en) | ['trʊəndə] |
| ateu (m) | ateist (en) | [ate'ist] |

197. Fé. Cristianismo. Islão

| Adão | Adam | ['adam] |
| Eva | Eva | ['ɛva] |

Deus (m)	Gud	['gʉ:d]
Senhor (m)	Herren	['hɛrən]
Todo Poderoso (m)	Den Allsmäktige	[dɛn 'alʲsmɛktigə]

| pecado (m) | synd (en) | ['sʏnd] |
| pecar (vi) | att synda | [at 'sʏnda] |

pecador (m)	syndare (en)	['sʏndarə]
pecadora (f)	synderska (en)	['sʏndɛʂka]
inferno (m)	helvete (ett)	['hɛlʲvetə]
paraíso (m)	paradis (ett)	['paraˌdis]
Jesus	Jesus	['jesus]
Jesus Cristo	Jesus Kristus	['jesus ˌkristus]
Espírito (m) Santo	Den Helige Ande	[dɛn 'heligə ˌandə]
Salvador (m)	Frälsaren	['frɛlʲsarən]
Virgem Maria (f)	Jungfru Maria	['juŋfrʉ ma'ria]
Diabo (m)	Djävul (en)	['jɛːvulʲ]
diabólico	djävulsk	['jɛːvulʲsk]
Satanás (m)	Satan	['satan]
satânico	satanisk	[sa'tanisk]
anjo (m)	ängel (en)	['ɛŋəlʲ]
anjo (m) da guarda	skyddsängel (en)	['ɦʏdsˌɛŋəlʲ]
angélico	änglalik	['ɛŋlʲalik]
apóstolo (m)	apostel (en)	[a'pɔstəlʲ]
arcanjo (m)	ärkeängel (en)	['æːrkəˌɛŋəlʲ]
anticristo (m)	Antikrist (en)	['antiˌkrist]
Igreja (f)	Kyrkan	['ɕyrkan]
Bíblia (f)	bibel (en)	['bibəlʲ]
bíblico	biblisk	['biblisk]
Velho Testamento (m)	Gamla Testamentet	['gamlʲa tɛsta'mɛntət]
Novo Testamento (m)	Nya Testamentet	['nya tɛsta'mɛntət]
Evangelho (m)	evangelium (ett)	[ɛva'ŋeːlium]
Sagradas Escrituras (f pl)	Den Heliga Skrift	[dɛn 'heliga ˌskrift]
Céu (m)	Himmelen, Guds rike	['himelʲən], ['guds 'rikə]
mandamento (m)	bud (ett)	['bʉːd]
profeta (m)	profet (en)	[prʊ'fet]
profecia (f)	profetia (en)	[prʊfe'tsia]
Alá	Allah	['alʲa]
Maomé	Muhammed	[mʉ'hamed]
Corão, Alcorão (m)	Koranen	[kʊ'ranən]
mesquita (f)	moské (en)	[mʊs'keː]
mulá (m)	mullah (en)	[mu'lʲaː]
oração (f)	bön (en)	['bøːn]
rezar, orar (vi)	att be	[at 'beː]
peregrinação (f)	pilgrimsresa (en)	['pilʲrimˌresa]
peregrino (m)	pilgrim (en)	['pilʲrim]
Meca (f)	Mecka	['meka]
igreja (f)	kyrka (en)	['ɕyrka]
templo (m)	tempel (ett)	['tɛmpəlʲ]
catedral (f)	katedral (en)	[katɛ'dralʲ]

gótico	gotisk	['gʊtisk]
sinagoga (f)	synagoga (en)	['syna‚gɔga]
mesquita (f)	moské (en)	[mʊs'ke:]

capela (f)	kapell (ett)	[ka'pɛlʲ]
abadia (f)	abbedi (ett)	['abədi:]
convento (m)	kloster (ett)	['klʲostər]
mosteiro (m)	kloster (ett)	['klʲostər]

sino (m)	klocka (en)	['klʲɔka]
campanário (m)	klocktorn (ett)	['klʲɔk‚tʊ:ŋ]
repicar (vi)	att ringa	[at 'riŋa]

cruz (f)	kors (ett)	['kɔ:ʂ]
cúpula (f)	kupol (en)	[kɵ'pɔ:lʲ]
ícone (m)	ikon (en)	[i'kon]

alma (f)	själ (en)	['ɧɛ:lʲ]
destino (m)	öde (ett)	['ø:də]
mal (m)	ondska (en)	['ʊŋ‚ska]
bem (m)	godhet (en)	['gʊd‚het]

vampiro (m)	vampyr (en)	[vam'pyr]
bruxa (f)	häxa (en)	['hɛ:ksa]
demónio (m)	demon (en)	[de'mɔn]
espírito (m)	ande (en)	['andə]

redenção (f)	förlossning (en)	[fœ:'lʲosniŋ]
redimir (vt)	att sona	[at 'sʊna]

missa (f)	gudstjänst (en)	['gu:d‚ɕɛnst]
celebrar a missa	att hålla gudstjänst	[at 'hɔ:lʲa 'gu:d‚ɕɛnst]
confissão (f)	bikt, bekännelse (en)	[bikt], [be'ɕɛ:ŋəlʲsə]
confessar-se (vr)	att skrifta	[at 'skrifta]

santo (m)	helgon (ett)	['hɛlʲgɔn]
sagrado	helig	['hɛlig]
água (f) benta	vigvatten (ett)	['vig‚vatən]

ritual (m)	ritual (en)	[ritu'alʲ]
ritual	rituell	[ritu'ɛlʲ]
sacrifício (m)	blot (ett)	['blʲʊt]

superstição (f)	vidskepelse (en)	['vid‚ɧɛpəlʲsə]
supersticioso	vidskeplig	['vid‚ɧɛplig]
vida (f) depois da morte	livet efter detta	['livet ‚ɛftə 'deta]
vida (f) eterna	det eviga livet	[dɛ 'eviga ‚livet]

TEMAS DIVERSOS

198. Várias palavras úteis

ajuda (f)	hjälp (en)	['jɛlʲp]
barreira (f)	hinder (ett)	['hindər]
base (f)	bas (en)	['bas]
categoria (f)	kategori (en)	[kategɔ'ri:]
causa (f)	orsak (en)	['ʊ:ʂak]

coincidência (f)	sammanfall (ett)	['samˌanfalʲ]
coisa (f)	sak (en), ting (ett)	['sak], ['tiŋ]
começo (m)	början (en)	['bœrjan]
cómodo (ex. poltrona ~a)	bekväm	[bɛk'vɛ:m]
comparação (f)	jämförelse (en)	['jɛmˌførəlʲsə]

compensação (f)	kompensation (en)	[kɔmpɛnsa'ʃʊn]
crescimento (m)	växt (en)	['vɛkst]
desenvolvimento (m)	utveckling (en)	['ʉtˌvɛkliŋ]
diferença (f)	skillnad (en)	['ɧilʲnad]
efeito (m)	effekt (en)	[ɛ'fɛkt]

elemento (m)	element (ett)	[ɛlʲe'mɛnt]
equilíbrio (m)	balans (en)	[ba'lʲans]
erro (m)	fel (ett)	['felʲ]
esforço (m)	ansträngning (en)	['anˌstrɛŋniŋ]
estilo (m)	stil (en)	['stilʲ]

exemplo (m)	exempel (ett)	[ɛk'sɛmpəlʲ]
facto (m)	faktum (ett)	['faktum]
fim (m)	slut (ett)	['slʉ:t]
forma (f)	form (en)	['fɔrm]

frequente	frekvent	[frɛ'kvɛnt]
fundo (ex. ~ verde)	bakgrund (en)	['bakˌgrʉnd]
género (tipo)	slag (ett), sort (en)	['slʲag], ['sɔ:t]
grau (m)	grad (en)	['grad]
ideal (m)	ideal (ett)	[ide'alʲ]

labirinto (m)	labyrint (en)	[lʲaby'rint]
modo (m)	sätt (ett)	['sæt]
momento (m)	moment (ett)	[mʊ'mɛnt]
objeto (m)	objekt, ting (ett)	[ɔb'jɛkt], ['tiŋ]
obstáculo (m)	hinder (ett)	['hindər]

original (m)	original (ett)	[ɔrigi'nalʲ]
padrão	standard-	['standa:d̪-]
padrão (m)	standard (en)	['standa:d̪]
paragem (pausa)	uppehåll (ett), vila (en)	['ʉpə'ho:lʲ], ['vilʲa]
parte (f)	del (en)	['delʲ]

partícula (f)	partikel (en)	[pa:'ʈi:kəlʲ]
pausa (f)	paus (en)	['paus]
posição (f)	position (en)	[pʊsi'ɧʊn]
princípio (m)	princip (en)	[prin'sip]
problema (m)	problem (ett)	[prɔ'blʲem]
processo (m)	process (en)	[prʊ'sɛs]
progresso (m)	framsteg (ett)	['fram,steg]
propriedade (f)	egenskap (en)	['ɛgɛn,skap]
reação (f)	reaktion (en)	[reak'ɧʊn]
risco (m)	risk (en)	['risk]
ritmo (m)	tempo (ett)	['tɛmpʊ]
segredo (m)	hemlighet (en)	['hɛmlig,het]
série (f)	serie (en)	['seriə]
sistema (m)	system (ett)	[sʏ'stem]
situação (f)	situation (en)	[sitɵa'ɧʊn]
solução (f)	lösning (en)	['lʲœsniŋ]
tabela (f)	tabell (en)	[ta'bɛlʲ]
termo (ex. ~ técnico)	term (en)	['tɛrm]
tipo (m)	typ (en)	['typ]
urgente	brådskande	['brɔ,skandə]
urgentemente	brådskande	['brɔ,skandə]
utilidade (f)	nytta (en)	['nʏta]
variante (f)	variant (en)	[vari'ant]
variedade (f)	val (ett)	['valʲ]
verdade (f)	sanning (en)	['saniŋ]
vez (f)	tur (en)	['tʉ:r]
zona (f)	zon (en)	['sʊn]

www.ingramcontent.com/pod-product-compliance
Lightning Source LLC
LaVergne TN
LVHW051344080426
835509LV00020BA/3280